吉林大学"985 工程"建设基金项目
吉林大学哲学社会科学青年学术骨干资助项目

高校社科文库
University Social Science Series

教育部高等学校
社会科学发展研究中心

汇集高校哲学社会科学优秀原创学术成果
搭建高校哲学社会科学学术著作出版平台
探索高校哲学社会科学专著出版的新模式
扩大高校哲学社会科学科研成果的影响力

何景成/著

西周王朝政府的
行政组织与运行机制

A Study on Statecraft of the
Western Zhou Empire Government

光明日报出版社

图书在版编目（CIP）数据

西周王朝政府的行政组织与运行机制 / 何景成著.
－－北京：光明日报出版社，2013.7（2024.6 重印）
（高校社科文库）
ISBN 978－7－5112－4694－3

Ⅰ.①西… Ⅱ.①何… Ⅲ.①政治制度—研究—中国—西周时代 Ⅳ.①D691.2

中国版本图书馆 CIP 数据核字（2013）第 123720 号

西周王朝政府的行政组织与运行机制
XIZHOU WANGCHAO ZHENGFU DE XINGZHENG ZUZHI YU YUNXING JIZHI

著　　者：何景成	
责任编辑：朱　然	责任校对：傅泉泽
封面设计：小宝工作室	责任印制：曹　净

出版发行：光明日报出版社
地　　址：北京市西城区永安路 106 号，100050
电　　话：010-63169890（咨询），010-63131930（邮购）
传　　真：010-63131930
网　　址：http://book.gmw.cn
E－mail：gmrbcbs@gmw.cn
法律顾问：北京市兰台律师事务所龚柳方律师
印　　刷：三河市华东印刷有限公司
装　　订：三河市华东印刷有限公司
本书如有破损、缺页、装订错误，请与本社联系调换，电话：010-63131930

开　　本：165mm×230mm	
字　　数：250 千字	印　　张：15.75
版　　次：2013 年 8 月第 1 版	印　　次：2024 年 6 月第 3 次印刷
书　　号：ISBN 978－7－5112－4694－3－01	
定　　价：69.00 元	

版权所有　　翻印必究

目 录

绪　论　/ 1

第一章　西周王国的国家结构　/ 10
　第一节　西周王国的外服体系　/ 10
　第二节　四国和四方——周人的政治地理　/ 52

第二章　体国经野：西周王畿的行政区域　/ 56
　第一节　西周王畿的政治中心　/ 57
　第二节　居民的地域组织方式——乡遂组织　/ 82
　第三节　王都外城邑的形成——地方行政的雏形　/ 100
　第四节　余论　/ 115

第三章　分官设职：西周政府的职官体系　/ 117
　第一节　西周政府的组织结构　/ 117
　第二节　西周政府职官的设置　/ 144

第四章　西周王朝政府官僚化进程　/ 173
　第一节　西周王朝政府部门的阶梯化建构　/ 174
　第二节　西周王朝政府部门的僚友组织　/ 178
　第三节　西周王朝政府行政中文书的运用　/ 191
　第四节　西周政府官僚化原因的探讨　/ 204

1

第五章　西周贵族官员的官宦生涯　/ 216
　　第一节　官宦生涯的养成教育　/ 216
　　第二节　官宦历程　/ 228

结语　/ 238

附表　/ 239
　　附表一　西周时期周王的主要活动地点　/ 239
　　附表二　西周官员铜器出土地考察　/ 249
　　附表三　含右者的册命金文的年代　/ 253
　　附表四　右者官职一览表　/ 259
　　附表五　师类职官铜器铭文时代表　/ 260
　　附表六　西周册命金文史官整理表　/ 264
　　附表七　西周职官姓氏表　/ 266
　　附表八　官职与职掌　/ 271

参考文献　/ 279

后　记　/ 284

绪　论

一、问题的提出

在科学研究的领域中，探索过去和探索未来一样的令人神往。中华文明在其早期的发展历程中所形成的一些基本性格，塑造了其未来的发展方向。在中华文明的早期历程中，西周是一个重要阶段，许倬云在《西周史》的简介中说：

> 西周以蕞尔小国取代商崛起渭上，开八百年基业，肇华夏意识端倪，创华夏文化本体，成华夏社会基石，是中国古代史上一个重要的历史阶段①。

就政治体制的形成和发展历史而言，西周亦代表着一个重要的历史时期。这一时期所形成的一些基本的政治体制和政治意识，奠定了中国传统政治体制的基调，对当代中国的政治文化亦产生了深远的影响。因此，深入研究西周时期的政治体系，有着重要的学术价值和现实意义。

政治体制是指以国家政权组织为中心的各种具体政治制度和政治行为规范的总和。即为使国家机器正常运转所采取的组织形式、权限划分、工作方式等具体制度和规范。② 在中国政治体制的发展阶段上，相较于秦汉时期以郡县制和官僚制为代表的帝国体制而言，西周时期代表着一种不同的历史阶段。以现有的资料和研究成果来看，在西周时期，其政治体制的主要特点是诸侯制和贵

---

① 许倬云：《西周史》（增补本），北京：三联书店，2001年1月。
② 中国大百科全书总编辑委员会《政治学》编辑委员会、中国大百科全书出版社编辑部编《中国大百科全书·政治学》，北京：中国大百科全书出版社，1992年9月，502页。

族制。关于这一阶段的命名,苏秉琦在探讨中国国家形态的发展阶段这一课题时,提出了古国、方国、帝国是国家形态发展三部曲的看法,认为:"古国时代以后是方国时代,古代中国发展到方国阶段大约在距今四千年前。与古国是原始的国家相比,方国已是比较成熟、比较发达、高级的国家,夏商周都是方国之君。"①认为西周时期属于方国阶段。林沄在探讨中国早期国家形式的问题时,提出商周时期的国家形式是以诸侯制为代表的国家联合体。他认为:

> 国与国的联合体是客观存在的实体,至于它们的表现形式并不一定是授予各级诸侯名号。王国维在《殷周制度论》中早就指出,《牧誓》和《大诰》中周把同盟诸侯的国君称为"友邦君",证明在周公东征以前,虽然周国已经领导着一个相当大的国与国的联合体,却并未马上确定一种王和各级诸侯的名分。我们还可以补充指出,《召诰》中"命庶殷侯甸男邦伯、庶邦冢君"两者并举,说明周国当时所控制的国与国的联合体中,既包括了原先以商王为首的联合体中已确定了名分的侯、甸、男,也包括一部分不曾规定名号的国。由此可以推想,在国与国的联合体出现之时,只有实际上的盟主国和附从国之区别,并不一定有固定的等级性名号。……所以,实际上存在过许多并不具体规定等级性名号的国与国的联合体,其分合比较自由而频繁。只有一些比较长期地由强有力的国所领导的联合体,才能推行等级性名号制度,商国领导的联盟便是如此。周人继承了商人的诸侯名号制度,凭借着周初几次大征伐的威力,把这种制度推广到很大的地区,并打下了很深的烙印。②

林沄将商周的国家形式形容为国与国的联合体。从其描述可以看出,这种联合体中国与国的联盟形式可以分成两种类别。一类是联合体的成员国之间没有规定的等级性名号;另一类是联合体的成员国之间有推行等级性名号制度。前者的分合比较自由松散,后者的组合则较为稳定。后者代表着一种有机的、

---

① 苏秉琦:《中国文明起源新探》,北京:三联书店,1999年6月,145页。
② 林沄:《关于中国早期国家形式的几个问题》,《林沄学术文集》,北京:中国大百科全书出版社,1998年12月,95页。

比较稳定的政治实体。① 作为一种政治组织方式，相对前者而言，后者代表着一种更高的发展阶段，更具代表性。商、周王朝便是这一政治实体的典型代表。为了强调这一政治实体，在本书中我们用"王国"这一概念来表示那种由强有力的国所领导的，在诸侯国之间推行等级性名号制度的国家联合体（因为在这个政治实体中，最高统治者被称为"王"）。以区别于没有具体规定等级性名号的、分合较为自由的国家联合体（相对于"王国"而言，这种联合体可以称为"盟国"），以及秦汉时期的帝国。如此，古代中国的国家发展形态大致是古国、王国和帝国这一发展序列。②

在"王国"这一政治形态中，西周王国以什么样的方式来实现其对土地和人口等资源的有效治理？王国中的统治阶层如何参与到王国的统治中？其统治模式是如何形成的，并如何随着社会经济形势的变化而演变？这种演变呈现出怎样的一个趋势？在实现统治的过程中，形成了什么样的政治意识和政治文化？这些问题是本书主要探讨的问题。

二、研究简史

近代中国学界对西周政治体系的研究，大致是从对《周礼》一书的怀疑和批判开始的。

约略在20世纪之前，人们对西周政治制度的认识，基本是以《周礼》为依据。在新材料的刺激、疑古思潮的盛行和学界求新求变的氛围的影响下，这一状况逐渐发生了变化，1928年3月，杨筠如发表《周代官名略考》一文，在文中说道：

> 言周代官制，率以《周礼》为本。然《周礼》一书，世人多攻

---

① 西周金文资料中，除了周王外，称王号的还有"矢王"、"吕王"、"丰王"等，多为西周的异姓之国。王国维在《散氏盘考释》一文中指出"当宗周中叶，边裔大国往往称王"。张政烺指出："周时称王者皆异姓之国，处边远之地，其与周之关系若即若离，时亲时叛，而非周室封建之诸侯。文王受命称王，其子孙分封天下，绝无称王之事。"（参看张政烺《矢王簋盖跋》，《古文字研究》第13辑，中华书局，1986年6月。）由此可见松散的政治联合体和有机组合的政治实体在当时同时存在。

② 王震中在评述前人关于中国古代国家的早期形态及其演变的各种观点后，提出先秦国家形态的演进序列是"邦国——王国——帝国"，认为："王国与邦国相比，在政治实体发展的程度上，王国位于更高的层次，而且有些邦国与王国还有从属、半从属或同盟的关系，有些处于时服时叛状态，但中原作为一个政治中心已经形成，在多元一体的格局中王国位于最高的顶点。"（《河南大学学报（社会科学版）》，2003年第4期。）

其伪。余疑《周礼》出自春秋以后，乃杂采春秋各国官制为之；其中虽大致与周制犹相近，而谓全为周制，则殆不可信。故就古籍金石所见周代之官名，略为辑释，以存其真。①

杨氏的可贵之处，主要体现为除了利用传统文献资料外，开辟了利用西周金文中的职官材料来研究西周官制的新途径。这是其导师王国维所提倡的"二重证据"的史学研究方法在西周职官制度研究领域中的运用。代表了当时学界对这一问题研究的新方向。

继杨氏之后，郭沫若更加全面、系统地收集和整理了西周金文中官制资料。其对西周金文资料的整理和研究建立在对西周有铭铜器断代和分域的基础之上，在研究方法上更加科学。不过，其写作的动机，主要是为了对《周礼》一书的批判：

《周官》一书，其自身本多矛盾，与先秦著述中所言典制亦多不相符，然信之者每好曲为皮傅，而教人以多闻阙疑，不则即以前代异制或传闻异辞为解。因之疑者自疑，信者自信，纷然聚讼者千有余年，而是非终未能决。良以旧有典籍传世过久，严格言之，实无一可以作为究极之标准者，故论者亦各持其自由而互不相下也。余今于前人之所已聚讼者不再牵涉以资纷扰，仅就彝铭中所见之周代官制揭橥于次而加以考覈，则其真伪纯驳与其时代之早晚，可以了然矣。②

郭沫若不满于学界对《周礼》一书所记载典制的混沌认识，强调主要依据西周铭文资料研究西周职官制度，这一方向无疑是正确的。自此之后，学界对于西周官制的研究，基本都遵循这一方向。如斯维至《两周金文所见职官考》③、徐宗元《金文中所见官名考》④，以及陈梦家《成、康及其后的史

---

① 杨筠如：《周代官名略考》，《国立中山大学语言历史学研究所周刊》，第二集第二十期，201页。
② 郭沫若：《周官质疑》，郭沫若著作编辑出版委员会编《郭沫若全集·考古编》第四卷，科学出版社，2002年10月，121－186页。
③ 斯维至：《两周金文所见职官考》，《中国文化研究汇刊》，第七卷，1947年9月。
④ 徐宗元：《金文中所见官名考》，《福建师范学院学报》社会科学版，1957年第2期。

官》等①。

对西周金文资料中的职官制度进行整理和归纳的集大成之作，是1986年出版的由张亚初和刘雨两位先生合撰的《西周金文官制研究》②。在该书的"前言"中，著者提出以往研究的主要不足之处：1. 对资料的收集和整理不够全面，2. 对相关铭文没有进行断代的研究。非常中肯地指出了前人在这一课题研究方法上存在的问题。在这种认识的指导下，著者收集了有关职官铭文的铜器近五百件，整理了不同的职官材料近九百条，归纳出西周职官213种。同时，著者将西周金文所反映的职官制度与《周礼》进行了对比研究。

以上的这些研究，主要侧重于对西周金文资料中职官名称的整理和研究。此外，对西周金文中与职官制度相关的一些专题，学界亦开展了较为深入的探讨。主要体现在以下几个方面：

1. 对西周册命制度的研究，成果主要体现于陈汉平《西周册命制度研究》和何树环《西周赐命铭文新研》等书中。③

2. 对西周册命金文中"右"者的分析。关于这方面的研究，主要体现在陈汉平《西周册命制度研究》和杨宽《西周史》④ 等书中的相关章节中，研究者对"右"者问题的分析，揭示了西周职官体系中的层级关系和统属关系，对于探讨西周时期职官制度的发展状况有着积极的意义。

3. 对"卿事寮"和"太史寮"讨论。有的学者认为卿事寮和太史寮是西周中央政权的两大官署⑤，有的学者认为卿事寮、太史寮是卿事、太史的同官或僚属⑥，有的学者则认为是指卿事官和太史官⑦。这一问题的讨论，深化了学界对西周职官制度的认识。⑧

---

① 陈梦家：《西周铜器断代》（三）中"成、康及其后的史官"等章节，《考古学报》1956年第1期。
② 张亚初、刘雨：《西周金文官制研究》，北京：中华书局，1986年5月。
③ 陈汉平：《西周册命制度研究》，北京：学林出版社，1986年7月；何树环：《西周赐命铭文新研》，台北：文津出版社，2007年9月。
④ 杨宽：《西周史》，上海：上海人民出版社，1999年11月。
⑤ 杨宽：《西周中央政权机构剖析》，《历史研究》1984年第1期。
⑥ 左言东：《西周官制概述》，《人文杂志》，1981年第3期。
⑦ 李学勤：《论卿事寮、太史寮》，《松辽学刊》1989年第3期。
⑧ 相关讨论还有：官长为：《有关卿事寮的再讨论》，宋镇豪、郭引强主编《西周文明论集》，北京：朝华出版社，2004年1月，212-217页；张志康、谢介民：《"卿事寮"析论》，《学术月刊》1988年第2期；郝铁川：《西周中央官制的演变》，《河南大学学报》1985年第4期；李西兴：《卿事（士）考——兼论西周政体的演变》，《人文杂志》，1987年第3期等。

4. 对西周世官制度的探讨，成果主要体现在朱凤瀚《商周家族形态研究》一书的相关章节中。①

通过以上的论述可以看出，大陆学界对西周政治体系的研究，基本是集中于对西周职官制度的研究之上。这是政治体系研究中的一个取向，是传统官制研究这一学术传统在新资料上的一个延续。

另外一个研究取向，则主要体现在海外学者对西周政府的组织结构和运行机制的研究之上，注重用社会学和政治学的理论方法来分析西周政府。这方面的代表人物，主要有顾立雅、许倬云、夏含夷、李峰等。顾立雅对西周王朝政府的组织、财政、司法以及政府的管理技术等做了深入的探讨，认为西周初期的政府，不是一个真正的官僚体制，只能是个原始的、初型的官僚体制。然而，王室的官员确实具备许多官僚制的特征。并讨论了西周政府在逐渐复杂演化过程中的一些发展趋势和特点。②许倬云一直比较关注西周的政府组织，其所著《西周史》一书，在探讨西周政府组织的时候，参考顾立雅的研究思路，分析西周政府组织的成分与演变。认为王室内廷的服务人员已演变成政府的官员。作册与史官系的变化，不仅说明了内廷（内史）官员渐渐掌权，尹的出现也说明史官系统逐渐扩大，以至内部产生层级的分化。三有司的出现，是朝政分工的重要指标。军队由师氏演变为有左右，而有各项特种兵种的单位，以至军队可在驻地"屯田"，也反映了军队的渐趋专业化。西周晚期出现了若干可能是地方行政人员的官称，也许正是分封制度转变为分级管理的端倪。许倬云将西周政府组织的特点归纳为世官制度、册命制度、僚属组织以及内朝和外朝的分离。③夏含夷对西周政府的官僚化过程所作的分析，则认为其最先是发生在军事部门职能的扩大。④

最近对西周政府的政治体系作深入探究的是李峰的《西周的政体》一

---

① 朱凤瀚：《商周家族形态研究》（增订本），天津古籍出版社，2004年7月第2版，390－405页。
② Herrlee G. Creel, The Origins of Statecraft in China. Volume one: The Western Chou Empire. The University of Chicago Press, 1970.
③ 许倬云：《西周史》，北京：三联书店，2001年1月。
④ 夏含夷：Western Zhou History, The Cambridge History of Ancient China: From the Origins of Civilization to 221 B. C, Cambridge University Press, 1999, pp323－326.

书①。该书对过去在这一领域的研究中存在的不足进行了总结。认为在西周研究众多领域中,对西周政府的研究在过去学界,尤其是中国和日本的学者当中曾吸引过很多的关注。但是,这些研究的学术贡献却受到以下几个方面的限制。第一个消极因素是这些研究多依赖后代礼书如《周礼》,通常也被称为《周官》的记载。第二,过去对西周政府的研究似乎十分缺乏理论指导,这在中国和日本的学术界中反映得尤其明显。大多数研究是沿着对西周材料中所见官名的特定职司进行考证的方向展开。而这样的研究大部可归属于历史至少可追溯至中古时期的所谓传统类书中的"官制"研究。第三,过去的研究经常是把西周政府从西周大的社会背景中孤立出来,很少注意到政府是如何置于整个西周国家政治制度当中,以及其行政结构是如何与权力分配相联系起来的问题(《西周的政体》,9—11 页)。李峰强调,《西周的政体》一书并不是一项传统的"官制研究",而是结合现代政治学和社会发展理论对西周国家政治体制的一个解释性历史学研究(《西周的政体·中文版序》)。其研究目的是借助于现代政治学的相关概念对古代资料进行分析与研究,希望能够对中国最早的官僚制度——同时也是世界古代文明中最早的官僚制度之一——的西周政府及其基本特点,形成一个全面的认识与分析性的表述;同时也希望廓清西周的国家本质及其建立政治权威和实行统治的特定方式,并以此为例来说明帝国建立之前中国的早期王权国家(《西周的政体》,2 页)。

李峰在写作过程中,贯彻了其在序言中提出的研究方法,即以现代政治学和社会发展理论研究西周国家政治体制。运用以韦伯为代表的官僚制学说分析西周的政府结构和运行机制。这种分析和研究,使我们对西周政府官僚机制发展状况的认识更加清晰和全面。同时,也为中国与世界其他同时期政治实体之间的比较研究,提供了分析模式。但是,这种模式化的分析和研究方法,对于各政治体系之间的共性研究比较有效,却容易丧失对某一政治体系个性的认识,而个性特点往往更能反映一个政治体系的发展方向。

许倬云在《西周的政体·序言》中提到:

> 周代政治体系的管理,不能完全像韦伯描述的以工具合理性发展

---

① 该书英文版于 2008 年由英国剑桥大学出版社出版: Li Feng, Bureaucracy and the State in Early China: Governing the Western Zhou (1045 – 771 BC) (Cambridge, UK: Cambridge University Press, 2008) 中文版: 李峰:《西周的政体: 中国早期的官僚制度和国家》,吴敏娜等译,北京: 三联书店, 2010 年 8 月。

为理性的官僚制度。西周的政府不能不同时具备家族性，而呈现的方式也不能不带礼仪性。西周的铜器就是这样一种功能的产物：无论是记录任命、赏赐，或者婚姻，都是要用长久存在的方式宣示周王室和臣民之间的这种联系。铜器铭文的结语，常常是子子孙孙永远宝用，不仅是祝福，也是象征血缘关系神圣的延续性。因此，谈论西周的管理，既可以从韦伯式的讨论下手，更可以从宗教学的角度下手，也许更能看出西周统治的角色。

可见，对西周政治体系的研究，在运用现代官僚制学说的同时，应注重西周政府和西周社会所具备的家族性、礼仪性等特征，以及这些特征对西周政府管理模式和发展方向的影响。

对西周政治体系的研究，是一个复杂地、需要不断推进的课题，正如李峰在其中文版序中所言："西周政府和政治体系的很多具体方面还有赖将来新的金文资料来填充和进一步说明，而相关的理论解释也有待未来学者们不断地批判和反思。"不同的探讨角度，对现有金文材料的不同解读[①]，以及侧重点不同的理论方法和分析方法，都会推动我们对西周政治体系更加深入和全面的认识，这也是本书继续探讨这一课题的主要原因。

三、本书的基本框架

古代文献资料中所记载的古人对其同时代或者先前时代的政治、社会和文化的认识，往往会给予我们一些重要的启示。

《周礼》是一部较为系统、全面的总结我国先秦职官制度的书，其创作时代，金景芳认为《周礼》一书是东迁以后某氏所作。作者得见西周王室档案，故讲古制极为纤悉具体。但其中也增入作者自己的设想[②]。该书文繁事富，体大精深。全书用六官区分为六个部分。每一官下都冠以下面这句话：

> 惟王建国，辨方正位，体国经野，设官分职，以为民极。

[①] 在研究资料的运用上，《西周的政体》一书基本只采用同时期的西周金文资料，这为其研究奠定了坚实可靠的基础。但是，由于近年来考古学的繁荣，推进了古文字学和青铜器断代学的迅速发展，新的研究成果不断涌现，《西周的政体》一书在吸收新近的、合理的古文字学和青铜器断代学的研究成果上存在不足。

[②] 金景芳：《周礼》，文史知识编辑部《经书浅谈》，2003年6月新1版，50-60页。

"辨正方位，体国经野"和"设官分职，以为民极"可以看作是早期政治体系的两个重要组成部分：对土地与人民的管理。西周对土地和人民所采用的管理方式，从政治结构来看，是实行外服和内服的二元体系的。《尚书·酒诰》云："越在外服：侯、甸、男、卫、邦伯；越在内服：百僚、庶尹、惟亚、惟服、宗工，越百姓、里居（君）。"矢令方彝铭文（《集成》9901）有类似的记载：

  周公朝至于成周，诞令舍三事令，眔卿事寮眔诸尹眔里君眔百工眔诸侯：侯、田、男，舍四方令。

虽然没有提到内服和外服，但明显体现了这种二元的对称关系。林沄认为"内服"显然是指国内的臣僚，"外服"称"邦伯"，可见是指国外关系①。所谓的国外关系，即诸侯国与西周王畿的关系。因此，本书对西周王朝政治体制的讨论，主要从外服和内服两个方面入手。在外服方面，主要讨论诸侯制，包括诸侯制的产生及其特点，西周王国诸侯制的建立，周王对诸侯的控制情况等。在内服方面，我们主要讨论西周王畿的行政地域、行政组织，这方面的讨论主要是考察西周王朝对畿内土地和人民的管理方式。费勒在《政府的历史》一书中说道，官僚机构的渗透功能体现在两个方面，第一是职业官僚统治领域的广度，第二是其统治所能到达的深度，朝着村落和城市社区的方向能延伸多远②。我们对西周王畿地区政府的管理方式的探讨，亦主要围绕这两个方面展开。讨论西周职官的设置范围，地域的管理方式，以及不同领域官僚化的发展程度和状况。而作为王朝政府中最为活跃的因素——官员，我们从养成教育和官宦生涯的角度，讨论西周王朝政府官员的官宦生涯。

---

① 林沄：《关于中国早期国家形式的几个问题》，《林沄学术文集》，北京：中国大百科全书出版社，1998年12月，94页。
② "'Penetration' by the bureaucracy is a function of two elements. The first is the range of the tasks it undertakes. The second is how far down the line, how far towards the village and city communities, does the chain of paid professional administrators reach." S. E. Finer, The History of Government: From the Earliest Times, Oxford University Press, 1997, P63.

第一章

西周王国的国家结构

政治学上国家结构的概念,是指:"国家整体与其组成部分的相互关系。"国家结构形式是指"国家的整体与部分,中央和地方的相互关系"①。这一概念是相对于成熟的现代国家而言,对于西周这种古典时期的国家,在分析其结构时,当然不能生硬地套用这一概念。我们采用国家结构这一概念,主要是侧重于分析西周王国的构成,周人心目中国家概念及其具体范围,探讨西周的封国以及其他方国与西周王朝的关系。

对西周王国国家结构的探讨,我们主要从两个方面入手:一方面从传统政治观念中的"服制"入手,分析服属于西周王朝的政治实体的构成情况;另一方面具体地分析西周金文和文献中关于国中、四国和四方的含义,以探讨周人心目中的国家范围。

第一节 西周王国的外服体系

在周代的文献资料中,"服"是一个非常重要的政治术语。"服"包括职事和贡赋两个方面②,是指服从西周王朝统治的个人或政治实体对西周王国所承担的责任和义务。在本书的绪论中,我们提到,《尚书·酒诰》记载周人在表述商代的服制,亦即臣属人员的构成状况时,将之区分为外服和内服。外服主要是指诸侯国,内服主要是指王畿地区的臣僚。矢令方彝铭文表明,周人在描述自身的臣属结构时,也是采用这种内外区分的二元表述。这表明,在周人的政治观念中,虽然诸侯和臣僚都属于西周王国服制的框架中,但其政治属性是截然不同的。这种政治意识一直保留在时代较晚的《周礼》中,《周礼》将

---

① 《中国大百科全书·政治学》,中国大百科全书出版社,1992年9月,138页。
② 董珊:《谈士山盘铭文的"服"字义》,《故宫博物院院刊》,2004年第1期。

畿内称为"都鄙",将畿外称为"邦国",有意识的将这两者区分开来①。关于服制的讨论是了解中国早期国家形式的重要途径,也是深入认识西周王国政治结构的关键问题。在这一节中,我们主要讨论西周王国的外服制度,及其所反映的西周王国的诸侯体制。

西周宣王时期的兮甲盘铭文云(《集成》10174):

> 王令甲政义成周四方责,至于南淮夷。南淮夷旧我帛晦人,毋敢不出其帛、其责、其进人,其贾毋敢不即次即市,敢不用令,则即井𢦒伐。其唯我诸侯、百姓,氒贾毋不即市,毋敢或入阑宄贾,则亦井。

铭文中提到的须接受西周王国管理的商贾拥有者主要有两类,一是南淮夷,一是诸侯百姓,将南淮夷和诸侯百姓区分开来。② 铭文明确说明,南淮夷要向西周王国进纳布帛、委积、奴隶等贡物。淮夷由众邦组成,如驹父盨盖铭文说明南淮夷由大小邦组成③,𫓧钟铭文(《集成》260)提到"南夷东夷二十有六邦"。这些铭文表明,服从西周王国的邦国包括两个部分,一部分被称为诸侯,一部分是由大小诸邦组成的被周人统称为南淮夷之类的邦国。

西周王国对不同的邦国采用不同的称谓,也体现在共王时期士山盘铭文中④:

> 惟王十又六年九月既生霸甲申,王在周新宫,王格大室,即位。士山入门,立中廷,北向。王呼作册尹册命山曰:"于入𠭰侯,徵𩵦荆方服,眔大虘服、履服、六𠭯服。"𠭰侯、𩵦方宾贝、金。山拜稽首,敢对扬天子丕显休,用作文考釐中宝尊盘盉,山其万年永用。

---

① 林沄:《林沄学术文集》,北京:中国大百科全书出版社,1998年12月,94页。
② 这里的"百姓",是指畿内的百官族姓。参看林沄:《"百姓"古义新解——兼论中国早期国家的社会基础》,《吉林大学社会科学学报》,2005年第4期。收入《林沄学术文集(二)》,北京:科学出版社,2009年,270-278页。
③ 吴大焱、罗英杰:《陕西武功县出土驹父盨盖》,《文物》1976年第5期。
④ 朱凤瀚:《士山盘铭文初释》,《中国历史文物》,2002年第1期。

铭文中所记载的邦国较多，周王称"荓"为"侯"，称"蠚"为"方"，与甲骨文中体现的商王对邦国的普通称谓一致。铭文中的"六孳"之"孳"，董珊将之读为"子"，认为"子"可能是爵等之子。① 不过，西周金文中作为诸侯称谓或爵称的"子"基本均写作"子"②。铜器铭文中常见"孳"字，有的学者将之读为"蛮"。我们认为这种读法颇为可取，墙盘铭文（《集成》10175）谓"方蛮无不斌视"，"蛮"应是西周王国对异质文化之邦国的称号。这些方和蛮都要向西周王国缴纳服贡。

从以上分析可知，在西周时代，向西周王国承担服贡的邦国可以分为两大类，一类是被西周王国称谓诸侯的邦国，一类是没有诸侯称号的被称为方、蛮的邦国。即《吕氏春秋·观世》所谓"周之所封四百余，服国八百余"的"封国"和"服国"。

一、诸侯国

（一）西周诸侯体系的建立

王国维在《殷周制度论》中提到周初建国的情况时说：

> 自殷以前，天子、诸侯君臣之分未定也。故当夏后之世，而殷之王亥、王恒，累叶称王。汤未放桀之时，亦已称王。当商之末，而周之文武亦称王。盖诸侯之于天子，犹后世诸侯之于盟主，未有君臣之分也。周初亦然，于《牧誓》、《大诰》皆称诸侯曰"友邦君"，是君臣之分亦未全定也。逮克殷践奄，灭国数十，而新建之国皆其功臣、昆弟、甥舅，本周之臣子；而鲁、卫、晋、齐四国，又以王室至亲为东方大藩，夏、殷以来古国，方之蔑矣。由是天子之尊，非复诸侯之长而为诸侯之君。③

可见，西周初期，经过克殷践奄等战事，彻底征服殷商以及东方邦国之后，西周王朝对夏、商以来的邦国体系进行了系统地改造，而改造旧有邦国体系的重要手段是封建诸侯建立外服君长。

根据矢令方彝铭文，西周王国中被称为"诸侯"的外服君长有"侯、田、

---

① 董珊：《谈士山盘铭文的"服"字义》，《故宫博物院院刊》，2004年第1期。
② 如"贾子"（《集成》10252），唐子（《新收》1209）等。
③ 王国维：《殷周制度论》，《观堂集林》，北京：中华书局，1959年6月，466-467页。

男"这几种人。据《尚书·酒诰》，商王国的外服君长有"侯、甸、男、卫、邦伯"（《尚书·召诰》则作"侯、甸、男、邦伯"）①。两相比较，商代和西周王国外服君长的名称是基本一致的，矢令方彝没有提到"邦伯"，但西周金文中经常有提到"邦君"②，两者的含义应该是大致相同的。

关于"侯、田（甸）、男"这几种诸侯名号的起源，裘锡圭根据甲骨卜辞和古书的训诂，认为这几种诸侯名称，都是由职官名称演变而成的。侯的本职是为王斥候，甸的本职是为王治田，卫的本职是为王捍卫。"男"本作"任"，其本职是为王任事，职务范围大概不如其余三者明确。第一批具有诸侯性质的侯、甸、男、卫，是分别由相应的职官经历了一个发展过程而形成的。中央王朝应该是在承认了这种由职官发展而成的诸侯以后，才开始用"侯、甸、男、卫"等称号来封建诸侯，并把这些称号授予某些臣属方国的君主的。在较早的时期，侯、甸、男、卫等诸侯对中央王朝所承担的"职"、"服"，跟他们的名称大概仍然有比较紧密的联系。后来，这些称号好像就只有区分等级的作用了③。

从上述诸侯名号的起源来看，这些诸侯本是由担任王事的职官演变而成。在其诞生之初，即对王朝承担着重要的职责。西周封建诸侯的背景和目的也说明了诸侯国在王国中所起的功能和作用。

西周大规模封建制的推行，主要是在周公平定三监叛乱，东征胜利之后。分封的原因和目的，春秋时期的富辰分析是"昔周公吊二叔之不咸，故封建亲戚以藩屏周"④。清华简《系年》简17、18描述为："周成王既迁殷民于洛邑，乃追念夏商之亡由，方（旁）埶（设）出宗子，以作周厚屏。"⑤ 这一点基本得到了研究西周封建制度的学者的认同，亦得到西周金文的证明。河北元氏县出土的臣谏簋铭文（《集成》4237）记载"惟戎大出于軧，井侯搏戎"，

---

① 《召诰》中没有提到"卫"，裘锡圭先生认为可能是"卫"的地位较低而被略去，也可能本有"卫"而传写脱落。参看裘锡圭《甲骨卜辞中所见的"田""牧""卫"等职官的研究——兼论"侯""甸""男""卫"等几种诸侯的起源》，《古文文史研究新探》，南京：江苏古籍出版社，1992年6月，343页。
② 五祀卫鼎（《集成》2832）、静簋（《集成》4237）、义盉盖（《集成》9453）等。金文中的"邦君"可能既包括畿内诸侯，也包括畿外小邦。
③ 裘锡圭：《甲骨卜辞中所见的"田""牧""卫"等职官的研究——兼论"侯""甸""男""卫"等几种诸侯的起源》，《古文文史研究新探》，南京：江苏古籍出版社，1992年6月，343页。
④ 《左传》僖公24年。
⑤ 李学勤主编：《清华大学藏战国竹简（二）》，上海：中西书局，2011年12月。

说明了井（邢）国在抵御戎人进攻中的战略作用。西周晚期的戎生编钟（《新收》1613）记载，戎生祖先宪公，被封建的目的是"儩司蛮戎，用榦不廷方"。

周代文献和金文多有对西周封建的记载，我们可以从中窥见西周王国建立诸侯国的一些基本要素。

1. 鲁

分鲁公以大路大旂，夏后氏之璜，封父之繁弱。殷民六族：条氏、徐氏、萧氏、索氏、长勺氏、尾勺氏，使帅其宗氏、辑其分族、将其类丑，以法则周公，用即命于周。是使之职事于鲁，以昭周公之明德。分之土田倍敦，祝宗卜史，备物典策，官司彝器。因商奄之民，命以伯禽，而封於少皞之虚。（《左传》定公 4 年）

2. 卫

分康叔以大路、少帛、綪茷、旃旌、大吕，殷民七族：陶氏、施氏、繁氏、锜氏、樊氏、饥氏、终葵氏，封畛土略：自武父以南，及圃田之北竟，取於有閻之土，以共王职；取於相土之东都，以会王之东蒐。聃季授土，陶叔授民，命以康诰，而封於殷虚。皆启以商政，疆以周索。（《左传》定公 4 年）

3. 唐

分唐叔以大路，密须之鼓，阙巩、沽洗、怀姓九宗，职官五正。命以唐诰而封於夏虚。启以夏政，疆以戎索。（《左传》定公 4 年）

4. 燕

王曰：大保，唯乃明乃心，享于乃辟。余大对乃享，令克侯于匽，旃羌、狸、叡于駇、彭。克次①匽，入土眔又司，用作宝尊彝。（克盉/克罍，《新收》1367/1368）

5. 宜侯

隹四月辰在丁未，王省珷王、成王伐商图，省东或图。王卜于宜□土南□。王令虞侯夨曰：[迁] 侯于宜。易鬯一卣、商瓚一，□，彤弓一，彤矢百，旅弓十，旅矢千。易土，氒川三百……，氒……百又……，氒宅邑三十又五。[氒] ……百又四十。易在宜王人……又七里；易奠七白，氒盧……又五

---

① 黄德宽将此字释为"次"，参看张光裕、黄德宽主编：《古文字学论稿》，合肥：安徽大学出版社，2008 年 4 月，27 - 30 页。

十夫；易宜庶人六百又……六夫。宜侯夨扬王休，作虞公父丁尊彝。（宜侯夨簋①，《集成》4320）

6. 申

崧高维岳，骏极于天。维岳降神，生甫及申。维申及甫，维周之翰。四国于蕃，四方于宣。

亹亹申伯，王缵之事。于邑于谢，南国是式。王命召伯，定申伯之宅。登是南邦，世执其功。

王命申伯："式是南邦。因是谢人，以作尔庸。"王命召伯："彻申伯土田。"王命傅御："迁其私人。"

申伯之功，召伯是营。有俶其城，寝庙既成。既成藐藐，王锡申伯：四牡蹻蹻，钩膺濯濯。

王遣申伯，路车乘马。我图尔居，莫如南土。锡尔介圭，以作尔宝。往远王舅，南土是保。

申伯信迈，王饯于郿。申伯还南，谢于诚归。王命召伯，彻申伯土疆。以峙其粻，式遄其行。

申伯番番，既入于谢，徒御啴啴。周邦咸喜，戎有良翰。不显申伯，王之元舅，文武是宪。

申伯之德，柔惠且直。揉此万邦，闻于四国。吉甫作诵，其诗孔硕。其风肆好，以赠申伯。（《诗经·大雅·崧高》）

表一　西周封建诸侯的基本要素

诸侯国	礼仪用品				民人	土地	诰命
	车马	旂	礼器	兵器			
鲁	大路	大旂	夏后之璜；彝器	繁弱	殷民六族土田陪敦祝宗卜史官司	鲁	《伯禽》
卫	大路	少帛、綪茷、旃旌	大吕		殷民七族	殷虚	《康诰》

---

①　释文参看李学勤：《宜侯夨簋与吴国》，《文物》1985年第7期。

续表

诸侯国	礼仪用品				民人	土地	诰命
	车马	旂	礼器	兵器			
唐（晋）	大路		密须之鼓沽洗	阙巩	怀姓九宗职官五正	夏虚	《唐诰》
燕					有司；羌、貍、虘、馭、髟	匽	
宜侯			瓒鬯一卣商瓒一	彤弓一、彤矢百、旅弓十、旅矢千	王人；奠七伯、盧；宜庶人	宜	
申	路车乘马			介圭	谢人、私人	谢	

由上表可见，周王封建诸侯，建立邦国的基本要素包括：礼仪用品、民人和土地。礼仪用品在规格上的差别，可能体现了诸侯之间在王朝中身份地位的不同。关于邦国中的民人，李峰分析说，地方封国的人口富有多样性，而且存在典型的分层分级。它首先由一小群征服者，周人及其近属、依附于诸侯家族的社会权贵组成。他们之下，是不同族群和文化背景的移民，他们被与其有复杂社会关系的周人贵族带入新建的封国；他们中的一些可能是周人的长期同盟，而另一些也可能曾是周的敌人如殷民七族（按：应是"殷民六族"），据说他们被周王室赐予位于山东新建的鲁国。在社会阶梯的最底部是大量的当地居民，他们是地方封国新的统治对象。① 从上表可以看出，诸侯国受封的人员组成中，被称为"官司"或"有司"的职官人员基本是必要的，《左传》的记载虽然没有说明卫国的受封人员中有官员，但沫司土疑簋（《集成》4059）记载王命康侯鄙国于卫时，沫地的司土参与了这一行动。说明封国在建立的时候，同时也建立了一套用于管理所建封国的行政系统。

---

① 李峰：《西周的政体：中国早期的官僚制度和国家》，吴敏娜等译，北京：三联书店，2010年，240页。

（二）西周金文资料中的诸侯国

1. 侯

近几十年来，随着西周诸侯国青铜器资料的增多以及相关研究的深入，学者对西周的诸侯称谓这一问题已经取得了一定的共识。很多研究者指出，西周时期外服诸侯国国君的称名形式通常是"国号+侯"，内服臣属生前的称名形式通常是"氏名+排行"。外服诸侯和内服臣属两者在称谓上存在较为明显的差异。① 韩巍进一步提出，"公"多数情况下是周王授予王朝高级贵族的称号，少数地位特殊或立有大功的诸侯也可被册命为"公"，以示特别的尊宠。与"侯"不同的是，"公"的称号不能世袭，说明它更多地承载着周王与臣下个人之间的权力授受关系。"公"在礼制上的地位要高于"侯"，如果一位诸侯先被册命为"侯"，然后又受命为"公"，就会采用最后也是最高的称号"公"。"侯"与"公"称号的使用在当时均有严格限制，只有接受周王册命为"侯"和"公"的贵族才能使用。"伯"在西周时期并非一种爵称，多数情况下"伯"意味着个人的排行——即家族嫡长子。由于宗子一般由嫡长子继任，故"伯"也成为宗子的代名词。凡是没有通过正式册命而获得"公"、"侯"等政治性称号的贵族家族长，无论其属于"内服"还是"外服"，都只能使用"氏名+伯"式称谓，因此可以说"伯"是使用最为普遍的不带政治意味的男性称谓。②

西周金文中有"侯"称谓的诸侯国资料，我们将之整理成下表：

---

① 王世民：《西周春秋金文中的诸侯爵称》，《历史研究》1983年第3期；盛冬铃：《西周铜器铭文中的人名及其对断代的意义》，《文史》，第17辑，北京：中华书局，1983年，33-38页；李零：《西周金文中的职官系统》，收入李零著《李零自选集》，桂林：广西师范大学出版社，1998年2月，114-116页；吴镇烽：《金文人名研究》，收入吴镇烽著《考古文选》，北京：科学出版社，2002年，177-178页；李峰：《西周的政体——中国早期的官僚制度和国家》，北京：三联书店，2010年8月，47-52页。

② 韩巍：《新出金文与西周诸侯称谓的再认识——以首阳斋藏器为中心的考察》，2010年11月5-7日，"二十年来新见古代中国青铜器国际学术研讨会：首阳斋藏器及其他（Ancient Chinese Bronzes from the Shouyang Studio and Elsewhere: An International Conference Commemorating Twenty Years of Discoveries）"会议论文集。

表二 西周金文资料中的诸侯国

诸侯国	诸侯称号/资料	地理分布
卫	康侯/《集成》464 康伯/《集成》3720	河南
陈	陈侯/《集成》3815	
应	应监/《集成》883 应伯/《新收》72 应侯/《新收》65 应公/《集成》2150	
蔡	蔡侯/《集成》2441	
默①	默侯/《集成》948	
邢	邢侯/《集成》4237	河北
㔣	㔣侯/《集成》689	
軧	軧侯/《集成》5429	
齐	齐侯/《集成》4639	山东
鲁	鲁侯/《集成》648	
滕	滕侯/《集成》2154	
纪	纪伯/《集成》65 纪侯/《集成》14	
薛	薛侯/2377	
铸	铸侯/47	
晋	晋侯/《新收》1445	山西
荀	荀侯/《集成》10096	
杨	杨侯/《集成》42年逨鼎②	
楷	楷侯/《集成》4139 楷伯/《集成》4205	

---

① 裘锡圭认为默位于今河南郾城一带,参看裘锡圭《古文字论集》,北京:中华书局,1992年6月,386-392页。

② 杨家村联合考古队:《陕西眉县杨家村西周青铜器窖藏发掘简报》,《文物》2003年第6期。

续表

诸侯国	诸侯称号/资料	地理分布
鄂	鄂侯/《集成》2833	湖北
宜	宜侯/《集成》4320	江苏
麋	麋侯/17	未知
钜	钜侯/2816	未知
彙	彙侯/2820	未知
莽	莽侯/3589①	未知
量	量侯/3908	未知
相	相侯/4136	未知
▨	▨侯/4561	未知
▨	▨侯/6514	未知

从西周金文中诸侯国的分布情况来看，这些诸侯主要分布于东部地区。因此，对于立国于西部地区的西周王国而言，在东部的洛邑建立东都，显得尤为重要。

2. 邦伯（畿外）

在古代文献中提到的邦国的等级阶梯里，有一种君长被称为"伯"或"邦伯"的邦国。《孟子·万章下》云："天子之制，地方千里，公侯皆方百里，伯七十里，子男五十里，凡四等。不能五十里者，不达于天子，附于诸侯，曰附庸。"将"伯"列在公侯之后。《礼记·王制》中亦有类似说法。《酒诰》中提到"侯、甸、男、卫、邦伯"及"侯、甸、男、卫"，则称之为"邦伯"，列在最后面。《康诰》中说"侯、甸、男、邦、采、卫"，顺序与《酒诰》有所不同，其中的"邦"应该即是"邦伯"。可见，在西周邦国的君

---

① "莽"侯又见于西周共王时期的士山盘，应该是分布淮河流域。

长称谓中,有一种称谓为"邦伯"。亦即西周金文中的"邦君"①。

西周铭文说明,这种称为"伯"的君长,确实是一种不同于"侯"的诸侯。戎生编钟铭文记载:

> 惟十又一月乙亥,戎生曰:休辞皇祖宪公趩趩趩趩,启厥明心,广巠其猷,趩再穆天子歠需,用建于兹外土,俤司蛮戎,用龏不廷方。至于辟皇考卲伯趩趩穆穆,懿歠不替,召匹晋侯,用龏王令。今余弗叚法其觊光,对扬其大福,劼遣卤贵,卑譜征鯀汤,取厥吉金,用作宝协钟。厥音雍雍鎗鎗铜铜铱铱杀杀,既穌且盈。余用卲追孝于皇祖皇考,用旂绰〔绾〕眉寿。戎生其万年无疆,黄耆又耇,畯保其子孙宝用。②

铭文记载戎生的皇祖宪公称受穆天子(即西周穆王)之福荫,建于外土,以司蛮戎,以龏不廷方。穆王封建宪公的目的是管理蛮戎,以龏不廷方。戎生的皇考称为"卲伯",铭文则记载他"召匹晋侯,用龏王令"。

对于这个邦国的历史,裘锡圭在讨论这篇铭文的文章正文中认为,从钟铭看,宪公没有"侯"这一类正式封爵,所建立的显然不是诸侯国,而是规模近于采邑的小邦。外土,当指王畿之外的土地。昭伯既受恭王之命辅佐晋侯,其封国大概会成为晋的附庸。但从戎生在铭文下文中讲自己的时候,只字不提晋侯来看,大概还在相当大的程度上保持着独立性。但在文章的"追记"中,裘先生将"龏"改读为"供",认为"召匹晋侯"是说辅佐晋侯防范、对付戎狄,不一定含有为晋侯之臣的意思。"用供王命"就是以此来满足周王朝命其"司蛮戎,用龏不廷方"的要求的意思。③ 李学勤认为,铭文称宪公受封在"兹外土",可见由宪公到戎生,居地并无变迁。戎生之父昭伯,"绍匹晋侯,用恭王命",已经不属于王朝,而是晋臣了。这可能是宪公以来的封地被晋国

---

① 穆王时代的班簋(《集成》4341)记载:"王令毛公以邦冢君土驭载人伐东国痛戎,咸。王令吴伯曰以乃师左比毛父,王令吕伯曰以乃师右比毛父。"铭文后文提到的"吴伯"、"吕伯"应该即是前文的"邦冢君"。
② 李学勤:《戎生编钟论释》,《文物》1999 年第 9 期,收入《保利藏金——保利艺术博物馆精品选》,广州:岭南美术出版社,1999 年 9 月,375 - 378 页。
③ 裘锡圭:《戎生编钟铭文考释》,收入《保利藏金——保利艺术博物馆精品选》,1999 年 9 月,365 - 374 页。

兼并的结果。①

铭文中戎生称其始受封的祖先为"公",称其父辈为"伯",体现了称谓上的差异。韩巍通过对西周"公"、"侯"、"伯"等称谓的研究,认为"公"多数情况下是周王授予王朝高级贵族的称号,少数地位特殊或立有大功的诸侯也可被册命为"公",以示特别的尊宠。② 因此,宪公"建于兹外土",应和"邵公建匽"的情况比较类似,是因宪公在王朝中有较高的荣耀而被封建邦国的。③ 其子亦即戎生的父辈,只被称为"伯",说明此邦国确实没有获得"侯"这一封爵。

与戎生编钟铭文的记载相类似的,由周王在王畿外建立的邦伯,还有唐伯。近年公布的西周早期的尧公簋铭文云:

觍公作妻姚簋,遘于王令昜伯侯于晋,惟王二十又八祀。④

朱凤瀚分析说,《晋世家》正义引《括地志》曰:"故唐城在绛州翼城县西二十里。"叔虞虽被封于唐,虽是晋国公室始封的先祖,但未称晋侯,是时也当未有称"晋"的国家,故而春秋时期的晋公盏仍称唐叔虞为"唐公"。始称晋侯的是其子燮父。本铭文中受命"侯于晋"的唐伯,应即是指燮父,由此可知,燮父在侯于晋前称"唐伯"⑤。由此可知,叔虞及其子燮父在唐时尚未正式取得"侯"的地位,只能称谓"伯"。

类似的现象还有胙伯。据《左传》僖公24年,周初所封建的姬姓邦国中,胙为周公之胤。胙国位于今河南延津北。西周金文相应的国名作"柞",目前所发现的与柞有关的铜器铭文中,如柞伯鼎⑥和柞伯簋(《新收》76),柞的君长均称为"伯"。此外,义盉盖(《集成》9453)铭文记载周王在鲁会

---

① 李学勤:《戎生编钟论释》,《文物》1999年第9期。
② 韩巍:《新出金文与西周诸侯称谓的再认识——以首阳斋藏器为中心的考察》,2010年11月5-7日,"二十年来新见古代中国青铜器国际学术研讨会:首阳斋藏器及其他(Ancient Chinese Bronzes from the Shouyang Studio and Elsewhere: An International Conference Commemorating Twenty Years of Discoveries)"会议论文集。
③ 关于西周金文中"建"的含义,参看裘锡圭:《释"建"》,收入裘锡圭《古文字论集》,北京:中华书局,1992年8月,353-356页。
④ 朱凤瀚:《觍公簋与唐伯侯于晋》,《考古》2007年第3期。
⑤ 同上。
⑥ 朱凤瀚《柞伯鼎与周公南征》,《中国历史文物》,2006年第5期。

合邦君、诸侯等人举行大射礼，这些邦君可能主要也是属于畿外的。

虽然戎生之父昭伯所拥有的邦国是否已经沦为晋国的附庸还存在争论，但君长称为"伯"的邦国，确实有一些已经沦为侯国的附庸。

近年在山西绛县横水镇横北村发现的"倗伯"，一般认为是晋国的附庸"怀姓九宗"之一。① 2007年在山西翼城大河口发现的"霸伯"，应该也是晋国的一个附庸小邦②。从本书的讨论中，我们可以看出，西周王朝跟这些邦国的联系亦比较密切。

3. 卫

在古代文献中提到的邦国的等级阶梯里，还有一种称为"卫"的邦国。林沄在讨论这一问题时认为，《酒诰》中提到"侯、甸、男、卫、邦伯"及"侯、甸、男、卫"，则作为诸侯的国君，或许还有一类叫"卫"。但《康诰》中说"侯、甸、男、邦、采、卫"，把采和卫列在邦之后，则卫和邦也许还有一定的差别。《国语·周语》有"邦外侯服，侯卫宾服"之说，似乎可以理解为侯国的"卫"是王的"宾服"，则卫也许是诸侯之国的卫星国。《礼记·王制》中有"不能五十里者，不合于天子，附于诸侯，曰附庸"的说法，所以可勉强算是邦，又不大够邦的资格，对王的服从关系是间接的。③

"卫"这一称谓出现在攸比鼎铭文（《集成》2818）。该铭文有人名"攸卫牧"，论者指出从铭文记载比得到攸卫牧的土地后改称为"鄅攸比"这一现象可以推断，"攸"为地名，"攸卫"指攸地之卫。铭文体现攸卫牧直接受周王的管制，很难说明其是诸侯国的附庸。因此，"卫"是否是诸侯国的附庸之国，还可作进一步的讨论。

（三）西周王国对侯国和邦国的管理

从上文的讨论可知，目前所见的西周金文资料中西周王朝的外服君长的称呼主要有三类：侯、伯（邦君）和卫。其中以侯和邦伯最为常见，其所代表的政治实体分别是侯国和邦国。"侯"和"邦伯"作为诸侯的一种称号，是由周王授予、封建的。周王在建立诸侯国之初，通过封建礼分封诸侯礼器、土地和人民，表示对诸侯统治权的建立和认可。这些新建立的诸侯国虽然在其侯国内拥有独立的治权，但是必须对西周王国承担一定的义务，西周王国亦通过一

---

① 宋建忠、吉琨璋、田建文：《山西绛县横水西周墓发掘简报》，《文物》，2006年第8期；李学勤：《绛县横北村大墓与倗国》，《中国文物报》，2005年12月30日第7版。
② 卫康叔：《大河口西周墓地——小国的霸气》，《中华遗产》，2011年第3期。
③ 林沄：《林沄学术文集》，北京：中国大百科全书出版社，1998年12月，96页。

西周王国的国家结构

些方式对其进行有效的管理。昭王时代的矢令方彝（《集成》9901）铭文记载周王命令周公"尹三事四方"，周公到成周后舍令四方，"眔诸侯：侯、田、男。"说明了西周王朝对四方诸侯的管理。具体分析西周王国对侯国和邦国的管理方式，有助于我们深入了解西周国家形式的内涵。

1. 对继位新侯的授命

西周金文和文献资料表明，诸侯的继承需得到王命的认可。伯晨鼎（《集成》2816）记载：

> 惟王八月辰在丙午，王命𢓺侯伯晨曰：嗣乃祖考侯于𢓺，赐汝矩鬯一卣，玄衮衣幽黄、赤舄；驹车：画呻、韔㦿、虎幦、𩎕衺里幽、攸勒；旅五旅，彤弓彤矢，旅弓旅矢，矛、戈、䡇胄。用夙夜事，勿废朕命。晨拜稽首，敢对扬王休，用作朕文考濒公宫尊鼎，子孙其万年永宝用。

铭文说明，伯晨是继嗣其祖辈和父辈的诸侯地位而侯于𢓺的，而这种继承须在周王举行的册命礼仪中获得确认。

《诗经·大雅·韩奕》记载宣王时期宣王授命韩侯缵继其祖考为侯：

> 奕奕梁山，维禹甸之。有倬其道，韩侯受命，王亲命之："缵戎祖考，无废朕命。夙夜匪懈，虔共尔位。朕命不易，榦不庭方，以佐戎辟。"
>
> 四牡奕奕，孔修且张。韩侯入觐，以其介圭，入觐于王。王赐韩侯，淑旂绥章，簟茀错衡，玄衮赤舄，钩膺镂钖，鞹鞃浅幭，鞗革金厄。
>
> 韩侯出祖，出宿于屠。显父饯之，清酒百壶。其殽维何？炰鳖鲜鱼。其蔌维何？维笋及蒲。其赠维何？乘马路车。笾豆有且，侯氏燕胥。
>
> 韩侯取妻，汾王之甥，蹶父之子。韩侯迎止，于蹶之里。百两彭彭，八鸾锵锵，不显其光。诸娣从之，祁祁如云。韩侯顾之，烂其盈门。
>
> 蹶父孔武，靡国不到。为韩姞相攸，莫如韩乐。孔乐韩土，川泽訏訏。鲂鱮甫甫，麀鹿噳噳。有熊有罴，有猫有虎。庆既令居，韩姞

燕誉。

溥彼韩城，燕师所完。以先祖受命，因时百蛮。王赐韩侯，其追其貊，奄受北国，因以其伯。实墉实壑，实亩实藉。献其貔皮，赤豹黄黑。

从以上所引的周王对新继位诸侯的授命可以看出，在授命礼仪中，周王除了亲命受命者为侯外，主要是赐予象征诸侯地位的礼仪用品。说明这种授命是对受命者礼法地位的认可，确认其在西周礼法系统中所享有的权利。

这种授命确定了授受双方的一种政治关系。西周王畿内对官僚的任命也采用授命制度（一般称为"册命"），以确立周王与臣僚之间的政治关系。如果关系人一方发生变化，不论是周王或者是臣僚，即要重新举行册命礼仪，以重新确定双方的关系。所以很多学者认为这种对臣僚的册命，建立的是一种周王和臣僚双方个体之间的契约关系。与畿内臣僚册命不同的是，对诸侯的授命则是发生在当诸侯一方发生更替时，才需要周王举行授命礼加以认可。目前的资料尚未见到因王位发生更替而需要对已经册命的诸侯进行重新授命的情况。因此，诸侯的授命礼体现的应该是西周王国和诸侯之间的契约关系。即通过这种礼仪所确定的服属关系，是诸侯对西周王国服属关系的认可，而不是对具体某个周王的服属。

2. 见事

匽侯旨鼎（《集成》2628）和麦方尊（《集成》6015）两篇铭文记载西周的诸侯要到宗周向周王述职，金文和文献称之为"见事（士）"。

（1）匽侯旨鼎：

匽侯旨初见事于宗周，王赏旨贝二十朋，用作姒宝尊彝。

杨树达指出铭文中的"见事"，即《尚书·康诰》"见士于周"之"见士"，"士"应读为"事"，"见事"犹言述职。① 杨树达并提出，见事之文又见于他器，珥鼎云："己亥，见事于彭。"亦有省略其文单言见者，贤簋云：

---

① 杨树达：《积微居金文说》（增订本），卷六《匽侯旨鼎跋》，北京：中华书局，1997年12月，153-154页；杨树达：《书康诰见士于周解》，《积微居小学述林全编》，上海：上海古籍出版社，2007年8月，336页。

"惟九月初吉庚午，公叔初见于卫，贤从。"①贤簋（《集成》4104）的说法和下引麦方尊"侯见于宗周"的文例一致，因此，公叔应该是卫侯的下属。由此可见，"见事"这种述职方式在西周是一种较为普遍的政治行为。

麦方尊详细记载了诸侯到宗周述职时的活动：

（2）麦方尊《集成》6015：

> 王令辟井侯出坏，侯于井。雩若二月，侯见于宗周，无敃②。迨王饔芳京彫祀。雩若翌日，在璧雖，王乘于舟，为大丰。王射大龏，禽。侯乘于赤旗舟，从死（事），咸。之日，王以侯内于寝，侯赐玒戈。雩王在斥，巳夕，侯赐者臷臣二百家，剂用王乘车马、金勒、冂（裳）、衣、市、舄。惟归，遁天子休，告亡敃，用龏义宁侯，显孝于井侯。作册麦赐金于辟侯，麦扬，用作宝尊彝，用瓚侯逆复③明令。惟天子休于麦辟侯之年铸，子子孙孙其永亡终，用覆德妥多友，享奔走令。

铭文记载井（邢）侯授命侯于井（邢）后，回宗周述职，述职礼仪进展顺利而无咎。邢侯随即参与了周王在芳京举行的祀典，并受到了周王的赏赐。由此反映，到宗周参与周王举行的典仪，应该是诸侯述职行为中的一个组成部分。

（3）献簋（《集成》4205）

> 惟九月既望庚寅，楷伯于遣王，休，无敃。朕辟天子、楷伯令厥臣献金车。对朕辟休，作朕文考光父乙，十世不望献身在毕公家受天子休。

---

① 杨树达：《积微居金文说》（增订本），卷六《匽侯旨鼎跋》。至于玒鼎的"见事"，裘锡圭指出应改释为"视事"，认为从铭文看，玒当是奉车叔之命视事于彭地，故受其赏。参看裘锡圭：《甲骨文中的见和视》，收入台湾师范大学国文系、中央研究院历史语言研究所编《甲骨文发现一百周年学术研讨会论文集》，台北：文史哲出版社，1999年5月，1—6页。

② "敃"字考释参看陈剑：《甲骨金文旧释"尤"之字及相关诸字新释》，收入《北京大学中国古文献研究中心集刊》，第4辑，北京：北京大学出版社，2004年10月，74—94页。

③ "复"字的解读暂从吴匡、蔡哲茂的说法，参看吴荣曾主编：《尽心集：张政烺先生八十庆寿论文集》，北京：中国社会科学出版社，1996年11月，137—152页。

《商周青铜器铭文选》认为，朱骏声《说文通训定声》："遘，假借为觐。"《诗·大雅·公刘》"乃觏于京"，毛亨《传》："觏，见也。"于觏王即往见王，为朝觐之仪。① 可见"楷伯于覯王"的含义和麦方尊"侯见于宗周"的含义类似。楷为侯国，从楷伯的称谓来看，此时其尚未继位为侯，可能是以诸侯世子的身份去朝觐周王。

3. 派遣官员管理驻于其境内的军队

周王有时会任命一些官员辅助诸侯管理某一具体事务：

（1）善鼎（《集成》2820）：

> 惟十又一月初吉辰在丁亥，王在宗周，王各大师宫。王曰：善，昔先王即令汝左足㝬侯，今余惟肇申先王令，令汝左足㝬侯监燹师戍，赐汝乃祖旂，用事。善敢拜稽首，对扬皇天子丕丕休，用作宗室宝尊。惟用妥福，唬前文人，秉德恭纯。余其用各我宗子与百生，余用匄纯鲁于万年，其永宝用之。

善鼎的年代为西周中期，铭文中的"㝬侯"指㝬地之侯，商代晚期的尹光鼎（《集成》2709）②有"㝬帀（次）"。善受命辅佐㝬侯，官历两朝，具体负责辅佐㝬侯监管在燹地戍守的军队。西周在燹地驻有军队还体现在趞簋铭文（《集成》4266）中："王若曰：趞，命汝作燹冢司马。"说明西周对于燹地驻扎的戍守军队的管理，除了王朝本身委任官吏外，还设立诸侯进行监管，而且还派遣官员去辅助诸侯执行这一监管职责。

（2）引簋

> 惟正月壬申，王各于莽大室。王若曰："引，余既命女更乃且摄司齐𠂤，余惟申命女，赐女彤弓一，彤矢百，马四匹，敬乃御，毋败脊（迹）。"引拜稽首，对扬王休，同□追孚吕兵，用作幽公宝簋，子子孙孙宝用。

---

① 马承源主编：《商周青铜器铭文选》（三），北京：文物出版社，1988年4月，56页。
② 器名从何琳仪：《听簋小笺》，《古文字研究》第25辑，北京：中华书局，2004年10月，178－181页。

引簋出土于山东高清陈庄西周遗址的一墓葬中①。根据铭文和器形，其年代大致为西周中期偏晚。铭文记载周王命令"引"赓继其祖辈管理"齐𠂤"，因而受赐彤弓、彤矢、马匹等武备。"齐𠂤"一词还出现在陕西安康出土的史密簋铭文中。李学勤在讨论史密簋铭文时提出，"齐师"一词也见于师寰簋（《集成》4313、4314）。"师"字本器作繁体"師"的左半，师寰簋则作其右半，可证两者都必须读作"师"。齐师是齐国的三军，乃乡里所出，与周王六军或称"六师"同例②。朱凤瀚认为："引直接受王命治理齐师，应是王朝卿士，而非齐侯臣属。齐师是西周王朝在齐地所设直辖军队的可能较小，还当理解为齐国军队较好。"③

从引簋的出土地点，以及史密簋和师寰簋均记载与齐𠂤联合作战的多是分布于今山东一带的莱、纪等国，同时战事亦均发生在山东一带等情况来看，此"齐𠂤"之"齐"确应即齐国之齐。"引"的任命乃是赓继祖职，说明西周王朝对齐国军队的控制并非是一种临时的授命。

引簋所体现的西周王朝对齐国军队的控制，从一个侧面反映了西周时期王朝政府对诸侯的控制力。

（3）豆闭簋（《集成》4276，传出西安）

> 惟王二月既生霸，辰在戊寅。王各于师戏大室，井伯入右豆闭，王呼内史册命豆闭。王曰：闭，赐汝戠衣雝市䜌旗，用𢌿乃祖考事，司𢆶俞邦君司马、弓矢。

杨宽认为此铭文的邦君即诸侯，周王这样任命诸侯的司马兼弓矢之官，说明天子能够兼管诸侯的军事行动④。此铭的邦君，应该和诸侯有区别的，是指没有被周王朝授予诸侯封号的邦国君长。但是从铭文判断不出是畿外邦君还是畿内邦君。豆闭受王命管理邦君的司马和弓矢（《周礼》有"司弓矢"职官），可能和善鼎铭文记载善受王命协助𩰬侯管理师戍的情形类似。

---

① 山东省文物考古研究所编：《海岱考古》第4辑，科学出版社，2011年5月，72－104页。
② 李学勤：《史密簋所记西周重要史实》，收入李学勤《走出疑古时代》（修订本），沈阳：辽宁大学出版社，1997年12月，170－178页。
③ 《山东高青县陈庄西周遗址笔谈》，《考古》2011年第2期。收入山东省文物考古研究所编：《海岱考古》第4辑，科学出版社，2011年5月，354－366页。
④ 杨宽：《西周史》，上海：上海人民出版社，1999年11月，394页。

4. 举行典仪

礼仪活动在西周的政治生活中扮演着重要的角色，这些礼仪活动主要包括大射礼、大礼和殷见礼等。

(1) 柞伯簋（《文物》1998年第9期56页图三，《新收》76）

> 惟八月辰在庚申，王大射在周。王令南宫率王多士，师酉父率小臣，王遟赤金十反（版）。王曰：小子、小臣，敬又贤获，则取。柞伯十再弓，无废矢。王则畀柞伯赤金十反（版），繇赐柷狸（?）。柞伯用作周公宝尊彝。

铭文记载周王在周（宗周）举行大射。关于大射，杨宽认为是天子或诸侯会集臣下在大学举行的。其目的着重在行礼，通过行礼的方式来进行"射"的练习和比赛。① 刘雨指出，西周金文中的射礼都有周王参加，是为"主"，与其相对的"宾"多是邦君、诸侯……参与陪射的多为周王的正长和有司。② 柞伯应该是以邦君的身份为"宾"。

(2) 义盉盖（《集成》9453）

> 惟十又一月既生霸甲申，王在鲁，卿即邦君、诸侯、正、有司大射。义蔑厤，瞏于王逨即。赐贝十朋，对扬王休，用作宝尊盉，子子孙孙其永宝。

陈剑分析铭文内容说，周王会合比次邦君、诸侯、正、有司诸人大射，"正、有司"作为王朝官员，是周王的属下，很可能与周王一起组成"主"一方即"主党"；邦君、诸侯则组成"宾党"。③ 这是周王在鲁地举行大射礼，会合诸侯以及邦君的例子。

---

① 杨宽：《西周史》，上海：上海人民出版社，1999年11月，716页。
② 刘雨：《西周金文中的射礼》，《考古》1986年第12期，1118页。
③ 陈剑：《据郭店简释读西周金文一例》，载《北京大学古文献研究中心集刊》(2)，北京：北京燕山出版社，2001年4月。

（3）叔夨鼎①

惟十又四月，王酻大裋来在成周。咸来，王呼殷厥士，蔑叔夨以裳、车马、贝卅朋。敢对王休，用作宝䵼彝，其万年扬王光厥士。

关于铭文的内容，李学勤指出"殷"指殷见，指聚合朝见；"士"如《尚书·多士》的"士"，孔颖达《正义》云"士者，在官之总号"，包括王朝卿大夫在内，不能理解为只限士这一级。② 铭文中的"叔夨"，李伯谦提出读为"叔虞"即指唐叔虞。③ 这一看法已经得到了学术界的认可。王在成周举行大裋来礼，以殷见包括唐叔夨在内的官员。

（4）保卣（《集成》5415）

乙卯，王令保及殷东国五侯，延兄六品，蔑厤于保，赐宾贝，用作文父癸宗宝尊彝，遘于四方王大祀祓于周，在二月既望。

关于铭文中的"殷"，《商周青铜器铭文选》提出了两种解释，一说是认为"殷"指"武庚禄父"，另一说认为"殷为殷同之礼，为四方诸侯会王于都城"，而认为前说更有道理④。我们认为把"殷"解释为"殷同"之礼更恰当，是说保参与了周王殷同东国五侯的典礼。这种殷同礼还见于申卣（《集成》5400）"惟明保殷成周年"、传卣（《集成》4206）"王口京，令师田父殷成周口"等铭文中。

---

① 北京大学文博学院、山西省考古研究所：《天马——曲村遗址北赵晋侯墓地第六次发掘》，《文物》2001年第8期。主要研究文章有：李伯谦：《叔夨方鼎铭文考释》，《文物》2001年第8期；李学勤：《谈叔夨方鼎及其他》，《文物》2001年第10期；饶宗颐、黄盛璋、朱凤瀚、刘雨、吴振武、张懋镕、王占奎、田建文、孙庆伟：《曲沃北赵晋侯墓地M114出土叔夨方鼎及相关问题研究笔谈》，《文物》2002年5期；黄盛璋：《晋侯墓地M114与叔夨方鼎主人、年代和墓葬世次年代排列新论证》，载上海博物馆《晋侯墓地出土青铜器国际学术研讨会论文集》，上海书画出版社2002年版；黄锡全：《晋侯墓地诸位晋侯的排列及叔虞方鼎补证》，同上；李学勤：《叔虞方鼎试证》，同上；沈长云：《新出叔夨方鼎中夨字的释读问题》，同上；冯时：《叔夨考》，同上；刘雨：《叔虞方鼎铭的闰月与祭礼》，同上；曹玮：《叔夨方鼎铭文中的祭祀礼》，同上。
② 李学勤：《谈叔夨方鼎及其他》，《文物》2001年第10期。
③ 李伯谦：《叔夨方鼎铭文考释》，《文物》2001年第8期。
④ 马承源主编：《商周青铜器铭文选》（三），北京：文物出版社，1988年4月，22页。

从以上对诸器的分析可知，周王通过举行大型的礼仪活动，如大射礼、大祔柰礼、殷同礼等，来会同诸侯，加强诸侯和西周王朝的联系。举行这些活动的地点有的在宗周、有的在成周，有的则在诸侯国之地举行，如义盉盖所体现的，王在鲁举行大射礼，其所会同的邦君和诸侯，应该是鲁国附近的分布于东方的诸侯和邦君。

5. 影响诸侯的废立

根据《史记》的记载，西周时期周王对诸侯的废立有较大的影响。《史记》记载的案例有：

（1）哀公时，纪侯谮之周，周烹哀公而立其弟静，是为胡公。胡公徙都薄姑，而当周夷王之时。（《史记·齐太公世家》）

（2）武公九年春，武公与长子括、少子戏，西朝周宣王。宣王爱戏，欲立戏为鲁太子。周之樊仲山父谏宣王……宣王弗听，卒立戏为鲁太子。夏，武公归而卒，戏立，是为懿公。（《史记·鲁周公世家》）

（3）懿公九年，懿公兄括之子伯御与鲁人攻弑懿公，而立伯御为君。伯御即位十一年，周宣王伐鲁，杀其君伯御。……乃立称于夷宫，是为孝公。（《《史记·鲁周公世家》）

从这些例子可以看出，即使是在西周晚期西周王朝实力衰退而不如先前，周王对诸侯国仍具有较大的影响。西周共王时期的士山盘铭文的记载可能反映了周王对诸侯立国的影响。

惟王十又六年九月既生霸甲申，王在周新宫，王格大室，即位。士山入门，立中廷，北向。王呼作册尹册命山曰：于入荓侯。

李学勤认为"于入荓侯"之"入"的用法与《左传》常见的"纳某诸侯"之"纳"的用法相同。董珊赞同这一意见，并解释说在《春秋》经传中，有"纳某侯（于某地）"和"某侯入（于某地）"两种句式。《春秋》经传中这类"入"或"纳"都是指诸侯在本国或他国势力的支持下入境执政。因此，士山盘周王让士山"于入荓侯"的字面意思就是周王命令士山送荓侯归国。董先生并进一步推测送归荓侯的原因，认为不外乎两种可能。第一，由以上《春秋》经传"纳某侯"的事例可以揣度，或许是前此侯曾由于某种原因而失政出国，周王朝作为荓侯的保护者扶植他重新入境为政；第二，由下文士山此行又去徵其他四个方国的"服"来看，荓侯也可能曾朝见于周，朝见之后周王命令士山护送荓侯归国,这是一种礼遇。① 如果是第一种可能,则铭文体现了西周王朝对拥立荓侯的影响。

6. 周王出巡列国

上引义盉盖铭文记载了周王在鲁地会见邦君、诸侯,这种以出巡的方式加强对诸侯的管理的方式,还体现在以下铭文中。

禹簋(《新收》1606)

惟王十又一月初吉丁亥,王才姑,王弗望应公室,减宠②禹身,赐贝三十朋,马四匹,禹对扬王丕显休宠,用作文考釐公尊彝,其万年用夙夜明享,其永宝。

李家浩认为禹簋的年代是在穆王时期,器主"禹"和应侯禹盨中的"应侯禹"是同一人。铭文的"故"是卫邑。③ 铭文说明王在卫邑"姑"会见后来成为应侯的禹。这种王在畿外会见诸侯的方式,与诸侯见事于宗周不同,大致可看做是周王以巡视的方式管理诸侯国。

7. 派遣使者到邦国

除了上文所讨论的周王亲自巡视诸侯国外,西周金文还记载了周王派遣王朝官员到地方安抚或视察侯国或邦国。

(1) 驹父盨盖④

惟王十又八年,正月,南中邦父命驹父殷南诸侯。

驹父盨盖的年代为宣王时期,铭文中的"殷",李学勤认为读为"鸠",训"安集"、"安"。铭文中所说南仲命驹父去安集南方诸侯,很可能是征伐淮夷战争刚结束后的措施。⑤ 受命去安抚南诸侯的驹父应该是西周王朝的官吏。

---

① 董珊:《谈士山盘铭文的"服"字义》,《故宫博物院院刊》,2004年第1期。
② "宠"字释读参看陈剑:《释"琮"及相关诸字》,陈剑:《甲骨金文考释论集》,北京:线装书局,2007年4月,273-316页。
③ 李家浩:《应国禹簋》,保利藏金编辑委员会:《保利藏金——保利艺术博物馆精品选》,广州:岭南美术出版社,1999年9月,73-78页。
④ 吴大焱、罗英杰:《陕西武功县出土驹父盨盖》,《文物》1976年第5期。
⑤ 李学勤:《兮甲盘与驹父盨——论西周末年周朝与淮夷的关系》,收入李学勤:《新出青铜器研究》,北京:文物出版社,1990年6月,142-143页。

31

(2) 倗伯簋①

惟二十又三年初吉戊戌，益公蔑倗伯再历，右告令金车旅。再拜手稽首，对扬公休，用作朕考宝尊，再其万年永宝用享。

铭文中的"益公"，是西周王朝中的重要官员，见于询簋（《集成》4321）、走马休盘（《集成》10170）、师道簋②、王臣簋（《集成》4268）、申簋盖（《集成》4267）等铭文中，常在王朝的册命礼中担任右者。倗，一般认为是晋国的一个附庸邦国。铭文说明西周王朝的重臣益公对倗伯的蔑历。"蔑历"一词，多见于周王对所属臣僚进行勉励和嘉赏的场合。这篇铭文体现了西周王朝对所属邦国的管理。

(3) 霸伯簋③

惟十又一月，井叔来麦，乃蔑霸伯历，史（使）伐，用寿（帱）二百，丹二量，虎皮。霸白（伯）拜稽首，对扬井叔休，用乍（作）宝簋，其万年子=（子子）孙=（孙孙）其永宝用。④

霸伯簋铭文所体现的情况和上引倗伯簋相似。"霸"，黄锦前、张新俊认为可能是"潞"，当可信。可能也是晋国的怀姓九宗之一。其地位和倗类似，亦属于邦国。铭文中的井叔，亦见于师察簋（4253）、趩尊（6516）、免簋（4240）、免尊（6006）等铭文中，担任王朝册命礼中的右者。井叔对霸伯的蔑历和赏赐，也说明了西周王朝对所属邦国的管理。

8. 征令诸侯参与战事

参与周王朝的战事，是诸侯基本的义务，铜器铭文经常可见诸侯参与王

---

① 山西考古所：《山西绛县横水西周墓发掘简报》，《文物》2006年第8期。
② 李朝远：《师道簋铭文考释》，上海博物馆编：《草原瑰宝：内蒙古文物考古精华》，上海：上海书画出版社，2000年6月，16页。
③ 《翼城大河口西周墓地》，《中国文物报》2010年1月7日第6、7版"山西重要考古发现"；山西省考古研究所、临汾市文物局、翼城县文物旅游局：《山西翼城大河口西周墓地》，中国文物信息网，2011年3月25日，http：//topic.ccrnews.com.cn/ArticleDetail.aspx? id=171。
④ 铭文释文参考黄锦前、张新俊：《霸伯簋铭文小议》，简帛网，2011年5月3日。但该释文在"井"字后括注"邢"，则不确，铭文中的"井"应为西周金文中常见的畿内邦伯"井"，而不是邢侯之"邢"。

战事的记载。

（1）柞伯鼎①

> 惟四月既死霸，虢仲令柞伯曰：才乃祖周公䌛又共于周邦。用昏无殳，广伐南国，今汝期率蔡侯左至于昏邑，既围城，令蔡侯告徵虢仲遣氏曰：既围昏。虢仲至，辛酉，尃伐。柞伯执讯二夫，获馘十人。其弗敢䜌朕皇祖，用作朕皇祖幽叔宝尊鼎，其用追享孝，用旂眉寿万年，子子孙孙其永宝用。

根据朱凤瀚的研究，柞伯鼎的年代在西周晚期，当以厉、宣时期为妥。鼎铭中的"虢仲"，与虢仲盨（《集成》4435）中的"虢仲"当是一人，亦即《后汉书·东夷传》所载厉王时期的"虢仲"。在王朝中具有重要的政治与军事地位。② 铭文体现了王朝官员虢仲号令柞伯、蔡侯等诸侯对昏的战役。虢仲所代表的王朝权威应该是很高的，因为铭文记载虢仲可命令柞伯率领蔡侯，以其权威建立诸侯之间的等级差异。

（2）《史密簋》（《新收》636）

> 惟十有一月，王命师俗、史密曰：东征，敆南夷卢、虎会杞夷、舟夷，雚不坠，广伐东国。齐师族土述（遂）人乃执鄙、宽、亚。师俗率齐师述人左□伐长必，史密右率族人釐伯、僰殿周伐长必，获百人。对扬天子休用作朕文考乙伯尊簋，子子孙孙其永宝用。

（3）师寰簋（4313，4314）

> 王若曰：师寰，哉！淮夷繇我（帛）畮臣，今敢博厥众叚反厥工事，弗速我东国。今余肇令汝率齐师、曩、釐、僰，殿左右虎臣正淮夷，即贯厥邦单曰冉曰裘曰铃曰达。

史密簋和师寰簋所记载的都是对进犯西周东国之淮夷的战争，因此，王朝

---

① 朱凤瀚：《柞伯鼎与周公南征》，《中国历史文物》，2006年第5期。
② 朱凤瀚：《柞伯鼎与周公南征》，《中国历史文物》，2006年第5期。

所率领军队的成分亦类似,其中参与作战的邦国主要有纪、鳌、鉠等。

此外,宣王时期的晋侯苏编钟(《新收》870)记载晋侯苏在宣王的督战下攻伐夙夷。从上引这些铭文可以看出,参与王朝组织的对淮夷等不属于西周王国系统的邦国的战事,是西周封建邦国对王朝的主要义务。

从以上的讨论可知,西周王朝采用多种方式对其所封建的侯国或邦国进行管理,各侯国、邦国与王朝具有较为密切的关系。他们在政治地位上虽然与内服臣属有着较大的区别,但和他们一样同属于西周的王国系统之中。杨宽在讨论天子控制和使用诸侯的制度时,认为当时天子所以能够控制和使用诸侯,首先由于诸侯的卿出于周王的派遣、选拔和任命。并引梁其钟"天子肩事梁其身邦君大正",认为是天子使梁其出任邦君的大正。"大正"是主管刑法之官。①若如杨宽所言,"邦君大正"是指邦君之大正的话,铭文是应该指明具体的邦君的,如豆闭簋。这里"邦君大正"的含义不能确指,可能是指管理畿内邦君的大正。从目前的西周金文来看,尚未见到由周王任命诸侯卿士大臣的记载。因此,象《礼记·王制》所言"大国之卿皆命于天子","次国三卿,二卿命于天子,一卿命于其君"的制度,在西周时期是否存在,仍有待资料的进一步证明。当时天子之所以能控制和使用诸侯,当是由于诸侯多由与王室有亲戚的家族担任,并接受天子的册封,而天子用宗法、礼仪等约束诸侯,并保持强大的军事与政治力量,以强化对诸侯的控制。

二、西周王朝的服属国

在以王朝和诸侯国组成核心体系的西周王国,还存在着一些服属于西周王朝,但没有接受过周王授予的诸侯等级名号的邦国。这些邦国由于没有接受西周王朝的册封,不属于西周王国体系之中,与王朝的关系亦比较微妙,叛服不定,与西周王朝并没有形成紧密的联系。正如诸侯国有附庸国,我们把这些邦国称为西周王朝的服属国。

在西周王朝的政治理念和实践中,拥有和保持服属国,一直是一个重要的内容。史墙盘将"方蛮无不䚹视"看作是恭王的一个重要功绩。对于背叛不来王庭的邦国,则要进行安抚或讨伐,前者如毛公鼎"率襄不廷方";后者如五祀㝬钟"貊不廷方",逨盘"方狄不享"。②因此,对于这些不同于封国的服

---

① 杨宽:《西周史》,上海:上海人民出版社,2003年,394页。
② 参看李家浩:《说"貊不廷方"》,收入张光裕、黄德宽主编《古文字学论稿》,合肥:安徽大学出版社,2008年4月,11-17页。

属国的研究,是了解西周国家组织方式的一个重要方面。

西周金文和相关文献中有一些关于西周时期西周王朝讨伐反叛方国的记载,通过对这些资料的梳理,我们大致可以了解西周王朝服属国的情况,大致是分布于西方、北方的戎狄,分布于东方的包括徐在内的夷族以及分布在南方的繁荆、蠚荆、楚荆等邦国,主要是一些被称为戎、夷、荆的邦国。在这些资料中,关于西周王朝和夷族之间关系的记载要相对丰富,而且相关资料已经为我们提供了分析和认识夷族的构成及其内部关系的可能。因此,在下面的讨论中,我们将单独讨论有关夷族的问题,而将夷族外的服属国放在一起。

(一)淮夷

淮夷是分布于淮水南北近海之地的部族①,宣王时代的师寰簋铭文谓"淮夷繇我員(帛)晦臣",同时代的驹父盨盖铭文亦有周王命令朝臣向南淮夷征取服贡的记载。说明淮夷属于西周王朝的服属国系统中。西周之世,对南夷的战争时有发生。《后汉书·东夷传》记载:

> 及武王灭纣,肃慎来献石砮、楛矢。管、蔡畔周,乃招诱夷狄,周公征之,遂定东夷。康王之时,肃慎复至。后徐夷僭号,乃率九夷以伐宗周,西至河上。穆王畏其方炽,乃分东方诸侯,命徐偃王主之。偃王处潢池东,地方五百里,行仁义,陆地而朝者三十有六国。穆王后得骥騄之乘,乃使造父御以告楚,令伐徐,一日而至。于是楚文王大举兵而灭之。偃王仁而无权,不忍斗其人,故致于败。乃北走彭城武原县东山下,百姓随之者以万数,因名其山为徐山。厉王无道,淮夷入寇,王命虢仲征之,不克,宣王复命召公伐而平之。及幽王淫乱,四夷交侵,至齐桓修霸,攘而却焉。②

从这一记载来看,西周王朝与淮夷的战争主要在西周穆王、厉王、宣王以及幽王之世。穆王时期西周王朝对以徐偃王为首的诸夷的战争,又记载于《史记·秦本纪》和《史记·赵世家》中。内容相差不大,《后汉书》的记载应是取自《史记》。西周金文有关西周王朝与淮夷战争的记载,为数不少,前

---

① 胡渭曰:"淮南北近海之地,皆为淮夷。"胡渭:《禹贡锥指》,上海:上海古籍出版社,1996年12月,正文133-134页。
② 《后汉书》,北京:中华书局,1965年,2808页。

辈学者也做过讨论。① 这些金文的年代，基本也是分属于穆王、厉王、宣王时期。我们先按时代引用相关铭文（所引铜器的年代，采用学界通行的看法，除个别铜器外，不再说明），再作具体讨论。

穆王时期

（1）彔卣（《集成》5419）

王令彧曰：叡，淮夷敢伐内国，汝其以成周师氏戍于由。伯雍父蔑彔历，赐贝十朋。彔拜稽首，对扬伯休，用作文考乙公宝障（尊）彝。

（2）遹鼎（《集成》948）

师雍父戍在由，遹从，师雍父肩使遹使于厷侯。厷侯蔑历，赐遹金，用作旅彝。

（3）虢鼎（《集成》2721）

惟十又一月，师雍父省道至于厷，虢从，其父蔑虢历，赐金，对扬其父休，用作宝鼎。

（4）稽卣（《集成》5411）

稽从师雍父戍于由，蔑历，赐贝三十孚，稽拜稽首，对扬师雍父休，用作文考日乙宝障（尊）彝，其子子孙孙永宝。

（5）受尊（《集成》6008）

惟十又三月既生霸丁卯，受从师雍父戍于由之年，受蔑历。中競父赐赤金，受拜稽首，对扬競父休，用作父乙宝旅彝，其子子孙孙永用。

（6）競卣（《集成》5425）

惟伯犀父以成师即东，命伐南夷，正月既生霸辛丑，在坏，伯犀父皇競，各于官。競蔑历，商競璋，对扬伯休，用作父乙宝障（尊）彝，子子孙孙永宝。

（7）孟簋（《集成》4162 - 4164）

孟曰：朕文考眔毛公、遣仲征无需，毛公赐朕文考臣自厥工。对扬朕考赐休，用宝②兹彝，作厥，子子孙孙其永宝。

（8）班簋（《集成》4341）

王令毛公以邦冢君、土驭、或人伐东国痟戎。

---

① 徐中舒：《禹鼎的年代及其相关问题》，《考古学报》1959 年第 3 期。
② 此字陈剑先生认为从"琮"字初文，读为"造"，参看《释"琮"及相关诸字》，收入陈剑：《甲骨金文考释论集》，北京：线装书局，2007 年 4 月，273 - 316 页。

(9) 中方鼎（《集成》2785）

王令南宫伐反虎方之年。

(10) 叔簋①

惟十又［二］月，王令南宫伐虎方之年。

两器铭中的"虎方"，或认为即春秋时代的夷虎。②

厉王时期

(1) 禹鼎（《集成》2833）

禹曰：丕显趄趄皇祖穆公克夹召武王奠四方。肆武公亦弗叚忘朕圣祖考幽大叔、懿叔，命禹屎（缵）朕祖考政于井邦，肆禹亦弗敢惫，赐恭朕辟之命。呜呼哀哉！用天降大丧于下国，亦惟鄂侯驭方率南淮夷东夷广伐南国东国，至于历内（汭）。王乃命西六师殷八师曰：剪伐鄂侯驭方，勿遗寿幼。肆师弥怵匌匡，弗能伐鄂。肆武公乃遣禹率公戎车百乘，斯驭百徒千，曰：于匡朕肃慕，助③西六师殷八师伐鄂侯驭方，勿遗寿幼。雩禹以武公徒驭至于鄂，敦伐鄂。休，获厥君驭方，禹又成，敢对扬武公丕显耿光，用作大宝鼎，禹其万年子子孙孙永用。

(2) 无吴簋（《集成》4225）

惟十又三年，正月初吉壬寅，王征南夷，王赐无吴马四匹。无吴拜手稽首曰：敢对扬天子鲁休令。无吴用作朕皇祖厘季𤸰（尊）簋……。

(3) 㝬钟（《集成》260）

王肇遹省文武堇疆土，南国𢓊𢓊敢臽处我土，王敦伐其至，剪伐其都，𢓊𢓊乃遣间来逆邵王，南夷、东夷具视二十又六邦。……

(4) 敔簋（《集成》4323）

惟王十月，王在成周，南淮夷遷殳内伐淯鼎、参泉、裕敏、阴阳洛。王令敔追袭于上洛㷊谷，至于伊班、长枋。捷首百执讯四十，夺俘人四百，啚于荣伯之所于㷊。卒聿，复付厥君。惟王十又一月王各于成周大庙，武公入右敔，

---

① 孙庆伟：《从新出叔簋看昭王南征与晋侯燮父》，《文物》2007 年第 1 期。
② 杨宽：《西周史》，上海：上海人名出版社，1999 年 11 月，556 页。
③ 此字多释"叀"，训为"助"，清华简刊布后，与此字形类似的字，在简文中多读为"助"，有的学者认为其字可径释为"助"。我们认为这一看法颇为可取。参看：杨安：《"助"、"叀"考辨》，《中国文字》新三十七期，台北：艺文印书馆，2011 年 12 月。关于其字形演变，我们怀疑清华简的该字可能在演变过程中讹化成《说文·力部》的"勴"之类的字形，与从虘从力之字为一字异体，而进一步省变成"助"。

告禽馘百、讯四十。王蔑敔历，使尹氏受敔圭瓒□贝五十朋，赐田于敔五十田、于早五十田。敔敢对扬天子休，用作䵼（尊）簋，敔其万年子子孙孙永宝用。

（5）虢仲盨（《集成》4435）

虢仲以王南征，伐南淮夷。在成周，作旅盨，兹盨友十又二。

（6）㝬伯父簋①

惟王九月初吉庚午，王出自成周，南征，伐㝬（孳）、㝬桐（通）。伯㝬父从王伐，竀（亲）执讯十夫，馘二十，得俘金五十钧，用作宝簋，对扬，用享于文祖考，用万年眉寿，其子孙永宝用享。

（7）柞伯鼎②

惟四月既死霸，虢仲令柞伯曰：才乃祖周公繇又共于周邦，用昏无殳广伐南国，今汝諆率蔡侯左至于昏邑，既围城，令蔡侯告征虢仲、遣氏曰：既围昏。虢仲至，辛酉，尃伐，柞伯执讯二夫，获馘十人。其弗敢忘朕皇祖，用作朕皇祖幽叔宝䵼（尊）鼎，其用追享孝，用旗眉寿万年，子子孙孙其永宝用。

（8）鄂侯驭方鼎（《集成》2810）

王南征伐角、僪，惟还自征，在坏。鄂侯驭方内壶于王，乃裸之，驭方畚（侑）王。王休匽，乃射，驭方卿王射。驭方休闲，王宴，咸饮，王亲赐驭方玉五瑴、马四匹、矢五束。驭方拜手稽首，敢对扬天子丕显休厘，用作䵼（尊）鼎，其万年子子孙孙永宝用。

（9）晋侯铜人③

惟五月，淮夷伐格，晋侯䏦（搏）戎，获厥君冢师，侯扬王于兹。

关于晋侯铜人的年代，苏芳淑、李零认为因铭文为刻凿，且内容也为晋侯征淮夷事，故该铭文可与晋侯苏钟相关联④。晋侯苏钟的年代有厉王和宣王两种观点。李学勤认为晋侯铜人所载事项和敔簋相关，两器年代应相当，敔簋是厉王时器。⑤

---

① 朱凤瀚：《由伯㝬父簋铭再论周厉王征淮夷》，《古文字研究》第27辑，北京：中华书局，2008年9月，192－199页。

② 朱凤瀚：《柞伯鼎与周公南征》，《中国历史文物》，2006年第5期。

③ 苏芳淑、李零：《介绍一件有铭的"晋侯铜人"》，上海博物馆编《晋侯墓地出土青铜器国际学术研讨会论文集》，上海：上海书画出版社，2002年7月，411－420页。

④ 同上。

⑤ 李学勤：《晋侯铜人考证》，收入李学勤《中国古代文明研究》，上海：华东师范大学出版社，2005年4月，120－122页。

(10)翏生盨（《集成》4459）

王征南淮夷，伐角、津，伐桐、遹，翏生从，执讯折首，俘戎器，俘金，用作旅盨，用对剌（烈）。翏生眔大妘，其百男、百女、千孙，其万年眉寿，永宝用。

宣王时期

(1) 史密簋（《新收》636）

惟十有一月，王命师俗、史密曰：东征，敆南夷卢、虎会杞夷、舟夷，雚不坠。广伐东国，齐师族土述（遂）人乃执鄙、宽、亚。师俗率齐师遂人左□伐长必，史密右率族人釐伯僰殹周伐长必，获百人。对扬天子休用作朕文考乙伯尊簋，子子孙孙其永宝用。

(2) 兮甲盘（《集成》10174）

惟五年三月既死霸庚寅，王初各伐严允于彭虘，兮甲从，折首执讯，休无敓。王赐兮甲马四匹，驹车。王令甲政鷸成周四方责，至于南淮夷。南淮夷旧我帛畮人，毋敢不出其帛、其责、其进人，其贾毋敢不即餗（次）即市。敢不用命，则即井鷶伐。其惟我诸侯、百生厥贾毋不即市，毋敢或入蛮宄贾，则亦井。兮伯吉父作盘，其眉寿万年无疆，子子孙孙永宝用。

(3) 师寰簋（《集成》4313）

王若曰：师寰，，淮夷繇我帛畮（帛）晦臣，今敢博厥众叚，反厥工吏，弗速我东国。今余肇令汝率齐师、曩、厘、僰，殹左右虎臣正淮夷，即质厥邦单曰异曰袰曰铃曰达。师寰虔不豕①，夙夜恤厥墙事，休既又工，折首执讯，无諆徒驭，殴俘士、女、羊、牛，俘吉金。今余弗叚组，余用作朕后男蠚隣（尊）簋，其万年子子孙孙永宝用享。

(4) 驹父盨盖②

惟王十又八年，正月，南中邦父命驹父殷南诸侯。率高父见南淮夷，厥取厥服。堇夷俗豕，不敢不敬畏王命，逆视我，厥献厥服。我乃至于淮，小大邦亡敢不杀（遂）具逆王命。四月，还至于蔡，作旅盨，驹父其万年永用多休。

以上所引金文中西周王朝对淮夷的表述较为多样，或称淮夷，或称南夷、南淮夷、淮南夷等，为便于比较，我们列表如下：

---

① "豕"字释读从陈剑《金文"豕"字考释》，收入陈剑：《甲骨金文考释论集》，北京：线装书局，2007年4月，243-272页。

② 吴大焱、罗英杰：《陕西武功县出土驹父盨盖》，《文物》1976年第5期。

表三　西周金文中的南方夷称和夷邦表

器名	时代	名称	夷邦
彔卣	穆王	淮夷	
競卣	穆王	南夷	
孟簋	穆王		无需
中方鼎、𣄰尊	穆王		虎方
班簋	穆王		戎
禹鼎	厉王	南淮夷	
无㠯簋	厉王	南夷	
㝬钟	厉王	南夷	𠬝孳
敔簋	厉王	南淮夷	遝殳
虢仲盨	厉王	南淮夷	
伯𢓊父簋	厉王		𠬝孳、䔾、桐、遹
柞伯鼎	厉王		昏无殳
鄂侯驭方鼎	厉王		角、僪
应侯视工鼎	厉王	南夷	毛
应侯视工簋盖	厉王	淮南夷、南夷	毛
晋侯铜人	厉王	淮夷	
翏生盨	厉王	南淮夷	角、津、桐、遹
兮甲盘	宣王	南淮夷	
史密簋	宣王	南夷	卢、虎
师寰簋	宣王	淮夷	
驹父盨盖	宣王	南淮夷	

　　从上表可以看出，西周金文中比较常见的南方夷称是淮夷（3次）、南夷（6次）和淮南夷（6次），淮南夷仅出现一次。关于这三者之间的关系，张懋镕认为淮夷就是南淮夷，而淮夷（南淮夷）应该与南夷区别开来。① 刘翔也认为南夷与南淮夷之称并无相干。② 徐中舒则认为金文中南夷是淮夷或南淮夷的

---

① 张懋镕：《西周南淮夷称名与军事考》，收入张懋镕：《古文字与青铜器论集》，北京：科学出版社，2002年6月，167—169页。
② 刘翔：《周夷王经营南淮夷及其与鄂之关系》，《江汉考古》1983年第3期，42页。

省称。①

我们认为淮夷、南夷、南淮夷所表示的含义应该是一样的，指称同一类族群。乏尊铭文中的“中競父”和競卣铭文中的“競”是同一人，从乏尊铭文可以看出，競参与了师雍父领导的伐淮夷的战争，而競卣铭文则说明競参与了伯屖父领导的对南夷的战争。师雍父和伯屖父应是同一战事的不同领导人，这表明淮夷和南夷应该是是指同一类族群。史密簋和师寰簋所载事迹联系密切，李学勤指出，师寰簋记载战事所动员的兵力，只比史密簋增加了姜姓纪国。这说明，史密簋所述的战争也是针对淮夷的。师寰簋的年代，由器形、字体看要略晚一些，因而所述史实可能是事态的进一步发展。② 师寰簋所说的“淮夷”在史密簋中称为“南夷”，这也说明“南夷”和“淮夷”应该是同一类族群的不同称呼。

厉王时期的㝬钟记载“南夷、东夷具视二十又六邦”，驹父盨盖亦记载驹父到达淮后，“小大邦亡敢不杀（遂）具逆王命”，说明南夷是由诸多大小邦国组成的一个集体概念。《后汉书》说穆王时期徐夷僭号，“乃率九夷以伐宗周”。九夷即淮夷诸国。③ 后来，徐偃王分主东方诸侯，“偃王处潢池东，地方五百里，行仁义，陆地而朝者三十有六国。”朝服徐偃王的36国应该也包含不少淮夷邦国。淮夷诸邦国的名称，文献除了对“徐”有所记载外④，几乎湮没无闻。铜器铭文为我们了解淮夷各大小邦国提供了难得的资料。

1. 徐

班簋铭文中提到的“痛戎”，唐兰认为痛字疑与偃通，偃戎即徐戎，《书·费誓》说“淮夷徐戎并兴”，可见徐是戎。传说徐偃王当穆王时，当由徐戎又称偃戎，所以称偃王。徐又称偃，如荆又称楚，吴又称邗之类。⑤ 战事的结果是“三年静东国，亡不成”。说明西周王朝取得了对徐戎战事的胜利。

① 徐中舒：《禹鼎的年代及其相关问题》，《考古学报》1959 年第 3 期，61 页。

② 李学勤：《史密簋铭所记西周重要史实考》，《中国社会科学院研究生院学报》，1991 年第 2 期。

③ 陈槃：《书序》曰：“成王东伐淮夷，遂践奄。”而《韩非子·说林上》曰：“周公旦‘乃攻九夷，而商盖服矣’。商盖即奄，亦单称奄。”《书序》与《韩非子》所言，本自一事，而或曰淮夷，或曰九夷，是淮夷即九夷之属也。载陈槃：《春秋大师表列国爵姓及存灭表譔异》，台北：史语所，1997 年 6 月，1049 - 1050 页。

④ 杨筠如认为徐即淮夷也。徐与淮夷，二名一地，淮水之夷，以徐为大，言淮夷固可以包徐戎，言徐戎亦可以统淮夷也。载杨筠如：《尚书核诂》，西安：陕西人民出版社，2005 年 12 月，438 - 439 页。

⑤ 唐兰：《西周青铜器铭文分代史征》，北京：中华书局，1986 年 12 月，351 页注 18。

《诗经·大雅·常武》记载西周宣王时期对徐方的战役,最后"四方既平,徐方来庭"。说明徐方在宣王时期曾因背叛西周王朝而被再次征服。

2. 无需、遱殳、无殳。

"无需"见于孟簋,郭沫若认为"无需"当是东国一头目,古者许国之许作无(或从邑),可见许国当时亦曾参加东国的叛乱①。《商周青铜器铭文选》认为"无需"是国名②。"遱殳"出现于敔簋中,"遱"字原篆作"",《商周青铜器铭文选》据《三体石经》"娄"字写法释为"遱",可信。有的学者释为"迁",于字形无据。《商周青铜器铭文选》认为"遱殳"是"聚结"的意思③。"无殳"见于柞伯鼎铭文,李学勤认为柞伯鼎的"无殳"应该和孟簋的"无需"、敔簋的"迁殳"相参看,"殳"是禅母侯部,"需"是心母侯部,都读为书母侯部的"输",输即委输,指蛮夷对王朝承担的贡纳。"无输"是不交纳贡纳,"迁输"是改变贡纳④。李先生将"无需、迁殳、无殳"联系在一起,很有见地。我们认为,所谓的"迁"应该释为"遱",已见上述。遱殳和无殳应该和孟簋的无需一样,释为国族名。无需、遱殳、无殳是同一国族名称的不同记载,"殳"和"需"音近相通,李学勤已经指出。"遱"从"娄"得声,古音属来母侯部,"无"属明母鱼部。来母和明母关系密切,如命和令的关系。鱼侯合用是汉代的普遍现象,虽然在战国楚方言和西周金文中,鱼侯两部相通的例子并不多见。赵彤在分析战国楚方言时认为"鱼侯合韵的现象在战国楚方言中并不是很普遍"⑤。方稚松分析过西周时期的情况,认为"西周时期鱼侯两部相通之例极为少见"⑥。但"遱殳"或"无殳"是夷族的名号,周人在记录夷族名号时出现一些语音上的差异是可以理解的。

柞伯鼎的"无殳"称为"昏无殳",李学勤怀疑"昏"是文献中的"闽"。根据上文我们认为无需、遱殳、无殳是同一国族名称的不同记载的分析,而敔簋称"遱殳"为南淮夷,因此"昏"应该理解为地名,"昏无殳"是指居住在昏地的无殳国。从鼎铭来看,无殳是个拥有城邑的淮夷邦国。淮夷

---

① 郭沫若:《长安县张家坡铜器群铭文汇释》,《考古学报》1962年第1期。
② 马承源主编:《商周青铜器铭文选》(三),北京:文物出版社,1988年4月,191页。
③ 同上,286页。
④ 李学勤:《从柞伯鼎铭说〈世俘〉文例》,《江海学刊》,2007年第5期。
⑤ 赵彤:《战国楚方言音系》,北京:中国戏剧出版社,2006年5月,95页。
⑥ 方稚松:《谈谈战国记事刻辞中"示"字的含义》,复旦大学出土文献与古文字研究中心编:《出土文献与古文字研究》(第二辑),上海:复旦大学出版社,2008年8月,92-93页。

邦国拥有都邑，在㝬钟和禹鼎上均有体现，㝬钟记载周王伐𠬝孳，“敦伐其至，翦伐其都”。鄂侯驭方鼎铭文的“至于鄂，敦伐鄂”，黄天树认为是指攻破城池①。

3. 角、津（）、桐、遹

翏生盨铭文称“王征南淮夷，伐角津，伐桐遹”，说明“角津、桐遹”是属于南淮夷的一些邦国。鄂侯驭方鼎的“王南征伐角、遹”，所记南征之事应与翏生盨相同。周王南征伐“桐遹”的事迹又出现在伯𢦚父簋上。朱凤瀚指出这三篇铭文所言应是指同一次战役。② 关于翏生盨和鄂侯驭方鼎在夷方名称称述上的变化，黄盛璋认为“角”有可能是“角津”之省，而“遹”则是“桐遹”之省。“角津”得名于津渡，角津即角城。③《商周青铜器铭文选》则认为“伐角、遹，即伐角、津与伐桐、遹”，前者是后者的简称。角、津、桐、遹为四个地名。至于其地所在，《商周青铜器铭文选》认为角疑即角城，在今宿迁县附近。津或即津湖旁的小国，故地在今宝应县南 60 里。角津两地在淮夷东侧。桐在今安徽桐城县北，遹地不详，与桐相近的地名有聿娄，在淮水上游，聿遹古音通。桐、遹两地当在淮夷两侧。④ 𢦚伯父簋铭文的“”，李学勤认为该字从“央”声，当即史籍里的“英”，或称“英氏”，汉石经《公羊传》作“央”，系偃姓古国，传为皋陶之后，在今安徽六安西⑤。李家浩将此字释为“菁”，读为“角”。⑥

我们怀疑“”字可能是“鳨”字，读为津，上海博物馆藏战国楚竹书（二）《容成氏》“涉于孟鳨”，“孟鳨”即“孟津”⑦，说明“鳨”与“津”可相通假。如此说成立，则伯𢦚父簋铭文的“津、桐、遹”和鄂侯驭方鼎的“角、遹”一样，都是翏生盨“角、津、桐、遹”的省称。《商周青铜器铭文

① 黄天树：《禹鼎铭文补释》，张光裕、黄德宽主编《古文学论稿》，安徽大学出版社，2008 年 4 月，67 页。

② 朱凤瀚：《由伯𢦚父簋铭再论周厉王征淮夷》，《古文字研究》第 27 辑，北京：中华书局，2008 年 9 月，192－199 页。

③ 黄盛璋：《淮夷新考》，《文物研究》第 5 辑，1989 年。

④ 马承源主编：《商周青铜器铭文选》（三），北京：文物出版社，1988 年 4 月，280－290 页。

⑤ 李学勤：《谈西周厉王时期的伯𢦚父簋》，收入李学勤：《文物中的古文明》，北京：商务印书馆，2008 年 10 月，299－302 页。

⑥ 李家浩：《读金文札记两则》，《古文字研究》第 28 辑，北京：中华书局，2010 年 10 月，246 页。

⑦ 马承源主编：《上海博物馆藏战国楚竹书》（二），上海：上海古籍出版社，2002 年 12 月，第 143 页。

选》以"角、津、桐、遹"为四个独立地名的看法更有道理。

伯㝬父簋铭文称"津、桐、遹"为"𠬝孳",这一说法也见于𣄰钟。李学勤认为"服子"泛指隶属周朝的蛮夷方国,过去学者认为特指濮人或者别的蛮夷,恐怕是不对的。① 朱凤瀚认为"𠬝子"是一个族群的名字,指称南淮夷。② 这些看法应该都是正确的。殷墟甲骨文祭祀卜辞里经常记载有一种称为"𠬝"的人牲,③《甲骨文字诂林》"𠬝"字按语说:"卜辞于俘获之敌方人员,每以其方国之名名之,如羌奚等皆是,是为专名;或笼统称名之曰𠬝,是为通名。卜辞之𠬝,一律用作祭祀时之牺牲,与牛羊并列。"④联系𣄰钟和伯㝬父簋铭文称蛮夷人为"𠬝孳"的情况,我们认为卜辞中的"𠬝",也应该和羌、奚一样,是一种专名,指被周王朝俘获的夷族人。

4. 卢夷、虎夷

1986年,陕西安康出土的史密簋⑤,铭文中提到南夷卢和虎。史密簋的年代,张懋镕认为应是厉王以后宣王时器。⑥ 从铭文所记载事迹来看,这一判断是很有道理的。张懋镕和李学勤均指出,史密簋的内容事项以至于用词遣句都与师寰簋十分相似。⑦ 师寰簋说淮夷"弗迹我东国",史密簋说南夷会同杞夷、舟夷"广伐东国",所说的应该是同一件事。师寰簋的年代,我们认为应该是在宣王时期,可能是作于宣王28年以后。史密簋的年代应该与之相近。

史密簋铭文记载南夷的方国有卢和虎,李学勤认为卢应为位于淮南的庐,地在今安徽庐江西南。虎应距卢不远,《左传》哀公四年记载楚人克夷虎,杜预注认为"夷虎"是"蛮夷叛楚者",《中国历史地图集》推定夷虎之地在安徽长丰南。⑧ "虎"在中方鼎和甗中称为"虎方"。

西周金文所见的淮夷方国主要有上述的徐、无㠯(或称遷㠯、无需)、角、津、桐、遹、卢、虎和毛。淮夷方国在与西周王国的对抗中,或者单独行

---

① 李学勤:《谈西周厉王时期的伯㝬父簋》,收入李学勤:《文物中的古文明》,北京:商务印书馆,2008年10月,299-302页。
② 朱凤瀚:《由伯㝬父簋铭再论周厉王征淮夷》,《古文字研究》第27辑,北京:中华书局,2008年9月,192-199页。
③ 姚孝遂主编:《殷墟甲骨刻辞类纂》,北京:中华书局,1989年1月,156-158页。
④ 于省吾主编:《甲骨文字诂林》,北京:中华书局,1996年5月,409页。
⑤ 张懋镕:《安康出土的史密簋及其意义》,《文物》1989年第7期。
⑥ 同上。
⑦ 李学勤:《史密簋铭所记西周重要史实考》,《中国社会科学院研究生院学报》,1991年第2期。李先生在此文中认为史密簋和师簋的年代大致在孝、夷时期。
⑧ 同上。

动,如无叀、毛等;或者是联合作战,如史密簋记载的卢、虎会同杞夷、舟夷,或是由某一较为强大的方国率领,如徐、鄂。但淮夷方国之间的联合只是一种战时需要的联合,这种联合体的内部联系是非常松散的,其组织结构并没有达到类似于西周王国的国家组织结构这一层级。这种联合体有时规模很大,如前引《后汉书·东夷传》的记载,徐夷僭号为王,"偃王处潢池东,地方五百里,行仁义,陆地而朝者三十有六国",说明淮夷曾有过以徐为核心的,由众多夷族方国联合而成的联合体。禹鼎所记载的以鄂侯驭方为首领的由南淮夷、东夷组成的方国集团,也属于类似的联合体。

(二)戎狄、楚荆以及繁、蜀、巢等

1. 犬戎(西戎)

《国语·周语上》记载穆王将伐犬戎,祭公谋父进谏说:"今自大毕、伯士之终也,犬戎氏以其职来王。天子曰:'予必以不享征之,且观之兵'。"但是"王不听,遂征之,得四白狼,四白鹿以归。自是荒服者不至。"韦昭注:"犬戎,西戎之别名。"《后汉书·西羌传》亦谓:"至穆王时,戎狄不贡。"《国语》的记载说明"犬戎"曾向西周王朝纳服贡,是西周王朝的服属国。据《史记·秦本纪》记载,"周厉王无道,诸侯或叛之,西戎反王室。"说明自穆王到厉王,西戎也应曾有一段时间仍臣服于周王朝的。

2. 太原之戎

《后汉书·西羌传》注引《竹书纪年》:"夷王衰弱,荒服不朝,乃命虢公率六师伐太原之戎,至于俞泉,获马千匹。"这则记载说明,太原之戎原来可能属于朝服于西周王朝的荒服系统之中。

3. 六

士山盘铭文中提到周王派使者前往徵取服贡的方国名单中有"六",董珊认为即《春秋》文公五年"楚人灭六"之"六",今地在安徽六安一带。① 太保簋铭文中有"录",郭沫若认为即"楚人灭六"之"六"②。

太保簋(《集成》4140):

王伐录子𣎤,㦰,厥反,王降征令于大保,大保克敬无遣,王侃大保,赐休𠇷(桧)土,用兹彝对令。

---

① 董珊:《士山盘铭文的"服"字义》,《故官博物院院刊》,2004年第1期。
② 郭沫若:《两周金文辞大系图录考释》(二),北京:科学出版社,2002年10月,142页。

清华简《系年》简13、14 有"禄子耿",整理者指出"禄子耿"即簋铭中的"录子䎽",是武庚禄父。① 可见"录"并非国族名称。

4. 楚荆

《左传》僖公四年记载,楚国派人质问齐国何以率诸侯之师伐楚时,管仲回答说:"尔贡苞茅不入,王祭不共,无以缩酒,寡人是徵。昭王南征而不复,寡人是问。"对于这两点质问,楚人对曰:"贡之不入,寡君之罪也,敢不共给。昭王不复,君其问诸水滨!"可见,在春秋时代人们的观念中,楚国是需要向周王朝纳贡的,亦是西周王朝的服属国。管仲言语中提到的"昭王南征"之事,在西周铜器铭文中有相应的记载,比较著名的是史墙盘记载"宏鲁邵王,广鼢（𢾅）楚荆,惟奂南行"。昭王伐楚的相关铜器铭文,有的学者已经做过整理。② 昭王征伐楚荆的原因,昭王时代的过伯簋（《集成》3907）记载:"过伯从王伐反荆,孚金,用作宗室宝尊彝。"说明是因为楚荆的反叛。

5. 繁、蜀、巢

毛公鼎（《集成》2841）记载宣王命令毛伯赓继虢城（成）公的职事,"粤（屏）王位,作四方极,秉繁、蜀、巢命。"关于这句话的理解,李学勤认为,"秉命"犹如《论语》季氏的"执命",意思是掌管其政事。管理繁、蜀、巢的有关事务,是毛公的特殊职权。由铭文在四方以外特举繁、蜀、巢来看,三者应该都是王朝辖属地域外面的蛮夷之邦。关于这三个邦国,李先生联系西周甲骨和金文资料,认为繁、蜀、巢在西周早期均曾为周人征讨,到周穆王即班簋的时候,则已归属于周。关于三国的地望,蜀在今成都盆地,巢在安徽巢县,繁,以前均认为即河南新蔡的繁阳。李先生对繁的所在提出新的看法,近年公布的态态甗③铭文中记载南宫伐虎方之事,铭文涉及地名"繁",李先生认为"虎方"是崇拜虎的巴人,由此认为"繁"地应该是蜀郡繁县之

---

① 李学勤:《纣子武庚禄父与大保簋》,宋镇豪主编:《甲骨文与殷商史》,新二辑,上海古籍出版社,2011年11月,1—4页。又李学勤主编:《清华大学藏战国竹简》（二）,上海:中西书局,2011年12月,142页注〔5〕。

② 有关昭王伐楚的铜器,李学勤和彭裕商先生均作过系联和排谱,可分别参看李学勤:《静方鼎与昭王历日》,《夏商周年代学札记》,沈阳:辽宁大学出版社,1999年10月,22—30页;《静方鼎考释》,《第三届国际中国古文字学研讨会论文集》,香港中文大学编。彭裕商:《西周青铜器年代综合研究》,成都:巴蜀书社,2003年2月,255—270页。另外,本人在《盠驹尊和昭王南征》（《东南文化》,2008年第4期）一文中也对相关铜器做过一些整理。

③ 孙庆伟:《从新出𢀛甗看昭王南征与晋侯燮父》,《文物》2007年第1期。

繁，在今四川彭县西北。① 林沄认为师虎簋（《集成》4316）提到的"左右戏繁荆"，荆既是族称，则繁可能即繁阳之繁。② 根据这一解释，董珊认为毛公鼎之"繁"即师虎簋之"繁荆"。除了"繁荆"这一说法外，铜器铭文还有"楚荆"（史墙盘）、"蠚荆"（士山盘）的说法，而"蠚荆方"在同篇铭文中又可省称为"蠚方"，"楚荆"又可省称为"楚"，说明"荆"确是族称，而且可以省略。③ 因此，毛公鼎之"繁"应该是师虎簋之"繁荆"。过伯簋铭文中有"反荆"，唐兰认为"反荆"和"反夷"词例同，可见荆是大名，即《书·禹贡》中荆山荆州的荆，楚只是一部分地区之名。④ 如此，"荆"这一族称可能是来源于地名，其成员有上列的楚荆、繁荆、蠚荆等。从这个认识出发，毛公鼎的"繁"既然是"繁荆"之省称，对其地理位置的认识，认为在"繁阳"的旧说应该更为合理。

6. 眉

"眉"的君长称"眉敖"，乖伯簋（《集成》4331）记载："惟王九年九月甲寅，王命益公征眉敖，益公至告。"次年的二月"眉敖至视，献帛。"九年卫鼎（《集成》2831）亦有眉敖派使者视于王的记载。董珊认为"眉"与士山盘之"履"是一回事，两者音近可通。杨树达认为眉敖之眉可能是《牧誓》记载的随武王伐纣的方国"微"。在《春秋》经传中或作"糜"，地在今陕西与湖北交界处白河县。⑤

7. 鄀

士山盘铭文称为的"蠚荆方"或"蠚方"，是周王派遣使者前往徵取服贡的方国之一。董珊认为其即"鄀"，见于《左传》僖公25年"秦、晋伐鄀"，杜注谓鄀先在商密，后徙南郡鄀县。西周时鄀都的位置应在商密，今地在河南西峡县城西。⑥

三、西周王国对方国职贡的征收

西周时期，分布北方或西方的玁狁和分布于南方或东方的淮夷与周王朝的

---

① 李学庆：《论繁蜀巢与西周早期的南方经营》，载《三星堆文明·巴蜀文化研究动态》，2007年第5卷（总第12期），2007年11月10日。
② 林沄：《商代兵制管窥》，收入《林沄学术文集》，北京：中国大百科全书出版社，1998年12月，154页。
③ 董珊：《谈士山盘铭文的"服"字义》，《故宫博物院院刊》，2004年第1期。
④ 唐兰：《西周青铜器铭文分代史征》，北京：中华书局，1986年12月，271页，注2。
⑤ 董珊：《谈士山盘铭文的"服"字义》，《故宫博物院院刊》，2004年第1期。
⑥ 董珊：《谈士山盘铭文的"服"字义》，《故宫博物院院刊》，2004年第1期。

关系是不同的。李学勤说玁狁是北方主要从事游牧的少数民族，对周朝的威胁是军事性质的。周朝为了保护自己统治的界域，不得不屡加抗击。淮夷则是安居的、生产比较发展的人民，他们常服于周，向王朝入贡。① 这一说法是很有道理的。金文资料说明，西周王朝所收四方邦国的入贡，主要出自于南方和东方邦国。相关金文资料主要有：

1. 中甗（昭王，《集成》949）

王令中先，省南国贯行，埶虞在曾。史儿至，以王令曰：余令汝使小大邦，厥又舍汝刍量至于女庸小多□。中省自方、登、逜□邦，在鄂师師。伯买父□□厥人□汉中洲，曰段、曰旂，厥人□二十夫，厥贾彝言曰贾□贝。曰传□王□休，肆肩又羞余□□□，用作父乙宝彝。

中甗属安州六器之一，因文字漫漶残缺，刻本失真，较难通读。铭文记载昭王南征之事，王命"中"先行"省南国贯行"。昭王时期"贯行"的说法，又见于史墙盘（《集成》10175）说昭王"广𢼸楚荆，惟寏南行"。裘锡圭指出"寏"应读为"贯"，"贯南行"实际上指开通金道锡行。② 曾伯霥簠有"金道锡行"，郭沫若指出"古者南方多产金锡"，"'金道锡行'者言以金锡入贡或交易之路"③。这说明昭王南征的目的是为了南方邦国的铜矿等资源。

2. 乖（？）伯簋（恭王，《集成》4331）

惟王九年九月甲寅，王命益公征眉敖，益公至告。二月，眉敖至视，献賷（帛）。

铭文中"眉敖"，李学勤认为是周的属邦，在今甘肃省灵台一带④。郭沫若认为眉敖当即微国之君，其故地在今四川巴县。⑤ 杨树达认为"眉敖者，微

---

① 李学勤：《兮甲盘与驹父盨》，《人文杂志丛刊》第 2 辑《西周史研究》，收入《新出青铜器研究》，138 页。
② 裘锡圭：《古文字论集》，北京：中华书局，1992 年 8 月，374－375 页。
③ 郭沫若：《两周金文辞大系图录考释》（二），北京：科学出版社，2002 年 10 月，398 页。
④ 李学勤：《试论董家村青铜器群》，《文物》1976 年第 6 期。
⑤ 郭沫若：《两周金文辞大系图录考释》（二），北京：科学出版社，2002 年 10 月，313 页。

国之君也",并引柯昌济、吴闿生说,认为"敖"为古蛮夷之称或外国君长之号。① 以"眉"为"微"的意见应该是正确的②。铭文说明,眉向周王入贡的是布帛。铭文中的"征",杨树达认为当训往,谓往眉敖之所,非征伐之征也。③ 铭文记载王命令益公前往征召眉敖来朝。

11. 士山盘④(恭王时期)

惟王十又六年九月既生霸甲申,王在周新宫,王各大室,即立。士山入门,立中廷,北向。王乎作册尹册命山曰:于入莽侯,佫徵邿荆方服眔大虘服、履服、六孳服。莽侯、邿方宾贝、金。

士山盘谈到王命令士山征收邿、大虘、履、六等方国的"服",关于"服"的含义,董珊在唐兰说法的基础上作过解释,认为"服"相当于"职贡",具体包括职事和贡赋两个方面。对于这些方国的所在,董珊认为士山盘所见的方国都属于外服异姓,盘铭"邿荆方"又称"邿方","邿方"就是"邿","方"犹言方国。西周时邿都的位置应在商密,今地在河南陕县城西。"履"和乖(?)伯簋中的"眉敖"之"眉"是一回事,地在今陕西与湖北交界处白河县。⑤ 士山盘铭文所提到的方国都分布在南方。

3. 㝬钟(厉王,《集成》260)

王肇遹省文武堇疆土,南国艮孳敢臽处我土。王敦伐其至,翦伐厥都。艮孳迺遣间来逆邵王,南夷东夷具视二十又六邦。

此铭"视"的用法同于前引乖伯簋的"视",从裘锡圭释作"视",裘先生指出《周礼·春官·大宗伯》"殷覜曰视",覜、视同训,段玉裁《说文解

----

① 杨树达:《积微居金文说》(增订本),北京:中华书局,1997年,184—185页。
② 李学勤认为眉在甘肃灵台一带,主要依据是:1972年,在灵台姚家河1号墓出土乖叔鼎。按:1号墓是长方形土圹竖坑墓,长2.7米,宽1.9米。(参看甘肃省博物馆文物队:《甘肃灵台县两周墓葬》,《考古》1976年第1期)从墓葬形制来看,似不像为乖叔之墓。因此不能依据乖叔鼎的出土地断定眉国的所在。
③ 杨树达:《积微居金文说》(增订本),北京:中华书局,1997年12月,184—185页。
④ 朱凤瀚:《士山盘铭文初释》,《中国历史文物》,2002年第1期。
⑤ 董珊:《谈士山盘铭文的"服"字义》,《故宫博物院院刊》,2004年第1期。

字注》“覞”字下谓“下于上、上于下，皆得曰覞”①。“艮孳”，孙诒让谓：“服孳者，服子也。孳即子之耤字，其君之爵也。”唐兰不同意“子”为爵称的说法，认为：“爵称之‘子’习见于古书及甲骨金文，从未有假孳为之者。余谓‘艮’为国名，‘孳’乃人名，以国名和人名相系，固经传所习见也。”②所谓的“孳”，有的学者释为“蛮”，或可信。钟铭文的“艮蛮”可能不是具体的国名，有可能是指南方的蛮夷小邦。

4. 驹父盨盖③（宣王）：

惟王十又八年，正月，南中邦父命驹父殷南诸侯。率高父视南淮夷，厥取厥服。堇夷俗象，不敢不敬畏王命。逆视我，厥献厥服。我乃至于淮，小大邦亡敢不□，具逆王命。四月，还至于蔡，作旅盨，驹父其万年永用多休。

此铭记载驹父受南仲邦父之命，率高父省视南淮夷，并征取南淮夷诸邦之服贡。淮夷诸邦迎合王命而献服贡。

5. 兮甲盘（宣王，《集成》10174）

惟五年三月既死霸庚寅，王初各伐玁狁于啚盧。兮甲从，折首执讯，休无敃。王赐兮甲马四匹，驹车。王令甲政辭成周四方责，至于南淮夷。南淮夷旧我帛畮人，毋敢不出其帛其责其进人，其贾毋敢不即次（次）即市。敢不用命，则即井翦伐。其惟我诸侯百生厥贾毋不即市，毋敢或入蛮安贾，则亦井。兮伯吉父作盘，其眉寿万年无疆，子子孙孙永宝用。

盘铭“南淮夷旧我帛（帛）畮人”的说法，又见于下引的师寰簋“淮夷繇我帛（帛）畮臣”。说明淮夷原来一直承担着向周王朝纳布帛等财物的职责。

---

① 裘锡圭：《甲骨文中的见与视》，台湾中研院史语所、台湾师范大学国文系编：《甲骨文发现一百周年学术研讨会论文集》，文史哲出版社，1999年5月，1－6页。

② 唐兰：《西周青铜器铭文分代史征》，北京：中华书局，1986年12月，504页，注释3。

③ 吴大焱、罗英杰：《陕西武功县出土驹父盨盖》，《文物》1976年第5期。

6. 师寰簋（宣王，《集成》4313、4314）

王若曰：师寰，哉！淮夷繇我員（帛）晦臣，今敢博厥众叚，反厥工事，弗迹我东国。今余肇令汝率齐师、曩、釐、僰，殿左右虎臣正淮夷，即質厥邦兽曰冉曰裘曰铃曰達。寰师虔不象，夙夜卹厥墙事，休既又工，折首执讯，无谦徒驭，殴俘士、女、羊、牛，孚吉金。今余弗叚组，余用作朕後男巤尊簋，其万年子子孙孙永宝用享。

师寰簋铭文说明淮夷是纳布帛等贡物于周王朝的臣属之国，现在却敢反其职贡之事。因此，周王朝派师寰进行征伐。

7. 殿敦簋盖（西周晚期，《集成》4213）

戎献金于子牙父百车，而（？）赐盘殿敦金十钧，赐不讳。殿敦用□用璧，用稽首。其右子歕、史孟。殿敦堇用豹皮于史孟，用作宝簋，殿敦其子子孙孙永宝。

此器的年代，郭沫若认为属于春秋时代，子牙父应是齐桓公时的鲍叔牙。"戎"为匈奴人。① 《商周青铜器铭文选》认为器物的年代是西周晚期，铭文中的"戎"是淮戎，也就是淮夷。② 殿敦簋盖的形制、花纹基本和不其簋盖一致③，不其簋属于西周晚期器，学者多将其年代定在宣王时期④。因此殿敦簋盖的年代应和不其簋相似，不应晚至春秋时期。铭文中的"戎"指淮戎是很有可能的。朱凤瀚在《柞伯簋和周公南征》一文中曾讨论过"淮夷"和"戎"这个问题。认为"夷"之称在西周时，虽确主要应用于对西周王朝东国与南国范围内土著居民之总的称谓，但因"戎"、"夷"之以方位作明显分划，是东周以后的事情，所以西周时人对称"夷"者偶亦称"戎"未必不可能。在该文中，朱先生还提出另外一种可能，分布在淮水流域而被成为"戎"的族属，可能是从其他地区迁来的。⑤ 殿敦簋盖中献金的"戎"很可能是分布在

---

① 郭沫若：《殿敦簋铭考释》，《考古》1973 年第 2 期。
② 马承源主编：《商周青铜器铭文选》（三），北京：文物出版社，1988 年 4 月，480 页。
③ "不其簋盖"参看陈梦家：《西周铜器断代》（下册），北京：中华书局，2004 年 4 月，861 页。
④ 参看彭裕商：《西周青铜器年代综合研究》，成都：巴蜀书社，2003 年 2 月，436 页。
⑤ 朱凤瀚：《柞伯鼎与周公南征》，《文物》2006 年第 5 期。

淮河流域的族属。

《国语·周语上》记载祭公谋父向穆王进谏时谈到"五服"的制度：

> 夫先王之制：邦内甸服，邦外侯服，侯、卫宾服，蛮、夷要服，戎、狄荒服。甸服者祭，侯服者祀，宾服者享，要服者贡，荒服者王。

所谓"蛮夷"和"戎狄"，是指分布于周王朝四方的东南夷蛮之族和西北戎狄之族。据祭公所言，这些族属是要向周王朝承担一定的职贡的。但从上面的讨论可知，西周时期，向周王朝入贡的主要是东方和南方的夷蛮之族。周王朝亦相当重视对这片地区的控制，若"反厥贡事"，则要加以挞伐。

第二节 四国与四方——周人的政治地理

我们在第一节中分析了服属于西周王朝的政治实体的情况，认为其主要由诸侯国和一些方国组成。那么，西周时期的周人是怎样认识这些诸侯国或方国与西周王朝的关系呢？在周人的国家概念中，其对国家的范围是怎样认识的，是否包括服属于王朝的诸侯国或方国？这是我们在这一节中主要讨论的问题。

学界有一种观点，认为克商以后周人建立的"周王国"，绝不应该仅仅是周邦。从周人政权的统治范围来看，周王国应当就是当时的"天下"。在周人那里，"天下"就是全部，这天下由周邦与万邦组成，他们自己并没有"周朝"和"周王国"这一类的概念。在我们今天看来，周人的"天下"不过是一个国家，这个国家由周邦与万邦组成。① 与之类似的观点，则认为西周王朝的国土应包括成周王畿所在，周天子直辖的"中国"，在西周王朝军事征服基础上通过分批封建开拓出的四土、四国及其以外的部分多方之地。② 这一问题牵涉到对西周文献和金文中"四国"、"多方"以及"东国"、"南国"等政治地理概念的认识，而通过分析周人这些词语的含义，则可以帮助我们了解周人关于国家范围的认识。

---

① 赵伯雄：《周代国家形态研究》，长沙：湖南教育出版社，1990年8月，18页。
② 周书灿、牛林豪：《西周王朝的国土结构及其特点》，《南都学坛》第22卷第3期，2002年5月。又可参看周书灿：《西周王朝经营四土研究》，郑州：中州古籍出版社，2000年4月，7-18页。

一、西周金文中的四国、四方以及东国、南国

（一）四国

（1）猷钟（《集成》260）：猷其万年，畯保四国。

（2）毛公鼎（《集成》2841）：康能四国。

（二）四方

（1）南宫乎钟（《集成》181）：天子其万年眉寿，畯永保四方，配皇天。

（2）癲钟（《集成》251）：上帝降懿德大甹，匍有四方，匃受万邦。

（3）五祀猷钟（《集成》358）：猷其万年，永畯尹四方。

（4）禹鼎（《集成》2833）：丕显朕皇祖穆公克夹召先王奠四方。

（5）大克鼎（《集成》2836）：天子其万年无疆，保辥周邦，畯尹四方。

（6）大盂鼎（《集成》2837）：武王嗣文王作邦，辟厥匿，匍有四方，畯正厥民。○凤夕召我一人烝四方。

（7）毛公鼎（《集成》2841）：

王曰：父厝，余惟肇经先王命，命汝辥我邦我家内外，惷于小大政，甹朕位，虩许上下若否，雩四方死，毋童余一人在位。

王曰：父厝，今余惟申先王命，命汝亟四方。

（8）番生簋（《集成》4326）：番生不敢弗帅井皇祖考丕丕元德，用申匃大令，甹王位，虔夙夜，尃求不暜德，用谏四方，揉远能迩。

（9）班簋（《集成》4341）：王令毛伯更虢城公服，甹王位作四方极，秉緐、蜀、巢令。

（10）师訇簋（《集成》4342）：肆皇帝无斁，临保我又周，雩四方民亡不康静。

（11）师克盨（《集成》4467）：王若曰：师克，丕显文武膺受大命，匍有四方。

（12）保卣（《集成》5415）：遘于四方王大祀祓于周，在二月既望。

（13）矢令方彝（《集成》9901）：

惟八月，辰在甲申，王令周公子明保尹三事四方，受卿事寮。

惟十月月吉癸未，明公朝至于成周，徣令舍三事令眔卿事寮眔诸尹眔里君眔百工眔诸侯侯、田、男，舍四方令。

（14）兮甲盘（《集成》10174）：王令甲政𤔲成周四方责，至于南淮夷。

（15）史墙盘（《集成》10175）：

曰古文王，初盭龢于政，上帝降懿德大甹，匍有上下，遹受万邦，䊔圉武

53

王，遹征四方，达殷畯民，永不巩。狄虘髟，伐夷童。

（16）虢季盘（《集成》10173）：经维四方，博伐严狁。

（三）东国、南国、中国

东国

（1）鄂侯驭方鼎（《集成》2833、2834）：亦惟鄂侯驭方率南淮夷、东夷广伐南或、东或。

（2）明公簋（《集成》4029）：遣三族伐东或

（3）宜侯矢簋（《集成》4320）：诞省东或图

（4）班簋（《集成》4341）：王令毛公以邦冢君、土驭、或人伐东或痛戎○三年静东或

（5）保卣（《集成》5415）：王令保及殷东或五侯。

南国

（1）默钟（《集成》260）：南或艮孳（蛮）敢陷处我土○畯保四或

（2）中甗（《集成》949）：王令中先省南或贯行

中国

（1）何尊（《集成》6014）：惟武王既克大邑商，则廷告于天曰：余其宅兹中国，自之辥民。

从上引西周金文资料可以看出，在西周时期周人的观念中，存在着四国、四方以及东国、南国、中国等不同的概念，用以区别不同的政治地理区域。这些用语亦见于西周文献中，于省吾在20世纪30年代时曾结合当时所见金文资料，对这些用语做过深刻的分析，我们将之移录如下：

○《诗·民劳》"惠此中国"，传："中国，京师也。"马其昶谓："中国犹国中。"《周礼》："司士掌国中之士治。"注："国中，城中也。"《孟子·离娄》："徧国中无与立谈者。"国中亦唯城中也。西周言"四国"即"王国"，亦曰"周邦"，亦曰"有周"，非谓东国、南国、西国、北国之四国也。盖京师既称国中，则王畿之内，京师之外，自应称四国。《庄子》所称"盖四境之内者"，是也。以四国之四外言曰"四方"，以庶邦言曰"多方"，曰"万方"，曰"万邦"。

○或谓四国即东国、南国、西国、北国，非是。成鼎（引者按：即禹鼎）"广□南国、东国，至于历寒"，历寒地名虽不可知，然其所伐者，决不在畿内。《诗序》南国指江汉言。班彝"王命毛公以邦

冢君土馭或人伐東國瘠戎"，是瘠戎隸于東國矣。《詩·韓奕》："王賜韓侯，其追其貊。奄有北國，因以其伯。"是追、貊隸于北國矣。惟《詩》、《書》、金文未有稱西國者。《尚書》每稱西土。然則今之所可知者，戎與蠻貊稱東國、南國、北國，適可證其與四國無涉，而與四方無別也。①

于省吾根據瘠戎隸屬東國，追、貊隸于北國等情況，說明東國、北國等與四方無別，這是很有道理的。馭鐘銘文謂"南國艮孳（蠻）"，亦可證實。這說明在周人的觀念中，東國、南國、北國等是指四方，其中包含戎與蠻貊等方國。值得進一步探討的是，在"四方"的地域內，除了戎、蠻、貊等方國，是否也包括周王朝封建的諸侯國？

宜侯矢簋銘文說明周王在準備封建宜侯矢時，先"誕省東或（國）圖"，這說明宜侯矢是封建于東國區域內的。矢令方彝將舍令諸侯歸入舍四方令中②。這些情況表明西周王朝的封建諸侯是屬于四方的範圍內的。鄂侯馭方鼎銘文記載鄂侯馭方率領南淮夷、東夷廣伐南國、東國，所伐的應該是在東國、南國中的西周諸侯國。

于省吾指出與四方相對的四國，或又稱為王國、周邦、有周。銅器銘文中或將之稱為"內國"，戜卣（5419，5420）謂："王令戜曰：'廒，淮夷敢伐內國，汝其以成周師氏戍于由'。""內國"的稱呼與戎生編鐘記載的其皇祖憲公被周穆王"建于茲外土，儔司蠻戎"之"外土"的稱呼相對，而"外土"即四方。說明西周王朝將政治地域分為"內國"和"外土"兩個部分。從這些稱謂中我們可以判斷，周人是有"周朝"或"周王國"這一概念的，而所謂的"周王國"是有一定的地域範圍的，雖然這種地域範圍不會類似于現代國家的領土範圍那樣有明確的界線。其地域範圍應該就是後世所謂的王畿地區，即周邦。諸侯國雖然是由西周王朝分封建立的，周王朝還採取了一定的措施加強對諸侯國的管理。但諸侯國和沒有接受冊封的戎夷方國一樣，是屬于被排除在王國之外的四方之中的。

---

① 于省吾：《四國多方考》，《考古學社刊》第一期，1934年。
② 矢令方彝作："周公朝至于成周，誕令舍三事令，眔卿事寮，眔諸尹，眔里君，眔百工，眔諸侯：侯、田、男，舍四方令。"楊樹達謂："文本當作：舍四方令，眔諸侯，侯、田、男。而文卻倒言之，致文字錯綜，不相配稱，令人迷惘。"（楊樹達：《積微居金文說》（增訂本），卷一·矢令彝三跋，北京：中華書局，1997年12月，7-8頁。

第二章

体国经野：西周王畿的行政区域

在第一章中，我们讨论了西周国家的结构和组织形式，我们将这种组织形式称为王国模式，以区别于秦汉时期的帝国模式。在王国模式中，王国的核心为周邦，周邦与接受其册封的诸侯国组成有机的政治实体，周邦通过宗法、礼仪、婚姻、军事等手段保持着对诸侯国一定的政治控制。同时，保持对周边异族如戎狄、蛮夷的控制，也是西周王国的一个重要内容。

西周王国的核心是由姬姓王族所建立的周邦，周邦在文献中又称为"王畿"。王畿的行政模式，亦即周人以怎样的方式来实现对王畿内人员和土地等资源的有效管理，是探讨西周行政体制的核心内容。在以下的章节中，我们将主要讨论这一课题。

对行政体制的研究，主要涉及官吏行政区域和职掌的确定。行政区域的划分，涉及职官在地域上的分布体系，周振鹤在论及中国地方行政制度的研究内容时说："地方行政制度的研究应由两个方面的内容组成：一为行政区划，二为地方政府，亦即地方行政组织。恩格斯曾说：'国家和旧的氏族组织不同的地方，第一点就是它按地区来划分它的国民……这种按照居住地组织国民的办法，是一切国家共同的。'因此，任何一个国家，除非版图特别狭小，必然要将国土分成有层级的区域——这些区域就是各级行政区划，并在相应各级区域中设置地方政府，才能对国民进行施政治理。"①

西周实行封建制度，并不存在地方行政制度②。但是在探讨西周王畿地区的行政模式时，应可以借鉴恩格斯的说法，从区域的角度考察西周王朝对王畿地区的行政控制，以及在此基础上的设官分职。

本章对西周王畿地区行政区域的研究，主要包括以下几个方面：1. 西周

---

① 周振鹤：《地方行政制度志》，上海：上海人民出版社，1998年10月，第1页。
② 同上，"导言"部分。

体国经野：西周王畿的行政区域

王畿的政治中心；2. 居民的地域组织方式；3. 地方行政系统的雏形。

第一节　西周王畿的政治中心

西周时期实行封建制度，周王在名义上为"天下共主"，但周王的直接统治区域只有王畿地区。王畿之外的广大土地，则插花式地分封给诸侯建国，由各诸侯国直接管辖一定的区域。据吕文郁的研究，西周时代的王畿就是以西都宗周为中心和以东都成周为中心的两个相互连接的行政区域。其面积大约为方千里，故称王畿千里。西都王畿以宗周为中心，南抵汉水之阳，西达甘肃天水一带，北邻玁狁。东与成周王畿相接。东都王畿以成周洛邑为中心，向四周各延展约三百里①。

在王畿之内，西周王朝的政治活动中心主要是西都宗周和东都成周。传世文献和金文资料显示，周王经常活动的城邑名称有周、宗周和成周。下面我们分别阐述这些城邑名称的具体所指。

一、金文中的周、宗周、成周

在西周金文，经常提到的周王的活动地点是"周"、"宗周"和"成周"②，对于它们的具体所指，学界有不同的看法。郭沫若认为彝铭中凡称周均指成周，以康宫在成周，而屡见"王在周康宫"知之。③陈梦家认为成王营成周前及武王时代的周应是岐周、宗周而非东都之成周、王城，因当时尚未营东都。岐为大王至文王之都、丰为文王所宅、镐为武王所营。既宅丰、镐而旧都岐周尚存，周之宗庙所在，故改称宗周以别于东土新营的成周、王（周）。令方彝中的"王"是周，成王以后的周既不是宗周，也不是成周。宗周非丰、镐二地④。李学勤认为陈梦家否定宗周是镐京的观点是不正确的。陈梦家的出发点是释金文的莽京为镐京，但周原卜甲和西周前期德方鼎都有"镐"地名，字写作"䧾"，足证莽京并非镐京。据作册魋卣，宗周和丰是邻近的，它应是

---

① 吕文郁：《周代的采邑制度》（增订版），北京：社会科学文献出版社，2006年3月，1－10页。
② 参看附表一：《西周时期周王的主要活动地点》。
③ 郭沫若：《两周金文辞大系图录考释》（二），北京：科学出版社，2002年10月，34页。
④ 陈梦家：《西周铜器断代》（上），北京：中华书局，2004年4月，366－374页。

离丰二十五里的镐。① 在《柞伯簋铭考释》一文中，李学勤认为周指宗周，是镐京。② 刘士莪、尹盛平在《微氏家族青铜器研究》一文中认为"周"是岐周，宗周是镐京，成周是洛邑。③ 朱凤瀚认为"周"在西周金文中，是都城之称，未必均是言宗周，且在成周的康宫也可称为"周康宫"，所以，西周都城所在如宗周、成周应均可称之为"周"。④ 由此可见，对于金文中的周、宗周和成周的具体所指，学界尚存在不同意见，有必要对此问题作一番梳理。

我们先讨论金文中的"宗周"，这一问题还涉及金文"荠京"的地望。

金文中常见王在"宗周"活动，《诗经》和《尚书》中亦提到宗周：

1. 赫赫宗周，褒姒灭之。（《诗经·小雅·正月》）
2. 惟五月，丁亥，王来自奄，于至宗周。（《尚书·多方》）

传统的解释基本认为"宗周"是指镐京。但如上文所引，陈梦家认为宗周非丰、镐二地，金文的荠京即镐京。李学勤认为陈梦家以荠京为镐京的看法是不正确的，周原甲骨和德方鼎的"蒿"即地名"镐"。但李先生后来在《释郊》一文中认为周原甲骨和德方鼎的"蒿"应读为"郊"，意思是祭天。⑤ 李先生读"蒿"为"郊"的意见应该是正确的。这样看来，金文中就没有"镐"的地名了。至于荠京，曾是学术界争论的一个热点问题。⑥ 主要有三种观点：（1）镐京，如陈梦家；（2）丰京，如郭沫若、黄盛璋；（3）方，如刘雨、王玉哲。镐京说，黄盛璋已经辨其非，镐京应该就是宗周。丰京说也不合理，作册䰧卣铭文有"宗周"和"丰"两个地名，铭文表明两者距离很近，⑦

---

① 李学勤：《青铜器与周原遗址》，收入尹盛平主编：《西周微氏家族青铜器群研究》，北京：文物出版社，1992年6月，129—140页。
② 李学勤：《柞伯簋铭考释》，《文物》1998年第11期。
③ 尹盛平主编：《西周微氏家族青铜器群研究》，北京：文物出版社，1992年4月。
④ 朱凤瀚：《<召诰>、<洛诰>、何尊与成周》，《历史研究》，2006年第1期。
⑤ 李学勤：《释郊》，《文史》第37辑，收入李学勤：《李学勤文集》，上海：上海辞书出版社，2005年5月，162—166页。
⑥ 相关论文主要有：黄盛璋：《周都丰镐与金文中的荠京》，《历史研究》1956年第10期；黄盛璋：《关于金文中的"荠京（荠）、蒿、丰、邦"问题辨正》，《中华文史论丛》1981年第4辑；刘雨：《金文荠京考》，《考古与文物》1982年第3期；王玉哲：《西周荠京地望的再探讨》，《历史研究》1994年第1期。
⑦ 李学勤：《青铜器与周原遗址》，收入尹盛平主编：《西周微氏家族青铜器群研究》，北京：文物出版社，1992年6月，129—140页。

体国经野：西周王畿的行政区域

说明卣铭中的"丰"即丰、镐之丰。因此，目前看来，以上诸说中以"莠京"是"方"的说法最为合理。王玉哲在说明莠京的具体位置时总结说，莠京即方，在渭水南岸，而镐京在渭水北岸，北岸的镐京发展扩大，而到达南岸的方，因而金文出现了"莠京"，成为扩大的镐京之一部。扩大的镐京包括渭水南北两岸，即所谓宗周①。

关于"成周"，学界一般认为是指西周东都，这一点基本没有异议。但是对于东都的营建情况，学界尚存在不同的理解。如对王城与成周的关系，意见多有分歧。彭裕商曾对这一问题作过梳理，认为大致存在三种不同意见：（1）双城说，认为周初在洛所作为两城，即成周与王城；（2）包摄说，认为周初所建仍为两城，但统称为成周，或王城为成周的一部分；（3）一城说，认为周初所建只有一座城，成周、王城、洛邑均为一地异名。彭裕商主张双城说，认为成周的营建较早，约在武王克商后的两年间；王城的营建较晚，在成王五年。金文和文献中的"新邑"指王城，周初的所谓"作洛"，实际上是营建王城，不是成周，但成王也是于是年始迁居成周以治天下。西周时期，周王和周之百官都住在成周，王城的居住者主要是"商王士"②。朱凤瀚则认为，"王城"之称，未见于西周典籍与器铭，因此西周时并无此名称。以往学者认为作册令方彝中的"王"指王城的观点，根据并不坚实，实际上此"王"只应是王宫内王之寝宫所在。周公摄政五年始营成周，到摄政七年时这个新大邑已初步建立。《召诰》、《洛诰》所记周公摄政七年时的建宅是盖宫室以迎成王于洛邑，王宫区域在洛邑之内③。从目前的资料来看，似以朱先生的说法较为合理，本书采用此说④。

下面讨论文献和金文中作为地名的"周"的具体所指。

西周文献中"周"用作地名，主要见于《尚书》的《康诰》、《酒诰》、

---

① 王玉哲：《西周莠京地望的再探讨》，《历史研究》1994年第1期。
② 彭裕商：《新邑考》，原载《历史研究》2005年第5期，后收入彭裕商：《西周青铜器年代综合研究》，成都：巴蜀书社，2003年2月，60－89页。
③ 朱凤瀚：《＜召诰＞、＜洛诰＞、何尊与成周》，《历史研究》，2006年第1期。
④ 西周有"成周八师"，又称"殷八师"，由"成周八师"的名称可知，其主要由成周居民组成，因成周居民的主要成分是殷遗，故称"殷八师"，由此可见，"成周"应该是西周东都的统称，其区域较大，包括殷、周等族属的居民区。关于这一点，杨宽已经明确指出：成周在《尚书》中只是一个邑，或者称为"新邑"，或者称为"新邑洛"，或者称"洛邑"，或者说"作新大邑于东国洛"。到春秋时，周敬王请晋国帮助"城成周"，也还说："昔成王合诸侯城成周，以为东都，崇文德焉"。成周是东都的总称，王城只是东都的宫城，并非相距四十里的两个邑。（杨宽：《西周史》，上海：上海人民出版社，1999年11月，539页）

59

《洛诰》、《召诰》诸篇中：

1. 惟三月哉生魄，周公初基作新大邑于东国洛，四方民大和会，侯、甸、男、邦、采、卫、百工、播民，和见士于周。(《康诰》)
2. 厥或诰曰"群饮"，汝勿佚。尽执拘以归于周，予其杀。(《酒诰》)
3. 周公曰："王肇称殷礼，祀于新邑，咸秩无文。予齐百工，伻从王于周。"(《洛诰》)
4. 予惟以在周工往新邑，伻向即有僚。(《洛诰》)
5. 王曰："公，予小子其退即辟于周，命公后。"(《洛诰》)
6. 惟二月既望，越六日乙未，王朝步自周，则至于丰。(《召诰》)

《康诰》和《洛诰》中的"周"，彭裕商由于主张"成周"和"新邑"是两个地方，因此认为"周"应该指"成周"①。我们在上文已经说明成周即新邑②，下引金文材料则说明"周"与"成周"不是一地：

应侯视工钟（《集成》107，恭王时期）：
惟正二月初吉，王归自成周，应侯视工遗王于周。辛未，王各于康，荣伯入右应侯视工，赐彤弓一、彤矢百，马四匹。

应侯视工钟铭文说王从成周归来，应侯视工遗送王于周，说明"成周"和"周"不是一地。

上引《洛诰》言"予惟以在周工往新邑"，于省吾认为与"予齐百工伻从

---

① 彭裕商认为成周在周初也单称周，所举的例子有：1.《史记·周本纪》言武王"营周居于洛邑而后去"，可推知武王所营当时即称之为周，即后来的成周；2. 保卣铭文云："遘于四方会王大祀侑于周"，保卣为迁居洛地的殷遗所作，器出于洛阳，这里的周也应该指成周。（彭裕商：《西周青铜器年代综合研究》，65页）按：这两个证据并不充分，"营周居于洛邑"似应理解为武王谋划周人居所于洛邑，或计划在洛邑营建周人居所，周居的"周"似不应理解成地名。保卣的"遘于⋯于周"，只是一种用大事纪年的方式，不能说明其出土地即是"周"。
② 关于成周与新邑的关系，可参看朱凤瀚：《＜召诰＞、＜洛诰＞、何尊与成周》，《历史研究》，2006年第1期。

王于周"句例同，谓"予惟以在宗周之百执事往洛邑也"①。章炳麟云"'予齐百工，伻从王于周'，是迎王。"王国维《洛诰解》云："周，谓宗周，即镐京也。"②都认为"周"是指"宗周"。应当可信。

对于《洛诰》"王曰：'公，予小子其退即辟于周，命公后。'"这句话，学者多怀疑是错简，认为"周"指宗周，意指成王留周公治洛，成王言我退，即居于周（镐京），命公留后治洛（成周）③。彭裕商认为这样解释和何尊、<召诰>记载成王要居成周以治天下相矛盾，应当是说成王先到成周"即辟"，而命周公留在新邑继续董理新邑的营建。④唐兰认为该句是说成王将在新邑的周即王位，同时还要为周公立后。⑤我们认为此句的"周"应遵从传统的解释，指"宗周"。句中的"命公后"和该篇的"迪将其后"以及"公定"等联系在一起解释，我们将相关段落引用如下：

王曰："公功棐迪笃，罔不若时。（王曰："公，予小子其退，即辟于周，命公后。"）四方迪乱，未定于宗礼，亦未克敉公功。迪将其后，监我士师工，诞保文武受民，乱为四辅。"

王曰："公定，予往已。公功肃将祗欢，公无困哉我，惟无斁其康事。公勿替刑，四方其世享。"

……

戊辰，王在新邑，烝祭岁，文王骍牛一，武王骍牛一，王命作册逸祝册，惟告周公其后。王宾，杀禋、咸格。王入太室祼。王命周公后，作册逸诰。在十有二月。惟周公诞保文武受命，惟七年。⑥

从上引第三段可知，王命"周公后"是有正式的诰命文书的，"命公后"

---

① 顾颉刚、刘起釪：《尚书校释译论》，北京：中华书局，2005年4月，1477-1478页。
② 同上，1470-1471页。
③ 同上，1488-1489页。
④ 彭裕商：《新邑考》，《历史研究》2005年第5期。
⑤ 唐兰：《西周青铜器铭文分代史征》，北京：中华书局，1986年12月，25页。
⑥ 标点主要参考顾颉刚、刘起釪：《尚书校释译论》，《洛诰》篇，北京：中华书局，2005年4月。

的原因是由于"四方迪乱，未定于宗礼，亦未克敉公功"①，并不是因为新邑的营建尚未完工。目的是为了周公能"监我士师工，诞保文武受民，乱为四辅"。"士、师、工"，王国维谓"皆官也"，于省吾认为"士"谓卿士，"师"谓师尹，亦曰师师，亦曰师长。"工"谓百工，亦曰百执事。②这些解释是正确的，上文的"周工"、"百工"亦当是诸官。《蔡传》说："谓之后者，先成王之辞，犹后世留守留后之意。"③这个解释是很合理的。成王命周公留守成周，要周公"无困哉我"。曾运乾解释作"公其无去以困我也"④。故《史记·鲁周公世家》记载："周公在丰，病，将没，曰：'必葬我于成周，以明吾不敢离成王。'"表示死后也要葬于成周，以明自己未违离成王之命，不能以此说明成王居于成周。

以上的讨论说明，《洛诰》中用作地名的"周"，应该都是指宗周，即镐京⑤。

上引《康诰》关于周公营洛的一段话，自宋代苏轼始以为是《洛诰》篇首的错简以来，关于这段话是哪篇的错简，一直是个争论不休的问题⑥。从行文来看，"周公初基作新大邑于东国洛，四方民大和会，……和见士于周。"很让人觉得"见士于周"的"周"即是"东国洛"。孔颖达正义便解释为"五服百官播率其民和悦并见，即事于周之东国"。但是，句中既言"周公初基作新大邑于东国洛"，说明新大邑尚未建成，是不能称为"成周"的，因此该句中的"周"应指"宗周"。见事于"宗周"，很可能是指在将建新大邑时，五服百官前来宗周共谋建邑之事。

---

① 此句话《尚书校释译论》翻译成："四方进于治，但尚未定于功宗元祀之礼，是公之功亦尚未终毕。"其中的"敉"字，采用王国维《洛诰解》的说法，认为和《大诰》"敉文武图功"、"敉文王大命"、《立政》"亦越武王率惟敉功"中的"敉"一样，皆释为终。按：此"敉"字可能相当于毛公鼎"敉受卿事寮"的"敉"、逨盘"逨肈厥朕皇祖考服"的""，可读为"纂"，训"继"。（关于"厥"的解释，可参看裘锡圭：《读逨器铭文札记三则》，《文物》2003年第6期。）

② 顾颉刚、刘起釪：《尚书校释译论》，北京：中华书局，2005年4月，1489页。

③ 同上，1489页。

④ 曾运乾：《尚书正读》，北京：中华书局，1964年5月，209页。

⑤ 《洛诰》中还有"公不敢不敬天之休，来相宅，其作周匹，休公既定宅。"句中的"周"，彭裕商认为指"成周"。杨筠如《尚书覈诂》解释此句说："匹，诗传配也。作周匹，谓作周辅也。召诰其自时配皇天。盖公之作配于周，亦犹王之作配于天也。"裘锡圭对此说有过申论。（参看《〈洛诰〉"其作周匹休……"解》，《古代文史研究新探》，南京：江苏古籍出版社，1992年，145页。）因此，此句的"周"应理解成国名，指周邦。

⑥ 顾颉刚、刘起釪：《尚书校释译论》，北京：中华书局，2005年4月，1298—1299页。

《酒诰》的背景,据《史记·卫世家》记载,是周公旦惧康叔齿少,告以纣之所以亡者、以淫于酒。酒之失、妇人是用。故纣之乱自此始。故谓之酒诰以命之。其作于《康诰》之后不久,在营建洛邑之前。因此,文中"尽执拘以归于周"的"周"若是地名,也应该是指宗周。《召诰》"王朝步自周,则至于丰",传统解释都认为"周"指"镐京"①。"周"与"丰"极近,在一天内就能到达,表明该文中的"周"确是宗周镐京。

通过以上的讨论,可以知道《尚书》诸篇中用作地名的"周"都是指宗周镐京。《史记·周本纪》记载:"武王征九牧之君,登豳之阜,以望商邑。武王至于周,自夜不寐。"正义:"周,镐京也。"这些情况说明,文献中作为地名的"周"基本是指镐京。但这些文献所反映的时代基本都是在西周早期,在洛邑成周营建完成之前。至于西周中、晚期的情况,则要依据西周金文的材料。

金文中常见"周"作地名,用法有"王在周"、"王在周某宫"等,而"王在周某宫"又以"王在周康(某)宫"为多。关于金文中的"周",郭沫若认为彝铭中凡称周均指成周,以康宫在成周,而屡见"王在周康宫"知之。②陈梦家的观点上文已经引述,他认为在营建成周之前,周指岐周,成王以后的周指王城。唐兰根据令方彝康宫在成周的记载,认为金文"王在周康宫"的"周"是指成周。③李学勤在考释柞伯簋铭文时,认为该铭文中的"周",指宗周,即镐京。④朱凤瀚观点前已引述,认为西周都城所在如宗周、成周应都可以称为"周",因康宫在成周明见于作册令方彝,因此将缀有"康"或"康宫"的"周"归在成周。

从上引各家观点可以看出,确定金文中的"周"的具体所指的关键在于"康宫"的所在。令方彝的记载,说明康宫在成周,这是毫无疑义的。但是宗周是否也有康宫呢?应侯视工钟说明成周之外也有康宫。我们在上面已经分析过该铭文中的"周"不是指"成周",该铭文说明王从成周归于周后,在辛未

---

① 顾颉刚、刘起釪:《尚书校释译论》,北京:中华书局,2005 年 4 月,1432 页。
② 郭沫若:《两周金文辞大系图录考释》(二),北京:科学出版社,2002 年 10 月,34 页。
③ 唐兰:《西周铜器断代中的"康宫"问题》,《唐兰先生金文论集》,北京:紫禁城出版社,1995 年 10 月,141 页。但在考释高卣铭文时,唐兰认为卣铭中的"周",既非宗周,也非成周,应即王城。上面说"旁",下面说"惟还,在周",可见旁和周不在一起。因王城与成周紧邻,而旁在宗周,这是由宗周回来到周的。(唐兰:《西周青铜器分代史征》,北京:中华书局,1986 年 12 月,134 页。)
④ 李学勤:《柞伯簋考释》,《文物》1998 年第 11 期。

曰,"王各(格)于康",由荣伯入右应侯,赏赐彤弓、彤矢、马等物品(图一:1)。保利博物馆入藏的两件应侯视工钟与此基本同铭,而"康"作"康宫"(图一:2)①。铭文明确说明,"周"地有"康宫"。

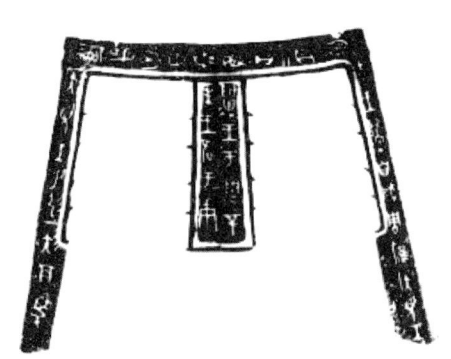

图一 1. 应侯视工钟(采自《集成》107);
　　　2. (采自《保利藏金·续》158页)

应侯视工钟的"周"既然不是指"成周",那应该指什么呢?我们认为应该是指"宗周",上文已经分析,西周文献中"周"都是指"宗周"。钟铭说王自成周归于周,这个"周"应该是王常居住的地方,将之解释作"宗周"是很合理的。西周时期,"周"作地名时,有时还指周原"岐周",如史墙盘记载"微史剌祖迺来见武王,武王则令周公舍𩫖,于周俾处"②,研究者基本都认为这个"周"指"岐周"③。李学勤曾分析过周原遗址的性质,赞成《史记·鲁周公世家》集解和索引的看法,认为周原是周公的采邑,并认为周原遗址多出膳夫的青铜器,是由于周公世官为宰的缘故。④ 朱凤瀚通过细致分析周原出土的各家族的青铜器,认为这一区域聚居着许多贵族,这些贵族,在西周晚期时分别担任师、善夫、大师、史(作册)等官职,大概因皆为王朝要臣,故被允许在周原这块距丰、镐京不远的圣地安家。他们既为王官,其本人多数当服役于宗周朝廷,只是将家族安置于此。⑤ 因此,岐周主要是作为西周

---

① 保利博物馆编著:《保利藏金》(续),广州:岭南美术出版社,2001年12月,158-159页。
② 《集成》10175。
③ 尹盛平主编:《西周微氏家族青铜器群研究》,北京:文物出版社,1992年6月。
④ 李学勤:《青铜器与周原遗址》,《新出青铜器研究》,北京:文物出版社,1990年6月,227页。
⑤ 朱凤瀚:《商周家族形态研究》(增订本),天津:天津古籍出版社,2004年7月,380页。

贵族的采邑的，不是周王经常居住的地方。所以，我们认为应侯视工钟的"周"应该是指"宗周"。这说明宗周也有康宫或康庙。

大克鼎（《集成》2836）铭文说明宗周有"穆庙"：

> 王在宗周，旦，王格穆庙，即立，中季右善夫克入门，立中廷，北向，王呼尹氏册命善夫克，王若曰：……

金文里常见"周康穆宫"，如（1）寰鼎（《集成》2819）、（2）伊簋（《集成》4287）、（3）四十二年、四十三年逨鼎①等，曶鼎（《集成》2838）作"周穆王大室"。大克鼎在宗周的"穆庙"似应即"周康穆宫"中的"穆宫"。

这样看来，不仅在成周有康宫，在宗周也是有康宫的。这种情况正如成周有京宫，而宗周也有京宫一样。成周有京宫，已见于令方彝的记载②，唐兰指出，甲戌鼎说"维四月在成周，丙戌，王在京宗"说明成周有"京宫"，"宗宫"、"京宫"和"京宗"是同一宗庙的不同名称。《吕氏春秋·古乐》说武王克殷"归，乃荐俘馘于京太室"，这些记载和《逸周书·世俘解》相合，《吕氏春秋》所说的"京太室"的"京宫"是在宗周的，当时成周还没有建成。③宗周作为西周王朝的都城所在，建有"京宫"和"康宫"是很正常的。

铜器铭文中有些作为地名的"周"，将之理解成"宗周"，比理解成"成周"更贴切：

1. 克钟（《集成》204，宣王）

> 惟十又六年九月初吉庚寅，王在周康剌宫，王呼士智召克，王亲令克遹泾东至于京师，赐克甸车、马乘。

铭文中的"京师"，又见于多友鼎。④ 两器时代相近，论者多将两器中的

---

① 杨家村联合考古队：《陕西眉县杨家村西周青铜器窖藏发掘简报》，《文物》2003年第6期。
② 令方彝："既咸令，甲申，明公用牲于京宫，"（《集成》9901）
③ 唐兰：《西周铜器断代中的"康宫"问题》，《唐兰先生金文论集》，北京：紫禁城出版社，1995年10月，119－120页。
④ 田醒农、雒忠如：《多友鼎的发现及其铭文试释》，《人文杂志》1981年第4期。器铭收入《集成》2835。

"京师"联系在一起分析。关于"京师"的所在,学界主要存在以下三种观点:1. 晋国的九京或九原,在今山西新绛县北;① 2.《诗·公刘》中的"豳",在今彬县东北;② 3. 宗周镐京。③ 对于第 1 种观点,持第 2、3 种观点的学者已辨其非。持第 3 种观点的刘雨在其论作中,将克钟铭文中的"周"解释作"岐周",克钟中的"周"地有"康剌宫",从上文分析岐周的性质来看,将"周"视作"岐周"的可能性不大。如果把"京师"解释成是宗周,那么,克钟中的"周"只能是指成周。但从成周到宗周是无需循着泾水的。因此,我们认为克钟和多友鼎铭文中的"京师"应该是指"豳"地。"京师"地望的确定,为克钟中"周"的地望的确定提供了参考,如果认为"周"指"成周",王在成周命令"克"从成周出发,循着离成周千里之外的泾水东岸到豳地,这似乎不太合情理。因此,克钟中的"周"应该是指宗周,因为宗周离泾水和渭水的交界处不远。

2. 穆公簋盖(西周中期,《集成》4191)

惟王初女(如),迺自商𠂤(师)复还至于周。王夕飨醴于大室。穆公友,𤔲,王呼宰利赐穆公贝二十朋,穆公对扬王休,用作宝皇簋。

李学勤认为,"商师"是地名,例同"洛师"。商近于周,当即战国时商君的商。《史记·商君列传》集解引徐广云:"弘农商县也。"正义云:"商洛县在商州东八十九里,本商邑,周之商国。"簋铭所载周王前往之地在宗周东南方,归途行经商师,正是通向宗周的要道。④ 将铭文中的"周"解释成宗周。

另外,五祀卫鼎(《集成》2832)里有"邵大室"的记载:

> 惟正月初吉庚戌,卫以邦君厉告于井伯、伯邑父、定伯、亮伯、伯俗父:"日厉曰:'余执龏王卹工,于邵大室东朔营二川',曰:'余舍汝田五田'。"正迺讯厉曰:"汝贾田否?"厉迺许曰:"余审贾

---

① 郭沫若:《两周金文辞大系图录考释》(二),克钟、晋姜鼎等器考释,北京:科学出版社,2002 年 10 月。
② 李学勤:《论多友鼎的时代及意义》,收入李学勤:《新出青铜器研究》,北京:文物出版社,1990 年 6 月,126 页。
③ 刘雨:《多友鼎铭的时代与地名考释》,《考古》1983 年第 2 期;刘桓:《多友鼎"京师"地名考辨》,《人文杂志》1984 年第 1 期。
④ 李学勤:《穆公簋盖在青铜器分期上的意义》,收入李学勤:《新出青铜器研究》,北京:文物出版社,1990 年 6 月,68 页。

田五田。"井伯、伯邑父、定伯、亮伯、伯俗父迺觏，使厉誓，迺令三有司司土邑人逋、司马頮人邦、司工隋矩、内史友寺刍帅履裘卫厉田四田，迺舍寓于厥邑，厥朔疆眔厉田、厥东疆眔散田、厥南疆眔散田、眔政父田，厥西疆眔厉田。邦君厉眔付裘卫田，厉叔子夙，厉有司申季、庆癸、燹鹿、荆人敢，井人偶屖。卫小子𧧅其向，匋。卫用永宝用，惟王五祀。"

铭文中的"邵大室"即"昭大室"，指昭宫的大室。关于"余执龏王卹工，于邵大室东朔营二川，曰：余舍汝田五田"这句话，唐兰解释为：厉办理恭王勤政的事，在邵王的太室东北，临时禜祭泾渭两条大川的神，恭王给厉五百亩田。① 李学勤认为裘卫主供王服，是管皮裘的官，生产皮革用品离不开水，所以看中了厉所占有位于昭太室东北的田地，想在那有着围绕两条流水的地方居住，好经营他的毛皮生产。虽然厉的地只有四田，他却提出以多易少，用五田去交换，邦君厉即矩伯。② 似以李先生的解释较为合理。根据其解释，厉交换给裘卫的四田应该是位于昭大室东北的二川周围。从铭文记载这四田的四至可以知道，这四田的周边跟厉原来的田、散田以及政父田接壤。据研究，散氏是散宜生的后代，从散氏盘可知，散氏至西周晚期时已经拥有广阔土地，其土田采邑与地处宝鸡一带的矢国接壤，散氏大宗之族居住在周原一带。③ 裘卫的居处从其青铜器窖藏的出土地点来看，当在今岐山董家村一带。邦君厉为王畿内的小国国君，其地虽不可考，但估计应在宗周或周原一带。虽然贵族的居所与其田地多不接壤④，但从这几家贵族的分布来看，位于厉交换给裘卫的四田西南的昭大室，应该不会是成周的昭大室，而应是在宗周的昭大室。从金文常见"周康昭宫"可知⑤，昭大室是在周康宫里的，因此，"周康昭宫"应该在宗周。

此外，在同一篇铭文中，存在"周"和"成周"，或"宗周"和"成周"

---

① 唐兰：《陕西省岐山县董家村新出西周重要铜器铭辞的译文和注释》，《文物》1976 年第 5 期，收入《唐兰先生金文论集》，北京：紫禁城出版社，1995 年 10 月，194 页。
② 李学勤：《试论董家村青铜器群》，《文物》1976 年第 6 期，收入李学勤：《新出青铜器研究》，北京：文物出版社，1990 年 6 月，98 页。
③ 朱凤瀚：《商周家族形态研究》（增订本），天津：天津古籍出版社，2004 年 7 月，357 页。
④ 同上，322－323 页。
⑤ 如（1）鄂簋盖（4296），此器记王在"周邵宫"，应该是指康宫里的"邵宫"；（2）颂鼎（2827）；（3）鼎（2815）。

一起出现的现象，但还没有发现"周"和"宗周"同出的情况：

A. "周"和"成周"同出：

1. 王归自成周，应侯视工遗王于周。辛未，王各于康。（应侯视工钟（《集成》107）

2. 惟三年五月既生霸甲戌，王在周康邵宫，旦，王各大室，……王曰：颂，令汝官司成周贾二十家，监司新寤贾，用宫御。（颂鼎，《集成》2827）

B. "宗周"和"成周"同出：

3. 王在宗周，令史颂䭽苏㵾友、里君、百姓，帅堣盩于成周。（史颂鼎，《集成》2787）

4. 惟王三十又三年，王亲遹省东国、南国。正月既生霸戊午，王步自宗周。二月既望癸卯，王入各成周。（晋侯苏编钟，《上海博物馆集刊》1996年第7期3页）

5. 惟十月甲子，王在宗周，令师中眔静省南国，相埶虞。八月初吉庚午，至告于成周。（静方鼎，《文物》1998年第5期85页）

6. 惟王二十又三年九月王在宗周，王令善夫克舍令于成周遹征八师之年。（小克鼎，《集成》2796-2782）

7. 惟王大禴于宗周，徟饔莽京年，在五月既望辛酉，王令士上眔史黄窎于成周。（士上卣，《集成》5421，5422）

"周"和"宗周"没有同出的现象，似乎也暗示着"周"即是指宗周。

通过以上对部分金文中的"周"的讨论，结合我们对文献中作为地名的"周"的认识，我们认为，西周金文中作为地名的"周"，很可能多是指宗周。把"宗周"称为"周"，大概是因为宗周一直是西周的国都所在。而成王时虽然营建成周，但并没有迁都于成周。成周的作用，是因为其是"天下之中，四方入贡道里均"①，突出的是对四方诸侯的管理。这一点在西周金文中也表现得比较明显（详后文讨论成周的政治功能）。太史公曰："学者皆称周伐纣，居洛邑，综其实不然。武王营之，成王使召公卜居，居九鼎焉，而周复都丰、

---

① 《史记》，113页。

镐。至犬戎败幽王,周乃东徙于洛邑。"① 说明西周时期,王都一直是宗周镐京。此外,西周册命金文的出土地反映了这样一种情况:册命金文中,记载有"王在周"或"王在周某宫"的铜器基本都出土于丰镐遗址或周原遗址一带②,这说明这些西周王朝的官员平时多数是生活在丰镐遗址或周原遗址一带。朱凤瀚在考察周原出土的青铜器群后指出,聚居于这一区域的诸贵族,在西周晚期分别担任师、善夫、大师、史(作册)等官职,大概是因皆为王朝要臣,故被允许在周原这块距丰、镐不远的圣地安家。③ 周王频繁的在"周"的"康宫"里册命官员,册命场所似不应离他们的居住区过于遥远,且宗周在终西周之世一直为西周都城所在,因此虽然成周和宗周均建有京宫、康宫等宗庙建筑,但我们倾向于认为金文的"周康宫"应指在宗周的康宫。

二、宗周的政治功能

宗周作为西周王都,是西周的政治中心所在。下面我们主要通过西周金文来考察宗周在西周时期的政治功能,在金文材料中,宗周包括"宗周"和"周"两个名称。在下面的讨论中,我们将两者分开进行:

(一)"宗周"

发布王命:

如静方鼎,王在宗周命师中和静省南国、相埶(设)虞;④ 史颂鼎(铭文见前引),王在宗周命令史颂"䞍苏㵸友里君、百姓,帅堣盩于成周";微鬱鼎,王在宗周命令微鬱摄司九陂;⑤ 小克鼎,王在宗周命克舍命成周遹征八师。⑥

册命王官:

如大盂鼎,王在宗周命盂"召荣敬雝德经,敏朝夕入谏"、"召夾死司戎,敏谏罚颂";⑦ 同簋,王在宗周命同左右吴大父司场、林、虞、牧。⑧ 善鼎,

---

① 《史记》,170 页。
② 参看附表二《西周官员铜器出土地考察》。
③ 朱凤瀚:《商周家族形态研究》(增订本),天津:天津古籍出版社,2004 年 7 月,380 - 381 页。
④ 徐天进:《日本出光美术馆收藏的静方鼎》,《文物》1998 年第 5 期。
⑤ 《集成》2790,西周晚期。关于"摄"字,说法较多,但尚无定论,为行文方便,本文暂依郭沫若说。
⑥ 《集成》2796,厉王时期。
⑦ 《集成》2837,康王时期。
⑧ 《集成》4270,恭懿时期。

王在宗周大师宫册命善辅佐"彔侯燹监师戍"①；趞簋，王在宗周命趞"作燹师冢司马"②；班簋，王在宗周命毛伯班"更虢城公服，粤王位作四方极"③。矜簋，王在宗周册命矜"邑于郑"④。

大克鼎，王在宗周申命克"出入王命"⑤。

举行祭祀礼仪：

1. 祷祭

王在宗周举行祷祭，见于献侯簋和叔簋，献侯簋记载"成王大祷在宗周"⑥，叔簋记载王祷于宗周⑦，两器的年代都在西周早期。

2. 禴祭

见士上卣"王大禴于宗周"⑧。

3. 燎祭

见庸伯取簋："惟王伐逨鱼，诞伐□黑，至，燎于宗周"⑨。王征伐归来，举行饮至礼，燎于宗周。此燎祭，应该和小盂鼎的"燎周"相当，《逸周书·世俘解》亦有"武王朝至燎于周"⑩，都和献俘有关。是指以玉与牲置于柴上而焚烧的祭祀方法。

诸侯、大臣述职

匽侯旨鼎记载"匽侯旨初见事于宗周"，作册䰙卣记载"公大史见服于宗周"，麦方彝记载"（井）侯见于宗周"⑪。铭文中的"见事"、"见服"或"见"，是指匽侯、公大史和井侯来宗周向周王述职。⑫

（二）"周"

册命官员

---

① 《集成》2820，西周中期。
② 《集成》4266，穆王时期。
③ 《集成》4341，穆王时期。
④ 朱凤瀚：《西周金文中的"取徽"与相关诸问题》，陈昭容主编：《古文字与古代史》第一辑，台北：中研院史语所，2007年8月，191—212页。器物图版见209—211页，恭王时期。
⑤ 《集成》2836，厉王时期。
⑥ 《集成》2626。
⑦ 《集成》4132。
⑧ 《集成》5421，昭王时期。
⑨ 《集成》4169。
⑩ 黄怀信等撰：《逸周书汇校集注》（修订本），上海：上海古籍出版社，2007年3月，436页。
⑪ 分别见于《集成》2628、5432、6015，都是西周早期器。
⑫ 董珊：《谈士山盘铭文的"服"的含义》，《故宫博物院院刊》，2004年第1期。

西周金文常见王在"周"的某宫册命官员。我们按照所在宫庙的名称分别说明：

1. 周康宫：

记载王在周康宫册命官员的金文有：（1）师遽方彝（穆王，《集成》9897）；（2）应侯视工钟（恭王，《集成》107）；（3）走马休盘（恭王，《集成》10170）；（4）申簋盖（恭懿时期，《集成》4267）；（5）辅师簋（恭王前后，《集成》4286）；（6）扬簋（夷厉时期，《集成》4294）；（7）师颖簋（《集成》4312）；（8）元年师兑簋（厉王，《集成》4274）。

2. 周康邵宫

记载王在周康邵宫册命官员的金文有：（1）鄂簋盖（厉王，《集成》4296），此器记王在"周邵宫"，应该是指康宫里的"邵宫"；（2）颂鼎（厉王，《集成》2827）；（3）趞鼎（宣王，《集成》2815）。

3. 周康穆宫

记载王在周康穆宫册命官员的金文有：（1）曶鼎（懿王①，《集成》2838），为"周穆王大室"；（2）寰鼎（厉王，《集成》2819）；（3）伊簋（厉王，《集成》4287）；（4）四十二年、四十三年逨鼎②（宣王）。

4. 周新宫

记载王在周新宫册命官员的金文有：（1）师汤父鼎（《集成》2780）；（2）十五年趞曹鼎（《集成》2784）；（3）师虢簋（《集成》4214）；（4）望簋（《集成》4272）；（5）殷簋③；（6）虎簋盖④；（7）士山盘⑤。唐兰将趞曹鼎、师汤父鼎、师虢簋、望簋的年代都定在恭王时期，认为"新宫"是周穆王的庙。⑥朱凤瀚认为"新宫"应该是限于一段时期内的名称，周"新宫"之称大抵使用于恭王到孝王阶段内。⑦李学勤认为"周新宫"之称始见于穆王

---

① 曶鼎的历日与师虎簋相合，为后者的第二天，师虎鼎的年代我们认为在懿王元年，参看何景成：《论师询簋的史实和年代》，《南方文物》2008 年第 4 期。
② 杨家村联合考古队：《陕西眉县杨家村西周青铜器窖藏发掘简报》，《文物》2003 年第 6 期。
③ 呼林贵、薛东星：《耀县丁家沟出土西周窖藏青铜器》，《考古与文物》1986 年第 4 期。
④ 王翰章、陈良和、李保村：《虎簋盖铭简释》，《考古与文物》1997 年第 3 期。
⑤ 朱凤瀚：《士山盘铭文初释》，《中国历史文物》，2002 年第 1 期。
⑥ 唐兰：《西周铜器断代中的康宫问题》，唐兰：《唐兰先生金文论集》，北京：紫禁城出版社，1995 年 10 月，128 页。
⑦ 朱凤瀚：《士山盘铭文初释》，《中国历史文物》，2002 年第 1 期。

后半期，延用于恭王之世①。以上诸家对"新宫"时代的看法虽略有出入，但基本认为"新宫"是穆王的庙。

5. 周康夷宫

记载王在周康夷宫册命官员的金文有：（1）此鼎（宣王，《集成》2821）；（2）吴虎鼎②（宣王）。

6. 周康剌（厉）宫

克钟记载了王在周康剌宫册命官员，其年代为宣王时期。

7. 周庙

记载王在"周庙"册命官员的金文有：（1）盠方尊（穆王，《集成》6013）；（2）善夫山鼎（宣王，《集成》2825）③；（3）无惠鼎（宣王，《集成》2814）；（4）四十三年逑鼎（宣王）；（5）虢季子白盘（宣王，《集成》10173）。

8. 大庙

记载王在周的"大庙"册命官员的金文有：（1）免簋（懿孝时期，《集成》4240）；（2）三年师兑簋（夷王，《集成》4318）。

9. 周大室

有部分西周金文记载，王在周，格"大室"，在"大室"中册命官员：（1）親簋④（穆王）；（2）二十七年卫鼎（穆王，《集成》4256）；（3）走簋（恭王，《集成》4244）；（4）师簋（厉王，《集成》4324）；（5）趩鼎（孝王，《集成》6516）；（6）敔簋（西周晚期，《集成》4166）。

10. 周成大室

吴方彝盖铭文（《集成》9898）记载王在"周成大室"册命"吴"。

11. 周师某宫

金文记载王在周师录宫、周师量宫、周师司马宫进行册命。I. 周师录宫：（1）师晨鼎（《集成》2817）；（2）师俞簋盖（《集成》4277）；（3）谏簋

---

① 李学勤：《对"夏商周断代工程"西周历谱的两次考验》，《中国社会科学院研究生院学报》，2002年第4期。收入李学勤：《中国古代文明研究》，上海：华东师范大学出版社，2005年4页，335页。
② 穆晓军：《陕西长安县出土西周吴虎鼎》，《考古与文物》1998年第3期。
③ 此铭只记载"王在周，格图室"，参照无惠鼎的"王各于周庙，有于图室"，可知"图室"似应该在周庙。
④ 王冠英：《親簋考释》，《中国历史文物》，2006年第3期。

（《集成》4285）；（4）癞盨（《集成》4462）；（5）宰兽簋。① II. 周师量宫：大师虘簋（《集成》4251）；III. 周师司马宫：（1）师瘨簋盖（《集成》4283）。（2）殳簋盖（《集成》4243），作"王在师司马宫大室"，该册命铭文的右者是"井伯"，"师司马宫"应该即指师簋盖的"周师司马宫"。

12. 师汓父宫

牧簋（《集成》4343）记载王在周的师汓父宫册命牧。

13. 周般宫

七年趞曹鼎记载王在周般宫册命趞曹。

上引第7项的"周庙"，又见于塱方鼎（《集成》2739）、小盂鼎（《集成》2839）。塱方鼎铭文记载周公伐东夷，克丰伯、博姑后，献俘于周庙。②铭文中的周庙，唐兰认为是指周都的宗庙，同于《逸周书·世俘解》中的周庙。③ 这说明"周庙"在宗周。

小盂鼎的年代，因铭中提到祭祀周王、武王和成王，论者均将其年代定在康王时期。鼎铭所载是周康王征伐鬼方、献俘庆赏的事迹。其献俘程式可以和《逸周书·世俘解》相比照。④ 小盂鼎铭多次提到王格"周庙"，"周庙"即"京宫"（见下文），成周和宗周均有京宫，小盂鼎中的"周庙"应该在宗周还是成周呢？我们认为应该在宗周。《尚书·顾命》记载成王死后，康王在先王之庙先受顾命之诫而后举行即天子之位的典礼。《史记·周本纪》描述为："成王既崩，（召公、毕公）二公率诸侯，以太子钊见于先王庙，申告以文王、武王之所以为王业之不易。"⑤《顾命》里的"先王之庙"应即小盂鼎的"周庙"。《顾命》中康王的即位大典应该是在在宗周举行的，该文中提到"今王敬之哉。张皇六师、无坏我高祖之命"⑥，"六师"是指"西六师"，这反映出当时是在宗周。

虢季子白盘出土于宝鸡虢川，铭文记载虢季子白，博伐玁狁于洛之阳，折首执讯，献俘于王，王在周庙嘉赏虢季。这个周庙也应该在宗周。

---

① 罗西章：《宰兽簋铭略考》，《文物》1998年第8期。
② 此从唐兰说，参看唐兰：《西周青铜器铭文分代史征》，北京：中华书局，1986年12月，43页。
③ 同上，44页。
④ 李学勤：《小盂鼎与西周制度》，《历史研究》，1987年第5期。收入《当代学者自选文库·李学勤卷》，合肥：安徽教育出版社，1999年5月，286页。
⑤ 《史记》，134页。
⑥ 顾颉刚、刘起釪：《尚书校释译论》，北京：中华书局，2005年4月，1839页。

从以上的讨论可以确定，周庙在宗周。

上文我们引用过唐兰说法，认为宗周也有"京宫"。我们认为，宗周的"周庙"和"京宫"应该是指同一个地方。《吕氏春秋·古乐》武王伐殷，"归，乃献俘馘于京大室"①，唐兰指出"京大室"是指京宫的大室。《逸周书·世俘解》记载武王献俘馘的地点是在"周庙"。由此可见，"周庙"又可称为"京宫"。唐兰认为"京宫"是祭祀太王、王季、文王、武王、成王的宗庙，这一点在小盂鼎中亦有证明，该鼎铭记载康王祭祀的对像有"……禘周王、[武]王、成王……"。

上引第 8 项的在"周"地的"大庙"，应是指周的始祖庙，即后稷之庙。第 9 项，王在周时所格的"大室"，则不知是否是周庙的大室。第 10 项的"周成大室"，唐兰认为是指成宫的大室。②

第 11 项的"周师"，还见于免簋（《集成》4240）、守宫盘（《集成》10168）、狱盉、盘和狱簋（丙）③，《西周金文官制研究》一书认为，从守宫盘铭文来看，"王在周，周师光守宫事"，此周师似为周地之师，即周地的地方军事长官。④ 狱盉和狱簋（丙）铭文证明了这一看法，两器铭文记载，狱曰："朕光尹周师右告狱于王"，狱称"周师"为"光尹"，可见是其官长。从上引守宫盘可知，"周师"的"周"和我们前面讨论的作为地名的"周"是指同一个地点⑤，"周师"似可理解成是宗周的"师"。

陈梦家认为"周师录"就是师痵簋盖⑥的"司马井伯亲"，"周师录宫"就是"周师司马宫"，"司马共"应是井伯的下一代。⑦ 韩巍赞成其说，并进而认为，狱组器的年代在穆恭之际，守宫盘和免盘多被定为懿王时器，因此这些铭文中的"周师"可能非一人。孝夷时期的大师虘簋铭文中的"周师量"，与"周师录宫"同例，说明"周师量"此时已去世，那么他应该是与"周师

---

① 陈奇猷：《吕氏春秋新校释》，上海：上海古籍出版社，2002 年 4 月，289 页。
② 唐兰：《西周铜器断代中的康宫问题》，《唐兰先生金文论集》，北京：紫禁城出版社，1995 年 10 月，141 页。
③ 狱所作的一组青铜器由上海崇源艺术拍卖公司从海外购回，最早在陈全方、陈馨《新见商周青铜器瑰宝》一文公布（《收藏》2006 年第 4 期）。后来吴镇烽在《狱器铭文考释》一文（《考古与文物》2006 年第 6 期）中公布了较为清晰的铭文拓片和器形照片。
④ 张亚初、刘雨：《西周金文官制研究》，北京：中华书局，1986 年 5 月，第 7 页。
⑤ 守宫盘铭文作：惟正月既生霸，乙未，王在周，周师光守宫，事（使）赞（祼）……
⑥ 见《集成》4283、4284。
⑦ 陈梦家：《西周铜器断代》，北京：中华书局，2004 年 4 月，164 页。

录"同时或更早的另一位"周师"。"周师"是井伯家族世袭的另一个职位,或即"周地之师氏",比冢司马的级别要低。① 关于"周师"的问题,我们在讨论西周地方行政的时候再作进一步分析。

从第1项到第6项,我们可以知道,周康宫里还含有"昭、穆、夷、厉"等四宫。唐兰认为从令彝可知,"康宫"和"京宫"是并举的,"京宫"里所祭的是太王、王季、文王、武王和成王五人。"康宫"里包含的也恰好是五个宫,祭祀的是康王、昭王、穆王、夷王和厉王五人。② 从目前的资料来看,这一观点还是正确的。至于为什么"宗周列王中康王之庙独尊",则还是个尚存疑问的问题。③

从上列资料可知,西周王朝经常在"周"地册命官员,而册命的场所多在"周"地的"康宫"或"康宫"内的某宫进行。我们在前面已经分析说明这些"周",应基本指"宗周"。这说明"宗周"在西周时期因一直作为王都的所在,一直是西周的政治中心,官员多在此地受命,其办事机构应该主要设立在宗周。

发布王命

克钟(《集成》204)记载,王在周康剌宫,亲命克"遹泾东至于京师"。

处理贵族间的争讼

攸比鼎(《集成》2818)记载王在周康宫㝙大室处理攸比和攸卫牧之间关于田地方面的狱讼。

举行各种典礼

1. 饮至

---

① 韩巍:《𫄧簋年代及相关问题》,北京大学古代文明研究中心编:《古代文明》第六卷,北京:文物出版社,2007年12月,155-170页。
② 唐兰:《西周铜器断代中的康宫问题》,《唐兰先生金文论集》,北京:中华书局,1995年10月,126页。
③ 唐兰认为,康王之庙独尊,是因为西周初年,武王、成王和康王都曾封过大批的诸侯。《左传·昭公26年》说:"昔武王克殷,成王靖四方,康王息民,并建母弟以蕃屏周。"武王的母弟是祭文王的,成王的母弟是祭武王的,康王的母弟是祭成王的,而"文、武、成"三王都在"京宫"内祭祀,所以"京宫"是周王室和周姓诸侯共同的宗庙。而康王的宗庙是周王室自己的,以康宫为尊,和当时的昭穆制度有关。(参看《西周铜器断代中的康宫问题》,《唐兰先生金文论集》,126-127页。)朱凤瀚则认为,"康"近于一个区域名,康王以后诸王宗庙因为都建立在此区域内,所以皆在其宫名前加"康"或"康宫",是表明其所在地,而不是因为格外尊崇康王。(参看朱凤瀚:《<召诰>、<洛诰>、何尊与成周》,《历史研究》2006年第1期)

①塱方鼎（《集成》2739）

惟周公于伐东夷，丰伯、博姑咸杀。公归，禀于周庙。戊辰，饮秦饮，公赏塱贝百朋，用作尊鼎。

②高卣（《集成》5431）

惟十又二月，王初饔荼，惟还在周。辰在庚申，王饮西宫，蒸。咸釐……

③穆公簋盖（《集成》4191）：

惟王初女（如）㱃，迺自商师复还至于周。王夕飨醴于大室，穆公友，㱃。王呼宰利赐穆公贝二十朋，穆公对扬王休，用作宝皇簋。

塱方鼎中的"饮秦饮"，谭戒甫读为"饮臻饮"，认为和西周时期的"饮至"相同。① 极有见地。李学勤指出，周原甲骨文也发现有"王饮臻"的记载。②《左传》常见关于"饮至"的记载，杨伯峻解释说："凡国君出外，行时必告于宗庙，还时亦必告于宗庙。还时之告，于从者有所慰劳，谓之饮至。其有功劳者且书之于策，谓之策勋或书劳。"③"饮至"在周原甲骨即有记载，一直延续到《左传》，说明此种礼仪是周人比较重要的典礼。"饮至"礼都与王的活动有关，塱方鼎记周公能行此典礼，李学勤认为是因为周公当时的特殊身份。④

高卣记载王从荼回到周后，在庚申之日，王饮于西宫。这应该是指在西宫举行"饮至"之礼。穆公簋盖记载王如某地，由商师回到周，在大室飨醴。这也应该和"饮至"礼有关。高卣和穆公簋盖关于"饮至"礼的记载，也反映出两器中的"周"是指"宗周"。因为西周时期，王经常居住的地方是宗周。

2. 执驹礼

达盨（《集录》506）铭文记载王在周的廙举行执驹礼。

3. 献俘

《逸周书·世俘解》记载武王在周庙献俘，康王时期的小盂鼎（《集成》2839）记载，盂在周庙献俘。

4. 大射礼

---

① 谭戒甫：《西周〈塱鼎铭〉研究》，《考古》1963年第12期。
② 李学勤、王宇信：《周原卜辞选释》，《古文字研究》第四辑，北京：中华书局，1980年12月，254页；李学勤：《小盂鼎与西周制度》，《历史研究》，1987年第5期。
③ 杨伯峻：《春秋左传注》，北京：中华书局，1990年5月，42页。
④ 李学勤：《小盂鼎与西周制度》，《历史研究》，1987年第5期。

柞伯簋①记载，王在周举行大射礼。关于西周的射礼，可参看刘雨《西周金文中的"周礼"》一文。②

5. 大祀礼

保卣（《集成》5415）以大事纪年，"遘于四方迨王大祀祓于周"。说明在这一年，四方诸侯会聚于周举行大祀。

三、成周的政治功能

何尊（《集成》6014）记载武王克商后，曾廷告于天曰："余其宅兹中国，自之辥民。"武王的这一愿望在《逸周书·度邑解》及《史记·周本纪》中均有记载。周公摄政五年时开始营建洛邑成周，完成武王遗志。西周时期，成周作为西周的东都所在，是西周王朝的另一个政治中心。成周的政治作用，杨宽曾作过较好的归纳，兹转录如下：

第一，建设成周是为了居住许多周贵族，并集中迁移殷贵族到成周东郊，以便加强监督、管理和利用，从而巩固新建的周朝政权。

第二，成周建成以后，东西两都并立，两都的京畿连成一片，形成统治四方的政治中心，巩固了全国的统一。在周朝的东西两都中，虽然周天子长居西都，成为周王朝的统治中心，但是在具体的政治作用上，东都却比西都重要得多。因为成周正是四方的中心，对于四方诸侯以及周围夷戎部落的事，都必须由成周的中央政权机构管理。

第三，成周成为征收四方贡赋的中心，粮食财物积储的中心，从而成为全国经济的中心。③

杨宽较为全面地总结了成周在西周时期的政治功能。在这些功能中，应该强调的是成周作为四方中心，对管理四方诸侯，特别是东夷和淮夷的作用，其管理四方诸侯的目的，主要是为了保证贡赋的征收。

金文资料体现，西周时期王派人省视南国、东国或征伐东夷、淮夷时，是以成周作为指挥中心的。

1. 静方鼎（昭王，《文物》1998年第5期85页）

惟十月甲子，王在宗周，令师中眔静省南国，相埶𧾷。八月初吉

---

① 王龙正等：《新发现的柞伯簋及其铭文考释》，《文物》1998年第9期。
② 载《燕京学报》新三期，北京：北京大学出版社，1997年8月，55-111页。
③ 杨宽：《西周史》，上海：上海人民出版社，1999年11月，540-548页。

庚午，至告于成周。月既望丁丑，王在成周大室令静曰：俾（俾）女（汝）□司在曾、鄂㠯。

2. 詅簋（昭王，《集成》3950、3951）

鸿叔从王员征楚荆，在成周，詅作宝簋。

研究者已经指出，静方鼎、詅簋记载了昭王南征伐楚的事迹，可以和昭王时期的一批铜器如安州六器等相联系，并依据这一组铜器对昭王伐楚的战事进行排谱。① 虽然在具体的排谱上尚存在争议，但基本认为静方鼎在诸器物中年代较早。该铭文反映昭王先在宗周命令师中和静先行，省南国、设廙，为伐楚的战事作准备。王丁次年八月来到成周，具体部署伐楚之事。

3. 虢仲盨盖（厉王，《集成》4435）

虢仲以（与）王南征，伐南淮夷，在成周。作旅盨，兹盨友十又二。

论者多认为此篇铭文反映了的是厉王时期南伐淮夷之事，《后汉书·东夷传》记载："厉王无道，淮夷入寇，王命虢仲征之，不克。"盨铭中的虢仲或即《后汉书》中的"虢仲"。中国国家博物馆新入藏一件柞伯鼎，也记载了虢仲参与征伐南国之事，朱凤瀚认为柞伯鼎的年代为厉、宣时期，鼎铭中的虢仲与虢仲盨的虢仲很可能是一个人。② 从虢仲盨铭文，此次战役很可能是以成周为指挥中心的。

4. 晋侯苏编钟（《上海博物馆集刊》1996 年第 7 期 3 页）

惟王三十又三年，王亲遹省东国、南国。正月既生霸戊午，王步自宗周。二月既望癸卯，王入各成周，二月既死霸壬寅，王儥往东，三月方死霸，王至于葊，分行。王亲令晋侯苏率乃师，左洀（复），蘁，北洀（复），□，伐夙夷。晋侯苏折首百又二十，执讯二十又三夫。王至于勳城，王亲遠省师。王至晋侯苏师，王降自车，立南向，亲命晋侯苏：自西北隅敦伐勳城。晋侯率厥亚旅、小子、甙或人先陷入，折首百，执讯十又一夫。王至，淖淖烈烈，夷出奔。王令晋侯苏率大室、小臣、车仆，从遝逐之。晋侯折首百又一十，执讯二十夫。大室、小臣、车仆折首百又五十，执讯六十夫。惟反归在成周，公族整师，宫。

---

① 李学勤：《静方鼎与昭王历日》，《夏商周年代学札记》，沈阳：辽宁大学出版社，1999 年 10 月，22－30 页；《静方鼎考释》，《第三届国际中国古文字学研讨会论文集》，香港中文大学编。彭裕商：《西周青铜器年代综合研究》，成都：巴蜀书社，2003 年 2 月，255－270 页。
② 朱凤瀚：《柞伯鼎与周公南征》，《文物》2006 年第 5 期。

5. 敔簋（厉王，《集成》4323）

惟王十月，王在成周，南淮夷遷殳内伐湡、昴、参泉、裕敏、阴阳洛。王令敔追袭于上洛㷿谷，至于伊班、长枋。捷首百执讯四十，夺孚人四百。畣于荣伯之所于㷿。卒津，复付厥君。惟王十又一月王各于成周大庙，武公入右敔，告禽馘百、讯四十。王蔑敔暦，使尹氏受釐敔圭瓒□贝五十朋，赐田于敔五十田、于早五十田。敔敢对扬天子休，用作尊簋，敔其万年子子孙孙永宝用。

晋侯苏钟的年代，尚存争议，观点主要有两种：（1）厉王时期；（2）宣王时期。持前说者有马承源、王世民、李学勤等，认为钟铭的"王三十又三年"是厉王33年。持后说者主要有王恩田、王占奎、裘锡圭等先生，但具体观点还有差别，王恩田认为是在宣王33年，王占奎认为是在钟铭的"三十又三年"是宣王即位的33年，亲政19年，宣王自共和第一年起就应称王。裘锡圭赞成王占奎的说法①。争论的焦点主要是铭文所记晋侯苏的活动时期如何与文献记载相调和。这一问题的解决，还有待更多的资料和深入的研究。

晋侯苏钟说明，王征伐东国、南国时，先来到成周，战事结束后，"反归在成周"，说明"成周"是王征伐东国和南国时的指挥中心。敔簋铭文说明，王在成周部署抵御南淮夷的入侵，战事结束后，在成周大庙举行献俘仪式。敔簋所体现的成周在伐南淮夷的战略作用与晋侯苏钟类似。

另外，金文反映西周时期进行东方或南方战事时，主要依靠成周八师的力量。

6. 小臣謎簋（西周早期，《集成》4238）

虘！东夷大反，伯懋父以殷八师征东夷，惟十又二月，遣自𣪘𠂤，述东陾伐海眉。雩厥复归在牧次。伯懋父承王令赐师率征自五齵贝，小臣謎蔑暦眔赐贝，用作宝尊彝。

殷八师即成周八师，铭文说明东夷反叛时，周王朝是以成周八师去征伐的。

7. 竞卣（穆王，《集成》5425）

惟伯遲父以成𠂤即东，命戍南夷。正月既生霸辛丑，在坏，伯遲父皇竞，

---

① 参看马承源：《晋侯苏编钟》，《上海博物馆集刊》（七），上海：上海书画出版社，1996年，1－17页；王世民等：《晋侯苏钟笔谈》，《文物》1997年第3期。

格于官，竸蔑历，赏竸章，对扬伯休，用作父乙宝尊彝，子孙永宝。

竸又称御史竸（见竸簋，《集成》4134），传1926年出土洛阳邙山庙沟。作器者竸，郭沫若认为即叡尊（《集成》6008）的"仲竸父"，并定竸卣的年代为穆王时期。① 甚确。"成𠂤"一词，又见于小臣单觯（《集成》6512）。郭沫若认为"成"乃"成皋"，在古乃军事重镇，与孟津相近。② 陈梦家认为"成"即《史记·管蔡世家》"封叔武于成"之"成"，诸家关于"成"的封地地望说法不一，似以濮县之成较为合适。此成介于东西朝歌与曲阜之间，乃是克商以后、践奄途中的中点。③ 《商周青铜器铭文选》认为，成当是成周，何尊铭"王初雍宅于成周"，是洛邑在成王营成之前已有成周之称，成周应是营成周居之意④。卣铭中的"坏"，王国维指出与鄂侯驭方鼎的"柇"同，即大坏。⑤ 该字又见于麦方尊，彭裕商认为麦方尊中的"柇"离河南温县不远，是邢国的始封地。⑥ 鄂侯驭方鼎记载："王南伐角僪，惟还自征，在柇"，结合竸卣可知，"柇"是王师出伐南夷和角僪的必经之地。竸卣铭文说明，"成𠂤"在"柇"的西方。因此，"成𠂤"的"成"似因理解为成周较为合适。

8. 录卣（穆王，《集成》5419）

王令或曰：䢔，淮夷敢伐内国，汝其以成周师氏戍于由𠂤。伯雍父蔑录历，赐贝十朋。录拜稽首，对扬伯休，用作文考乙公宝尊彝。

此器年代，论者多认为是穆王时期，可信。"成周师氏"的"师氏"，郭沫若认为即伯雍父，又称师雍父。⑦ 郭说不正确，或在伯或簋中称"伯或"，李学勤指出伯或即伯雍父（师雍父），一字一名。⑧ 穆王时期，师雍父曾主持南方战事，相关青铜器有录簋、遹簋、𢕌鼎、稽卣、叡尊以及陕西扶风庄白出

---

① 郭沫若：《两周金文辞大系图录考释》（二），北京：科学出版社，2002年10月，149页。
② 同上，22页。
③ 陈梦家：《西周铜器断代》，北京：中华书局，2004年4月，10-11页。
④ 马承源主编：《商周青铜器铭文选》（三），北京：文物出版社，1988年4月，17页。
⑤ 王国维：《鄂侯驭方鼎跋》，《观堂集林》，北京：中华书局，1959年6月，1194-1195页。
⑥ 彭裕商：《麦四器与周初的邢国》，四川联合大学历史系编：《徐中舒先生百年诞辰纪念文集》，巴蜀书社，1998年10月，149页。
⑦ 郭沫若：《两周金文辞大系图录考释》（二），北京：科学出版社，2002年10月，140页。
⑧ 李学勤：《西周中期青铜器的重要标尺——周原庄白、强家两处青铜器窖藏的综合研究》，《中国历史博物馆馆刊》，1979年第1期。收入李学勤：《新出青铜器研究》，北京：文物出版社，1990年6月，90页。

土的伯戜诸器①，这些青铜器铭文说明在这次战役中，录、遇（寓）、穮、臤等人都是跟随师雍父作战的。录卣中的"成周师氏"应该是指成周地方的师氏，或即指录等跟随师雍父作战的贵族。

以上所列铜器铭文资料说明，西周时期东征和南征，基本是以成周为中心部署战事，成周的军队是主要的作战部队。这可能和成周为"天下之中"的地位有关，成周在西周时期的政治作用主要体现在对四方诸侯的管理上，这种管理主要体现在对诸侯职贡的征收上。兮甲盘说："王命甲政𤔲成周四方责（积）"，即体现了成周在管理四方贡赋上的特殊地位。

成周除了上述的政治功能外，作为西周王朝的东都，其政治功能还体现如下：

A. 册命官员

十三年𤼈壶（《集成》9723，9724），王在成周司土虡宫册命𤼈。

B. 举行各种典礼

a. 郊祀

德方鼎（成王，《集成》2661）：惟三月，王在成周，诞武祼自蒿（郊）。铭文记载王在成周举行郊祀。

b. 殷见

（1）丰卣（《集成》5403）：王在成周，令丰殷大矩。

（2）小臣传簋（《集成》4206）：王在莽京，令师田父殷成周年。

（3）作册申卣（《集成》5400）：惟明保殷成周年。

（4）士上卣（《集成》5421，5422）：王令士上眔史黄寁于成周，𦠜百生豚。

（5）叔夨方鼎②：惟十又四月，王酓大祐祷，在成周。咸祷，王乎（呼）殷厥士。

c. 祷祭

（1）𡇈鼎（《集成》935）：王祷于成周。

（2）盂爵（《集成》9104）：王初祷于成周。

（3）叔夨方鼎：惟十又四月，王大祷，在成周。

---

① 伯戜诸器的出土情况，参看罗西章等：《陕西扶风出土西周伯戜诸器》，《文物》1976年第6期。

② 北京大学文博学院、山西省考古研究所：《天马——曲村遗址北赵晋侯墓地第六次发掘》，《文物》2001年第8期。

d. 餕（饷）祭

鸣士卿尊（《集成》5985）：丁巳，王在新邑，初餕（饷），王赐鸣士卿贝朋。铭文中的"新邑"即成周。

我们认为"餕"字从食从华得声，可读为"饷"，是一种对祖先的馈食之祭①。

四、小结

本节主要讨论了西周时期的行政中心问题，认为西周时期的行政中心主要是西都宗周和东都成周。宗周又称为镐京。在西周册命金文中，王经常在"周"地或"周地"的"康宫"册命官员。这个作为地名的"周"，我们认为基本都是指宗周。宗周和成周的政治功能有所不同。宗周在西周之世一直作为王朝的都城所在，是西周的政治中心，周王对官员的册命大部分都在宗周进行，王命亦主要从这里发出。成周的政治功能主要体现在对四方贡赋的管理上，南方邦国和东方邦国的贡赋是西周四方贡赋的主要来源，成周在西周王朝对南方邦国和东方邦国的管理上，具有特殊的政治地位。

第二节　居民的地域组织方式——乡遂组织

《逸周书·作雒解》记述了武王克殷以后发生的一系列的事件，周公东征胜利，将致政于成王，营建大邑成周作为东都，周公说：

> 予畏周室不延，俾中天下，及将致政，乃作大邑成周于土中，立城方千七百二十丈，郭方七十里，南系于雒水，北因于郏山，以为天下之大凑，制郊甸方六百里，因西土为方千里，分以百县，县有四郡，郡有四鄙，大县立城，方王城三之一，小县立城，方王城九之一，都鄙不过百室，以便野事。农居鄙，得以庶士，士居国家，得以诸公大夫。凡工贾胥市，臣仆州里，俾无交为。

杨宽认为《作雒解》是一篇西周重要文献，赞成唐大沛说此篇是"周家

---

① 何景成：《试释甲骨文的"华"和"苗"字》，《殷都学刊》，2010年第4期。

一代大制作也"的观点。①《作雒解》记载西周东都成周的地域区划有"县"、"郡"、"鄙"、"国"、"市"和"里"等名称。这一记载说明了成周地区的居民组织存在着乡遂组织和都鄙组织两大类型。根据《周礼》的记载,李零将中国古代居民的区域组织方式分为乡遂组织和都鄙组织两类,认为乡遂组织的乡和遂,在《周礼》中分别指国都周围的郊和野,郊的居民主要是士,野的居民主要是农。都鄙组织的都鄙,在《周礼》中是指王畿边缘的采邑区,但《周礼》所述采邑制度根据的是晚期概念,实际内容是国都以外的边鄙县邑。②乡遂组织和都鄙组织的概念,对于我们深入了解西周的地域组织方式有一定的指导意义。我们拟从这一角度,展开对西周居民地域组织方式的分析。

本节主要讨论乡遂组织,对都鄙组织的讨论,将在本章第三节中进行,即讨论王都外城邑的形成。在西周金文资料中,与乡遂组织相联系的区域名称是乡、遂、奠、里、市等。

一、乡

关于乡遂制度,杨宽认为西周时代存在有乡遂制度是无疑的。春秋时各国还多保留有乡遂制度,这种乡遂制度就是社会组织的主要结构。把他和《周礼》作比较,可知《周礼》的乡遂制度不是没有来历的,还基本上保存着西周春秋时代的特点。③

《尚书·费誓》说:"鲁人之三郊三遂",杨宽认为这说明了鲁国在西周初年已有三乡三遂的制度。④ 史密簋的出土,学者认为可说明齐国在西周时期也着乡遂制度。史密簋有"遂人"一词,李学勤认为此词的出现,足以证明西周时期乡遂制度的存在。⑤

从以上两家学者的论述来看,西周时期应该是存在着乡遂制度的。乡遂制度的存在,对于理解西周时期的社会组织和行政制度等问题具有重要意义。

西周金文有"六师"和"八师"的军队组织,杨宽认为西周时代的"六师"和"八师"是一种军队编制和乡邑编制相结合的组织。李学勤进一步认

---

① 杨宽:《论〈逸周书〉》,载《中华文史论丛》1989 年第 1 期。收入杨宽:《西周史》,上海:上海人民出版社,1999 年 11 月,867 页。
② 李零:《中国古代居民组织的两大类型及其不同来源》,《文史》第 28 辑。收入《李零自选集》,桂林:广西师范大学出版社,1998 年 2 月,148 页。
③ 杨宽:《西周史》,上海:上海人民出版社,1999 年 11 月,411 页。
④ 同上,412 页。
⑤ 李学勤:《史密簋所记西周重要史实考》,《中国社会科学院研究生院学报》,1991 年第 2 期。

为，根据《周礼》所记，六军本取之六乡。六乡每家出一人为兵，乡的行政制度和军事组织是对应的。"六师"其实也就是六乡，"六师"的存在正说明当时有六乡的组织。"八师"或称"殷八师"或"成周八师"。八师也应有八乡或类似的组织。① 六师、八师与乡邑组织相关，在㝬戒鼎铭文（《集录》347）中有所体现。

㝬戒鼎于1993年由上海博物馆由香港征集，现藏上海博物馆。② 自陈佩芬于1997年在香港中文大学举办的"第三届国际中国古文字学研讨会"上公布该器以来③，因该器铭文的重要价值，不少学者先后撰文讨论此器，已经基本上解决了铭文的释读问题，对铭文所蕴涵的重要学术价值，也作了阐发。

该鼎铭文铸于鼎腹内壁，共4行26字：

鞃伯庆易（赐）㝬戒簟弼、句膺、虎裘、豹裘，用政六𠂤（师），用校于比，用狱次。

铭文中的"簟弼"、"句膺"依吴振武师释，吴振武师指出"句膺"一词和毛公鼎的"金句金膺"一样，就是《诗·采芑》的"鉤膺"，同"簟弼"即《采芑》"簟茀"相应。④

"用政六师"，基本都解释为整饬或治理六师。"用校于比"，"校"字为吴振武师释出，并引《周礼》解释校比的含义，指出古代考校民数及其财产曰"比"，"校于比"意指校比民数、土地、六畜、车辇等。

"狱次"，"狱"为动词，陈佩芬引《玉篇》："察也。今作伺、覗。""次"字，陈佩芬释为"次"。吴振武师指出，古文字次、次二字写法有别，"次"即"涎"的古写。认为从文义看，"用狱次"之"次"当用作"盗"，"狱次"

---

① 李学勤：《论西周金文的六师、八师》，《华夏考古》1987年第2期，收入李学勤：《李学勤文集》，上海：上海辞书出版社，2005年5月，215-223页。
② 参看陈佩芬：《夏商周青铜器研究》，西周篇，上海：上海古籍出版社，2004年，418-419页。
③ 陈佩芬：《释㝬戒鼎》，香港中文大学、中国文化研究所编《第三届国际中国古文字学研讨会论文集》，1997年，317-321页。
④ 吴振武：《㝬戒鼎补释》，《史学集刊》1998年第1期。

体国经野：西周王畿的行政区域

即伺捕盗贼的意思。李学勤从此说。① 胡长春认为"次"可读为"恣"，"恣"有过失、罪过之义。"用狱次"意为儆戒担负监察考核辖伯治下官吏的政绩和过失的职责。② 我们认为"次"可读为"羡"，指羡卒。"狱次"当是指司察羡卒。③

鼎铭所反映的器主的职司，李学勤认为器主治于六乡，职司校比和伺盗，相当《周礼》司寇属下的乡士。吴振武师认为器主的职司，实际上已涵盖了司马、司徒、司寇的主要工作，从西周中期铜器曾记司寇可由司空兼理来看，此人极有可能是主管或协管三有司的，显然具有举足轻重的地位，这一点从其所获得的赏赐品上，也可以得到证明。

认为器主具有较高的地位应该是可信的。器主的赏赐品中有"膺"。吴振武师在文中指出"膺"是繁缨，从《左传》成公二年所记因卫侯允许新筑大夫仲叔于奚用"曲县、繁缨以朝"而引出孔子的一番感叹来看，这种马饰在先秦时，绝不是一般人所能享用的。从目前所见的金文来看，被赏赐以"膺"的，似乎只有师𩰫鼎和毛公鼎。④ 两器器主的地位都较高，毛公鼎的毛公自不用说。师𩰫鼎中的师𩰫为两朝元老，被赏以"大师金膺、攸勒"，裘锡圭认为其大概承接了伯太师的职务，至少是一部分职务。⑤ 《周礼·秋官·司寇》叙官云"乡士，上士，八人"，说明"乡士"的地位并不高。这和鼎铭所反映的器主地位不合。

器主的职司，其实应该和《周礼》中的"小司徒"相当。上引诸位学者在讨论鼎铭"用校于比"的含义时，都引用《周礼·地官·小司徒》的材料加以说明，即反映了器主的职司与小司徒的关系。校比六乡之民的工作，在《周礼》中主要是小司徒的职掌：

> 小司徒之职，掌建邦之教法，以稽国中及四郊都鄙之夫家九比之数，以辨其贵贱、老幼、废疾，凡征役之施舍，与其祭祀、饮食、丧纪之禁令。乃颁比法于六乡之大夫，使各登其乡之众寡、六畜、车

---

① 李学勤：《辖伯庆鼎续释》，四川联合大学历史系编：《徐中舒先生百年诞辰纪念文集》，成都：巴蜀书社，1998年10月，98-100页。收入《重写学术史》，石家庄：河北教育出版社，2002年1月，23页。
② 胡长春：《儆戒鼎新释》，《古文字研究》第26辑，北京：中华书局，2006年11月，201页。
③ 何景成：《试论攸戒鼎所反映的"羡卒"问题》，《中原文物》2008年第6期。
④ 分别见《集成》2830和2841。
⑤ 裘锡圭：《说"范围伯大师武"》，《古文字论集》，北京：中华书局，1992年8月，357页。

辇，辨其物，以岁时入其数，以施政教、行征令。及三年，则大比，大比则受邦国之比要。①

所述小司徒的职掌，是校比六乡民数、六畜、车辇等，与鼎铭的“用政六师，用校于比”是较为一致的。说明研究者提出鼎铭的“六师”即六乡的看法应该是正确的。②

既然“六师”、“八师”分别与“六乡”、“八乡”相对应。则乡的长官似应该是师氏或师。

西周金文中常见到的“邑人”，可能即是居住于“乡”中的人员。师晨鼎铭文（《集成》2817）中“奠人”和“邑人”并列为两类人群：

王呼作册尹册命师晨疋（胥）师俗司邑人，惟小臣、善夫、守［友］官犬；眔奠人，善夫、官守友。

杨宽认为“邑人”当相当于《周礼》的乡大夫。③ 裘锡圭认为“邑人”当指居于城邑的周族人或管理他们的官吏。④ “邑人”这一名称还出现在下列金文中：

师酉簋（《集成》4288－4291）：

王呼史墙册命师酉，司乃祖嫡官邑人，虎臣，西门夷、㠱夷、秦夷、京夷、弁瓜（狐）⑤ 夷，亲（新）。

询簋（《集成》4321）：

今余令汝嫡官司邑人，先虎臣后庸：西门夷，秦夷，京夷，㠱夷，师笭，侧新，□华夷，弁狐夷，𠟭人，成周走亚，戍秦（?）人，

① 孙诒让：《周礼正义》，北京：中华书局，1987年12月，第三册，772－775页。

② 李学勤：《谻伯庆鼎续释》，四川联合大学历史系编：《徐中舒先生百年诞辰纪念文集》，成都：巴蜀书社，1998年10月，98－100页。收入《重写学术史》，石家庄：河北教育出版社，2002年1月，23页。

③ 杨宽：《西周史》，上海：上海人民出版社，1999年11月，415页。

④ 裘锡圭：《说殷墟卜辞的“奠”——试论商人处置服属者的一种方法》，《史语所集刊》第64本第3分，1993年。

⑤ “瓜”字的释读参看何景成：《论师酉盘铭文的“弁狐”族》，《中国历史文物》，2010年第5期。

降人，服夷。

此鼎（《集成》2821）

惟十又七年十又二月既生霸乙卯，王在周康宫遲宫，旦，王格大室，即立。司土毛叔右此入门，立中廷。王呼史翏册命此曰：旅邑人善夫，赐汝玄衣黹纯，赤市朱黄、銮旗。

五祀卫鼎（《集成》2832）

惟正月初吉庚戌，卫以邦君厉告于井伯、伯邑父、定伯、亮伯、伯俗父："曰厉曰：'余执龏王恤工，于邵大室东朔营二川'，曰：'余舍汝田五田'"。正乃讯厉曰：汝贾田否。厉乃许曰：余审贾田五田。井伯、伯邑父、定伯、亮伯、伯俗父乃觐，使厉誓，乃令三有司司土邑人逋、司马颂人邦、司工隋矩，内史友寺刍帅履裘卫厉田四田。

师瘨簋盖（《集成》4283、4284）

惟二月初吉，戊寅，王在周师司马宫，各大室即立，司马井伯亲右师瘨入门立中廷，王呼内史吴册命师瘨曰：先王既令汝，今余惟申先王令，令汝官司邑人师氏，赐汝金勒。

裘卫盉（《集成》9456）

惟三年三月既生霸壬寅，王爯旗于丰，矩伯庶人取堇章于裘卫，才（裁）八十朋，厥贾其舍田十田。矩或取赤虎两鹿韦两，鞶韐一，才（裁）二十朋，其舍田三田。裘卫乃彝告于伯邑父、荣伯、定伯、亮伯、单伯，伯邑父、荣伯、定伯、亮伯、单伯乃令三有司司土微邑，司马单旗，司工邑人服眔受田。

永盂（《集成》10322）

惟十又二年初吉丁卯，益公内即命于天子。公乃出厥命，赐畀师永厥田阴阳洛，疆眔师俗父田。厥眔公出厥命井伯、荣伯、尹氏、师俗父、遣中。公乃命奠司徒函父、周人司工殷、懿史、师氏邑人全父、毕人师同付永厥田，厥率履厥疆宋勾。

上引铭文中关于"邑人"的名词组合，主要有两种类型，第一类是"邑人+职官"，如：邑人善夫，邑人师氏；第二类是"职官+邑人+人名"，如司土邑人逋、司工邑人服，永盂中的"师氏邑人全父"，我们怀疑也属于这一类型。此鼎铭文中的"旅邑人善夫"，李学勤认为邑人善夫是邑宰之类的官职。古书"宰"、"善夫"互用。① 按照这一理解,"邑人善夫"应是指管理邑人的善夫,则"邑人师氏"是指管理邑人的师氏。第二种类型中的"邑人",是指该职官的身份,说明其为邑人。由此可见"邑人"当是指居于城邑内的人,与奠人指居于"奠"内的人相区别。宜侯夨簋(《集成》4320)记载周王赏赐给宜侯夨的民的成分有"在宜王人"、"奠"和"宜庶人"。其中"在宜王人"以"里"为单位,当是居于邑里之中。"王人"一词还出现在《尚书·君奭》"百姓王人"中,裘锡圭认为跟《酒诰》的"百姓里君"对照起来看,《君奭》的"王人"似乎专指里君一类人而言②。这和宜侯夨簋记载"王人"以"里"为单位相合。居住在邑里之中的人,应即上引铭文中出现的"邑人"。

二、遂

"遂人"是王城和都城郊外"野"、"鄙"、"遂"的农民,也包括卿大夫所属采邑的农民,亦称为"庶人"、"庶民"、"野人"、"鄙人"或"氓"。③我们在上文已经引用资料说明,从目前来看,西周文献或金文资料明确记载有乡遂制度的只有鲁国和齐国。④ 尚没有资料明确记载周王朝设有"遂",金文有"燹师",见于趞簋、善鼎和静簋。⑤ 关于此字的释读,主要分为两种意见,一释为豳,一释为遂。释豳者有冯时⑥、张永山⑦、刘雨等先生,裘锡圭亦倾向此说,认为善鼎和趞簋铭文说明,燹地驻有周王朝成军,设有冢司马,显然是一处要地,释"燹"为"豳(邠)"可能是正确的。⑧ 持后说者主要是李学勤,李先生认为该字可读为乡遂的遂,"遂师"指王所属六遂所出之师。静簋:"王以吴𠦪、吕牆卿(合)燹芳师邦周,射于大池。""遂芳师"指作为遂的芳邑(见师旂鼎)所出之师。卫盉有参加度量土地的"燹趞","燹"是人

---

① 李学勤:《新出青铜器研究》,北京:文物出版社,1990年6月,105页注22。
② 裘锡圭:《古代文史研究新探》,南京:江苏古籍出版社,1992年6月,316页。
③ 杨宽:《西周史》,上海:上海人民出版社,1999年11月,424页。
④ 《费誓》的作者者,近代虽有学者提出可能是春秋时期的鲁僖公,但证据不充分,学界一般认为是鲁侯伯禽。(参看顾颉刚、刘起釪:《尚书校释译论》,《费誓》篇中的讨论)史密簋的年代,一般认为是在西周中期晚段。
⑤ 趞簋作"燹师"。
⑥ 冯时:《燹公盨铭文考释》,《考古》,2003年第5期。
⑦ 张永山:《燹公盨铭"随山濬川"考》,《华学》第六辑,饶宗颐主编,紫禁城出版社,2003年6月。
⑧ 裘锡圭:《燹公盨铭文考释》,《中国历史文物》,2002年第6期。

名,任遂人属官。① 刘雨则认为将此字读为"遂",字形与字音或可讲出点道理,但金文中的燹、芳等地应在陕西,不太可能还到山东去。燹字所指应该就是后世文献中的豳地,讲成山东的遂是很困难的。至于把"燹师冢司马"、"监燹师戍"中的燹,讲成乡遂的遂,那就更令人难以理解,史密簋有"齐师族徒述人"和"师俗齐师述人"两句,大家都认为所谓"述人"就是"遂人",这个"遂人"之"遂",就是《周礼》所说的乡遂之遂。在金文中,相当于文献中的"遂"字,不管是实词或虚词,一般都用"述"字表示,不会用燹字来表示。所以,燹字读为豳是很有可能,读为遂肯定是错的。② 此字又见于狱簋,作"燹夆薑香"。"薑香",吴振武指出当读为"馨香"。"燹夆",裘锡圭认为可读为"芬芳",李家浩认为"燹"当烧讲,"夆"则应读作蓬蒿之"蓬",铭意是说:早晚用黍稷祭奠百神,然后将黍稷混合蓬蒿一起焚烧,其香气就升于上下,使百神歆飨之。③ 从目前所见金文资料来看,正如刘雨所言,在金文中,相当于文献中的"遂"字,不管是实词或虚词,一般都用"述"字表示。因此,从用字习惯来看,燹不应读为"乡遂"之"遂"。

三、奠

裘锡圭在《说殷墟卜辞的"奠"》一文中认为:

  商王往往将被商人战败的国族或其他臣服国族的一部或全部,奠置在他所控制的地区内。这种人便称为"奠",奠置他们的地方也可称奠。奠的分布是分散的,并不存在一个围绕在商都四周的、主要用来安置被奠者的地带。被奠者一般居于鄙野,其居邑没有可资防守的城墙。被奠者内部一般似仍保持着原来的组织。他们要在被奠之地为商王耕作、畜牧,有时还要外出执行军事方面的任务,此外似乎还要满足商王对臣妾等的需求。奠所受的剥削、压迫很沉重,所以他们有时起而反抗商王。除了上述这种奠的方式外,商王有时还将从事某种工作的人奠于某地,可能主要是为了工作上的需要。奠这种控制、役使异族人的方式,在西周时代仍为统治者所使用。畿甸之"甸",其

---

① 李学勤:《论燹公盨及其重要意义》,收入李学勤:《中国古代文明研究》,上海:华东师范大学出版社,2005年4月,131页。
② 刘雨:《豳公考》,《第四届国际中国古文字学研讨会论文集》,香港中文大学,2003年10月。
③ 吴振武:《试释西周簋铭文中的"馨"字》,《文物》,2006年第11期。裘锡圭:《狱簋铭补释》,《安徽大学学报(哲学社会科学版)》,2008年第4期。

本字可能就是"奠",是由于被奠者一般都奠置在这一地区内而得名的。①

裘先生在这篇文章中还指出,康王时的大盂鼎的两批人鬲,可能也具有奠的性质。这些被奠者一般居于郊以外的鄙野地区,王朝设有官吏来管理他们。如师酉簋(《集成》4288)、询簋(《集成》4321)和师晨鼎铭文(《集成》2817)说明,师酉、询和师晨的职司都有负责掌管奠人的方面。宭鼎(《集成》2755)记遣仲命摄司奠田,裘锡圭在上引文中指出"奠田"有可能是被奠者耕种的田地。永盂(《集成》10332)提到的官名有"西司徒",唐兰将"西"释读为"郑"。② 裘锡圭在上引文中认为也许"西司徒"就是"奠司徒",即管理被奠者的司徒。

西周时期,统治者在役使被征服的异族时,主要将这些异族人员作为仆和庸使用。裘锡圭在《说"仆庸"》一文中指出,仆和庸虽然都是被役使者,但是二者的性质仍有明确的区别。庸主要给统治阶级提供农业和土木工程等方面的劳役以及各种生产品。仆大部分主要被使用在战斗、守卫等工作上,跟土田和庸并提的仆也不例外。③ 其中的"庸",大概就是被奠置在鄙野地区从事农作等劳动的。

师晨鼎铭文有"奠人"一词,杨宽认为"奠人"当相当于《周礼》的遂人。④ 裘锡圭认为"奠人"很可能指被奠者或管理他们的官吏。师酉簋和询簋中,以夷族充当的虎臣或虎臣和庸与邑人对举,这些虎臣和庸大概也是被奠于王畿之内的夷族人。⑤ 根据裘先生的研究,"奠"主要是来安置异族人员的。他们被奠置于鄙野地区,应该是"遂人"的一个组成部分。

四、里

"里"是比"乡"小的地域组织,是邑内的社区组织。西周文献和金文中

---

① 裘锡圭:《说殷墟卜辞的"奠"——试论商人处置服属者的一种方法》,摘要部分,《史语所集刊》第64本第3分,1993年。
② 唐兰:《永盂铭文解释》,《唐兰先生金文论集》,北京:紫禁城出版社,1995年10月,171页。
③ 裘锡圭:《说"仆庸"》,收入裘锡圭:《古代文史研究新探》,南京:江苏古籍出版社,1992年6月,369页。
④ 杨宽:《西周史》,上海:上海人民出版社,1999年11月,415页。
⑤ 裘锡圭:《说殷墟卜辞的"奠"——试论商人处置服属者的一种方法》,《史语所集刊》第64本第3分,1993年。

出现了作为地域组织名称的"里":

1.《逸周书·作洛解》

元年夏六月,葬武王于毕。二年,又作师旅,临卫政殷,殷大震溃,降辟三叔,王子禄父北奔,管叔经而卒,乃囚蔡叔于郭凌,凡所征熊盈族十有七国,俘维九邑,俘殷献民,迁于九里。

"九里"或本作"九毕",王念孙据《玉海》校正。孙诒让赞同王氏的校对,并认为《韩非子·说林篇》"魏惠王为臼里之盟将复立天子",《战国策·韩策》"臼里"作"九重",一本作"九里",盖即此。于鬯谓九里之地未易确指,而九里为地名,故无可疑。① 认为"九里"应为地名。不过,从上文"俘维九邑"之"九邑"的说法来看,我们怀疑"九里"并非指地名,"里"是指一种区域名称,"九里"是表示许多这样的区域。文中是讲将所俘的殷献民安置于众多的"里"中。这和《尚书》等文献所反映的周人把迁到成周的商人宗族以"里"这种地域组织进行编制的记载相合。

2. 宜侯夨簋(康王,《集成》4320):

赐在宜王人[十]又七里;赐奠七伯,厥卢(虏)□又五十夫;赐宜庶人六百又□六夫。

3. 九年卫鼎(恭王,《集成》2831)

舍矩姜帛三两,迺舍裘卫林䓇里。虘!厥惟颜林。我舍颜陬大马两,舍颜姒虞姞,舍颜有司寿商貉裘、盠幂。矩迺眔祭犇令寿商眔意,曰:靓履付裘卫林䓇里,则乃成夆四夆。

4. 大簋盖(西周晚期,《集成》4298、4299)

惟十又二年三月既生霸丁亥,王在䣙展宫,王呼吴师召大,赐趞𩫖里。王令善夫豢曰趞𩫖曰:余既赐大乃里。𩫖宾豢章、帛束。𩫖令豢曰天子:余弗敢黩。豢以𩫖履大赐里。

九年卫鼎中的"林䓇里",李学勤将之释读为"林䝤(狐)狸",认为

---

① 黄怀信等编撰:《逸周书汇校集注》(修订本),上海:上海古籍出版社,2007年3月,518-520页。

"舍裘卫林狐狸"是把森林及其所产的狐狸一类毛皮动物付给裘卫。"林䣙里"不是田里,古代"野外曰林","在邑曰里"①。《商周青铜器铭文选》认为"里"原意是指居址的行政单位,此处系指里的土地。由下文封树可知②。大簋铭文中的由王转赐给大的需要履(勘踏)的"里",可能和九年卫簋中的里一样,是指里的土地。

在文献和金文中,"里"的长官被称为"里君"或"里人":

5.《尚书·酒诰》

越在外服:侯、甸、男、卫邦伯;越在内服:百僚、庶尹、惟亚、惟服、宗工,越百姓、里居(君):罔敢湎于酒。

6.《逸周书·商誓》

王若曰:"告尔伊旧何父,□□□□,几耿肃执,乃殷之旧,官人序文,□□□□,及太史比(友),小史昔(友),及百官,里居(君)献民,□□□,来尹师之,敬诸戒,疾听朕言,用胥生蠲尹。……敬诸!昔在西土,我其有言,胥告商之百无罪,其维一夫,予既殛纣,承天命,予亦来休,命尔百姓里居(君)君子,其周即命。

7. 矢令方彝(昭王,《集成》6016)

惟十月月吉癸未,明公朝至于成周,令舍三事令眔卿事寮眔诸尹眔里君眔百工眔诸侯侯、田、男,舍四方令。

8. 史颂鼎(厉王,《集成》2787)

惟三年五月丁巳,王在宗周,令史颂䌛苏友里君、百姓,帅堣盩于成周。

9. 鬉簋(西周晚期,《集成》4215)

惟王正月辰在甲午,王曰:鬉,命汝司成周里人眔诸侯大亚,讯讼罚,取徵五寽。

《酒诰》的"里居",王国维据金文而校改为"里君"。《商誓》的"里居

---

① 李学勤:《试论董家村青铜器群》,收入李学勤:《新出青铜器研究》,北京:文物出版社,1990年6月,103页,105页注15。
② 马承源主编:《商周青铜器铭文选》(三),北京:文物出版社,1988年4月,138页,注[四]。

君子",裘锡圭怀疑是"里君"的讹衍之文。①

另外,《尚书·君奭》有"天惟纯佑命,则商实百姓王人罔不秉德明恤"之语,裘锡圭认为跟《酒诰》的"百姓里君"对照起来看,《君奭》的"王人"似乎是专指里君一类人而言的。② 上引宜侯夨簋铭文中的"王人"亦是以"里"为单位编制。

对于以上资料中作为地域组织的"里",朱凤瀚认为将商人诸宗族成员以"里"这种地域组织加以编组,是周人对洛邑商遗民在武力镇服之基础上所采取的统治措施之一。"里"作为社会组织名称,始见于西周早期的文献与青铜器铭文中。《尚书·酒诰》追述殷商的情况时,提到"百姓里君",故一些学者引用来说明商代已有"里"与"里君"之制。但《酒诰》所言殷商官职设置时多羼杂周人语言与官职名称,"里君"似非商人官职名,亦非商人语言。据令方彝铭文,"里"大致出现于西周早期。③

林沄同意周人把迁到成周的商人宗族以"里"这种地域组织加以编组的看法。但认为,把众多不同姓的宗族按地域组成里,似乎并不是从西周才开始的。因为在《逸周书·商誓》和《尚书·酒诰》中都提到了早在成周建邑之前,商人中已有"百姓里君",其中"百姓"应指不同姓的各宗族,特别是指其族长而言;"里君"应指地域性组织"里"的首脑。关于商代也存在这种超血缘的地域姓组织,可以由殷墟西区墓地的情况得到启发。韩建业将西区墓地八个墓区的每个墓区的墓葬进一步按分布情况分为若干分区,分区下又分若干墓组,墓组又分若干墓群。每个分区是一个宗族,每个墓组可能代表一个分族,而墓群可能代表再低一级的家族。而原来划分的墓区,林先生认为有可能就是按"里"来安排的。④

由此可见,关于"里"的出现时间,学界尚存在不同的看法,这一问题的解决,还有待更多的资料。

由"成周里人"、"在宜王人[十]又七里"等记载可知,"里"作为地域性的行政组织,在西周时期主要是分布在成周、宜这种作为王国或诸侯都邑

---

① 裘锡圭:《关于商代的宗族组织与贵族和平民两个阶级的初步研究》,裘锡圭:《古代文史研究新探》,南京:江苏古籍出版社,1992年6月,316页。
② 同上,330页。
③ 朱凤瀚:《商周家族形态研究》(增订本),天津:天津古籍出版社,2004年7月,274-279页。
④ 林沄:《"百姓"古义新解——兼论中国早期国家的社会基础》,《吉林大学社会科学学院》,2005年第4期。

的城市里的，是都邑居民的地域性行政组织。有的学者认为"里"主要存在于乡村地区的观点，与西周金文所反映的情况不符。①

在上面所引的资料中，"百姓"和"里君"常常一起出现，两者之间是一种什么样的关系呢？在讨论两者的关系之前，先谈谈"百姓"和"里君"的含义。

"里君"指"里"的长官，各家没有异议。但是对"百姓"的含义，学界却存在着分歧。

裘锡圭推衍郑玄和郭沫若的说法，认为"百姓"在西周、春秋金文里都作"百生"，本是对族人的一种称呼，跟姓氏并无关系。在宗法制度下，整个统治阶级基本上就由统治者们的宗族构成。所以"百姓"同时又成为统治阶级的通称。"百姓"一词既可以指本族族人，也可以泛指全国各宗族的族人。②朱凤瀚在《商周家族形态研究》一书中采用裘锡圭的说法，认为"西周金文中的'百姓'从铭文内容看，可以用来指本族族人，也可以指没有亲族关系的其他族的族人。……旧解或将'百姓'释为'百官'，其说不可信。"③ 林沄不同意这一说法，认为"百姓"一词的古义是"百官族姓"、"百官也。官有世功，受氏姓也。"西周时期实行由不同姓的诸多宗族族长担任世官的制度，这种制度可以追溯到商代或更早的夏代。"世官"源于不同的氏族或宗族以世代相传的特殊技能服务于社会。这些担任世官的不同姓的族长，就是"百姓"④。

2005年公布的狱簋铭文有"百姓"一词，相关文句作："燹（芬）筆（芳）鬭（馨）香，则登于上下；用匄百福、迈（万）年，俗（欲）兹百生（姓）亡（无/罔）不禀（禀）㽞（厥）临峰（逢）鲁。"裘先生在解释此篇铭文时提出："根据狱器群中另两件狱簋和狱盘、狱盉的铭文，狱是周王朝大臣周师的属下，只是一个中级贵族。以他的地位，似没有资格在所作器铭中为周王朝所有'百官族姓'祈福，更不可能要他们受狱族祖先的临视。"认为

---

① 李峰：《西周的政体：中国早期的官僚制度和国家》，吴敏娜等译，北京：三联书店，2010年8月，181页。
② 裘锡圭：《关于商代的宗族组织与贵族和平民两个阶级的初步研究》，裘锡圭：《古代文史研究新探》，南京：江苏古籍出版社，1992年6月，312页。
③ 朱凤瀚：《商周家族形态研究》（增订本），天津：天津古籍出版社，2004年7月，14页。
④ 林沄：《"百姓"古义新解——兼论中国早期国家的社会基础》，《吉林大学社会科学学院》，2005年第4期。

"百姓"只能当族人讲①。而林先生在最近提交的会议论文《再论卜辞中的"多子"与"多生"》中，重申对"百姓"一词指"百官族姓"的看法。② 可见，两位先生对西周金文中"百姓"一词的看法，仍有较大的分歧。

除了狱簋铭文，"百生"一词还见于下引金文：

善鼎（西周中期，《集成》2820）：
善敢拜稽首，对扬皇天子丕丕休，用作宗室宝尊。惟用妥福，唬前文人，秉德恭纯。余其用各我宗子于（与）百生（姓），余用匄纯鲁于万年，其永宝用之。

叔妦簋（西周晚期，《集成》4137）
叔妦作宝尊簋，眔中氏万年，用侃喜百生（姓）、朋友眔子妇。子孙永宝，用夙夜享孝于宗室。

这些铭文在谈及所作器物的燕飨、招待对象时，提到"百生（姓）"，与"宗子"、"朋友"、"子妇"等并列。类似的记载也见于下引铭文：

矢令簋（《集成》4300、4301）：
用作丁公宝簋，用尊史于皇宗，用飨王逆复，用飤寮人、妇子，后人永宝。

伯公父簋（《集成》4628）
伯大师小子伯公父作簋……我用召卿事、辟王，用召诸考诸兄，用祈眉寿多福无疆，其子子孙孙永宝用享。

善夫克盨（《集成》4465）
克拜稽首敢对天子丕显鲁休扬，用作旅盨，惟用献于师尹、朋友、婚媾。

叔多父盘③

---

① 裘锡圭：《狱簋铭补释》，《安徽大学学报（哲学社会科学版）》，2008年第4期。
② 林沄：《再论殷墟卜辞中的"多子"与"多生"》，第三届古文字与古代史国际学术研讨会，2011年3月25－27日。收入李宗焜主编《古文字与古代史》第三辑，中研究史语所，2012年3月，107－124页。林先生在此篇论文中谈到了《"百姓"古义新解》中没有涉及的善鼎铭文中的"百生"，认为指异姓各族，但没有讨论狱簋铭文中的"百生"。
③ 陈梦家：《西周铜器断代》（下册），北京：中华书局，2004年4月，第898页。

叔多父作朕皇考季氏宝盘……利于辟王、卿事、师尹、朋友、兄弟。

矢令簋铭文中所列举的"寮人"、"妇子"和"后人"和叔夨簋铭文中列举的"百姓"、"朋友"、"子妇"及"子孙"颇为类似，前者的"妇子"、"后人"即相当于后者的"子妇"、"子孙"，指宗族人员。因此，叔夨簋铭文中的"百姓"、"朋友"很有可能与矢令簋铭文中的"寮人"相当，即指僚友一类的人员。伯公父簋、善夫克盨以及叔多父盘等铭文均记载作器者所招待的人群既有父兄之类的宗族人员，也有卿士、师尹之类的官员。由这些铜器铭文记载的人群种类出发，将善鼎和叔夨簋铭文中的"百姓"理解成百官族姓，似乎更为合理。狱簋铭文中的"百姓"，理解成百官族姓也并无不可。铭文记载"芬芳馨香，登于上下"，其中的"上下"，即《尚书·君奭》"大弗克恭上下"和《召诰》"惎祀于上下"之"上下"，指天地神祇①。铭文中是要同僚百官们也能受到天地神祇的临视。

下面讨论"百姓"与"里君"的关系。

李玄伯认为："百姓者按照族姓之分类组织，族各有长；里君者按照乡里之分类组织，里各有君，即所谓里君。"②

裘锡圭基本赞同李玄伯的说法，认为《酒诰》和《商誓》中的"百姓"泛指组织在商王朝各大小统治者的宗族里的贵族们。里君是里的首脑。里君的地位与一般百姓相当，居住在他们所管辖的里中的人，其身份无疑要低于百姓一等。这种人应该就是平民。商代的平民已经被排斥在百姓的范围之外，而由里君来统率，可见他们中间已经不存在宗法系统了。也就是说，各家平民之间的关系已经不是血缘关系而是地缘关系了③。

朱凤瀚认为西周时期的里，有的可能设置在一个较大的邑内，是邑内的一个地域区划单位，如麸簋的"成周里人"即说明成周这个大邑内划分为若干里。成周商遗民是保持宗族组织结构的，其与"里"的关系如何呢？白川静以为成周庶殷是以血缘氏族为单位配于邑里之中的，在这种里中设置了里君，

---

① 参看十三经注疏：《尚书正义》。
② 李玄伯：《中国古代社会新研》，开明书店，1949年3月，205页。
③ 裘锡圭：《关于商代的宗族组织与贵族和平民两个阶级的初步研究》，裘锡圭：《古代文史研究新探》，南京：江苏古籍出版社，1992年6月，329-330页。

此种解释可能是符合当时情况的。① 林沄的看法见前引，与朱凤瀚相近，认为把众多不同姓的宗族按地域组成里，在殷墟时期已经出现。林先生还认为，商代并不存在排斥在宗族组织之外的商族平民，在殷墟地区实际上也不存在这种排斥在宗族组织之外的平民的墓地。②

由此可见，以上诸家在关于"里"这一地域组织和原来的血缘组织之间的关系的认识上尚存在着一定的分歧。成周设有"里"的组织，这是金文和文献资料已经充分证明了的。成周地区的考古发掘进行得比较深入，其中能够用以说明居民组织和结构的墓葬资料的发掘和研究开展得比较丰富。因此，我们可以成周为代表，分析西周时期都邑中"里"的设置情况。

洛阳地区发掘的西周时期墓葬迄今以近千座，其分布范围，东起白马寺，西至涧水以西，北到邙山南麓，南抵洛阳南郊的关林。从目前已发表的材料来看，洛阳地区的西周墓葬主要集中在瀍河两岸的北窑墓地、铸铜遗址、老城东郊、杨文镇，涧河两岸的五女冢、中州路、西干河、铜加工厂，以及洛阳西郊王湾、东郊白马寺等几个地点。③

郜向平在其硕士学位论文中，将洛阳地区以上这些地点的西周墓葬分为甲、乙、丙三组。其中丙组墓的时代在西周末至春秋初，可能与秦人有关，在这里我们不予讨论。甲组墓包括北窑墓地墓葬、杨文镇墓葬和下窑村东区墓葬，这三个地点的墓葬相对集中在瀍河两岸，地近邙山。乙组墓包括摆驾路口墓葬、老城东郊墓葬、铸铜遗址墓葬、涧河下游墓葬和白马寺墓葬等，分布范围较大。甲组墓和乙组墓应分别与周人和殷遗民有关。

在该文中，郜向平将洛阳地区的西周墓葬划分为五个等级，并对不同等级墓葬墓主的身份进行了推测：

第一等级：诸侯或重臣

第二等级：周人中的高级贵族

第三等级：大中等贵族

第四等级：较低等的贵族或较为富裕的平民

---

① 朱凤瀚：《商周家族形态研究》（增订本），天津：天津古籍出版社，2004 年 7 月，274 – 279 页。
② 林沄：《"百姓"古义新解——兼论中国早期国家的社会基础》，《吉林大学社会科学学院》，2005 年第 4 期。
③ 郜向平：《洛阳地区西周墓葬研究》，前言，吉林大学硕士学位论文，2003 年，指导教师：王立新教授。

第五等级：平民①

我们将各地点墓葬的等级列表如下（表四），在墓葬等级上，第一、第二等级的墓葬基本只见于甲组墓，甲组墓中虽有平民墓葬，但多为贵族墓葬；而乙组墓葬虽有贵族墓，但却以平民墓葬为主。在墓葬的空间分布上，各个等级的墓葬在瀍河两岸都有较多分布，并且第一、二、三等级的墓葬只见于瀍河两岸地区。涧水两岸和白马寺则只有属于第四和第五等级的墓葬。这表明，瀍河两岸是最主要的聚居区，贵族也主要居住在这一地区，涧水两岸及白马寺附近在西周时期可能只存在一般性的居民点。②

表四：洛阳西周墓葬的等级划分表

		第一等级	第二等级	第三等级	第四等级	第五等级
甲组	北窑墓地墓葬	√	√	√	√	√
	杨文镇墓葬		√	√	√	
	下窑村东区墓葬		√	√	√	
乙组	摆驾路口墓葬			√		
	老城东郊墓葬			√		√
	铸铜遗址墓葬			√		√
	涧河下游墓葬				√	√
	白马寺墓葬				√	

从以上论述可以知道，成周的平民主要由周人和殷遗两大部分组成，其中殷遗占主要部分。这些平民虽仍保持着宗族组织③，涧水两岸和白马寺一带存在一般性居民点，说明这些平民是聚居在一起的。洛阳地区西周时期贵族墓葬和平民墓葬在空间分布状况，也说明当时存在着平民聚居区。这些聚居在一起的平民的应该是按"里"这种地域组织方式组织起来的，归周王朝任命的里

---

① 郜向平：《洛阳地区西周墓葬研究》，15－26页。
② 郜向平：《洛阳地区西周墓葬研究》，26页。
③ 《左传·桓公二年》说："庶人、工、商，各有分亲。"另外，刘富良在讨论洛阳地区的西周陶器墓时指出：在洛阳柴油机厂发掘了6座墓，编号为C3M1－C3M6。这6座墓均为长方形竖穴小型墓，除C3M5为东西向外，均为南北向。葬具均为单棺，除C3M4外，均有腰坑，随葬器组合虽有变化，但器物类同一类型。从时间上讲，属于早期的有C3M4、C3M6，属中期的前段的有C3M3，属中期后段的有C3M1、C3M2、C3M5。这一组文化内涵基本相同的墓葬，应是西周早、中期族葬的反映。（参看刘富良：《洛阳西周陶器墓研究》，《考古与文物》1998年第3期。）

有司即"里君"管理。而像分布于北窑墓地这些贵族墓地的平民墓葬,其所代表的平民很可能是隶属于西周贵族的宗族组织,他们由各宗族的族长管理。

"里"的规模,在西周金文和文献中没有反映。春秋战国时期的文献中,关于"里"的规模的记载,李零曾作过归纳①,我们摘引如下:

1. 25 家——《周礼·地官·遂人》
2. 50 家——《管子·小匡》、《国语·齐语》、《鹖冠子·王》、《汉书·晁错传》、银雀山汉简《田法》
3. 100 家——《管子·立政》、《管子·度地》

西周时期的"里"包含多少家,没有资料可供说明。《尚书·牧誓》中王所列举的军事长官有"亚旅、师氏、千夫长、百夫长","里君"和他们之间在所辖人员上应该存在着一种递进关系。

五、市

兮甲盘(10174)铭文云:

> 王令甲政䌛成周四方责(积),至于南淮夷。南淮夷旧我帛晦人,毋敢不出其帛其责(积)其进人,其贾毋敢不即䇐即市。敢不用命,则即井𢍰伐。其惟我诸侯百生厥贾毋不即市,毋敢或入蛮宄贾,则亦井。

铭文中的"贾"字,从李学勤释读。② "其贾毋敢不即䇐即市",李学勤指出这是对淮夷的严格限制,这句话必须参读《周礼·司市》,才能通晓。《司市》云:"掌市之治教政刑、量度禁令,以次叙分地而经市。"注:"次,谓吏所治舍,思次、介次也,若今市亭然。""次"(盘铭作"䇐")是管理市场的机构。因此,盘铭是讲淮夷的贾人到规定的市场上去。铭文还说到周人方面的诸侯百姓,其贾人也必须到市场上去。③

从铭文可以看出,南淮夷和周人方面诸侯百姓的贾人,都必须到"市"

---

① 李零:《中国古代居民组织的两大类型及其不同来源》,李零:《李零自选集》,桂林:广西师范大学出版社,1998 年 2 月,148-168 页。
② 李学勤:《鲁方彝与西周商贾》,《史学月刊》1985 年第 1 期,收入《当代学者自选文库·李学勤卷》,合肥:安徽教育出版社,1999 年 5 月,302 页。
③ 李学勤:《兮甲盘与驹父盨——论西周末年周朝与淮夷的关系》,李学勤:《新出青铜器研究》,北京:文物出版社,1990 年 6 月,138 页。

进行交易,"市"是管理这些贾人的地域机构。

另外,洛邑地区的手工业者,应该基本是聚居的。位于洛阳北窑墓地东南的铸铜遗址墓地,发现有墓葬300余座。这些墓葬多为窄小的长方形竖穴土坑墓,也有一些长度在3米以上的大中型墓。多数小型墓中无随葬品,或仅随葬一、二件陶器和少量贝、石饰。有的研究者推测这些小型墓的墓主,可能属于没有私产的手工业者。①

以上的情况说明,西周时期已经存在商业和手工业者的聚居区域,《作雒解》所说的"工贾胥市,臣仆州里,俾无交为"可能即是对这一现象的反映。

第三节 王都外城邑的形成——地方行政的雏形

王畿地区除了宗周、成周之外的广大区域,西周王朝采用什么样的管理方式。是一个值得深入探讨的问题。有的学者将王朝在宗周、成周之外的王畿区域内所设置的行政机构,看做是西周的地方行政组织。如许倬云通过对西周金文所载的五邑的行政人员及直鄙与散、矢的行政人员的分析,认为西周晚期在地方一级,已有行政系统,不再是单纯的分封制度了②。我们认为这一判断有一定的道理,本节在许先生的基础上,讨论西周时期的地方行政系统。

一、郑

西周金文中,多次提到作为地名的"奠",即"郑":

1. 羚簋③(恭王)

惟正月初吉丁丑昧爽,王在宗周,格大室。祭叔佑羚即立中廷。作册尹册令(命)羚,易(赐)䜌(銮)。令邑于奠(郑),讯讼,取(徵)五乎。对扬王休,用作朕文祖丰中(仲)宝簋,世孙子其永宝用。

2. 康鼎(《集成》2786)

---

① 郜向平:《洛阳地区西周墓葬研究》,前言,吉林大学硕士学位论文,2003年,指导教师:王立新教授。
② 许倬云:《西周史》(增补本),三联书店,2001年1月,226-227页。
③ 朱凤瀚:《西周金文中的"取徵"与相关诸问题》,陈昭容主编:《古文字与古代史》第一辑,台北:中研院史语所,2007年8月,191-212页。

惟三月初吉甲戌，王在康宫，荣伯入右康。王令死司王家，令汝幽黄、攸勒。康拜稽首，敢对扬天子丕显休，用作朕文考釐伯宝尊鼎，子子孙孙其万年永宝用。奠井。

3. 智簋①

惟四月初吉丙午，王令智，赐载市、同黄，鸾旂。曰，用事。司奠囗马。叔囗父加智历，用赤金一钧，用对扬王休，作宝簋，子子孙孙其永宝。

4. 免瑚（《集成》4626）：

惟三月既生霸乙卯，王在周令免作司土，司奠嚣還眔吴眔牧，赐戠衣、銮。对扬王休，用作將彝，免其万年永宝用。

5. 免尊（《集成》5418）

惟六月初吉，王在奠，丁亥，王各大室，井叔右免，王蔑免曆，令史懋赐免载市同黄，作司工。对扬王休，用作尊彝，免其万年永宝用。

6. 郑虢仲簋（《集成》3024－4026）

惟十又一月既生霸庚戌，郑虢仲作宝簋，子子孙孙永宝。

7. 郑井叔康盨（《集成》4400）

郑井叔康作旅盨，子子孙孙其永宝用。

8. 奠牧马受簋盖（《集成》3878－3879）

奠牧马受作宝簋，其子子孙孙万年永宝用。

9. 三年癲壶（《集成》9726）

惟三年九月丁巳，王在奠享醴，呼虢叔召癲，赐羔俎。己丑，王在旬陵，享逆酒，呼师寿召癲，赐彘俎。拜稽首，敢对扬天子休，用作皇祖文考尊壶，癲其万年永宝。

10. 大簋（《集成》4165，穆王）

惟六月初吉丁巳，王在郑，蔑大历，赐乌羊犅，曰：用帝于乃考。大拜稽首，对扬王休，用作朕皇考大中尊簋。

在讨论相关问题之前，我们先分析上引诸器的年代。

黔簋的年代，朱凤瀚认为大致在恭王时期，铭文中的"郑"指今陕西华

---

① 张光裕：《新见智簋铭文对金文研究的意义》，《文物》2000年第6期。

县东北之郑①。康鼎铭末缀有氏名"奠井",郭沫若指出康即奠井叔康盨的奠井叔康②。康鼎的年代,学界尚未有统一意见,郭沫若定在懿王时期,陈梦家考订在孝王时期③,唐兰认为是在恭王时期④,彭裕商认为是厉王时期⑤,《分期断代》采用较为宽泛的说法,认为是西周晚期⑥。我们认为可能在西周中期偏晚。智簋的年代,张光裕认为是在西周中期,可取。⑦ 免器(与免卣同铭的还有免尊(《集成》6006))的时代,郭沫若、陈梦家认为是懿王时期⑧,《分期断代》和彭裕商认为可能是在懿孝时期⑨,唐兰认为免器中的"井叔"可能是《穆天子传》中的"井利","王"是穆王,免器的年代应该是穆王时期⑩。这里采用懿孝时期说。三年瘭壶的年代,《分期断代》认为其年代为西周中期偏晚约当孝王时期左右。⑪彭裕商认为三年瘭壶形制极近番匊生壶,也较近几父壶,后二者的年代都在厉王时期,铭文字体已具有西周晚期的风格,瘭壶应属厉王时期。⑫番匊生壶的形制纹饰与三年瘭壶基本一致,因器铭所载王年较高,为26年,《分期断代》认为其年代在夷厉前后。⑬学界一般认为懿、孝、夷三王的在位年数均不长,因此番生匊壶较有可能是厉王时期。将形制与之相似的三年瘭壶定为是厉王时期,是可以的。大簋的年代,陈梦家认为大的"皇考大中"与盨的"文考大中"是一人,大与盨应该是兄弟,盨器的

---

① 朱凤瀚:《西周金文中的"取徽"与相关诸问题》,陈昭容主编:《古文字与古代史》第一辑,台北:中研院史语所,2007年8月,191—212页。
② 郭沫若:《两周金文辞大系图录考释》(二),北京:科学出版社,2002年10月,186—187页。
③ 陈梦家:《西周铜器断代》,北京:中华书局,2004年4月,220页。
④ 唐兰:《西周青铜器铭文分代史征》,北京:中华书局,1986年12月,430页。
⑤ 彭裕商:《西周青铜器年代综合研究》,成都:巴蜀书社,2003年2月,434—435页。
⑥ 王世民等:《西周青铜器分期断代研究》,北京:文物出版社,1999年11月,41—42页。该书的西周晚期所相当的王世包括厉王到幽王三世。
⑦ 张光裕:《新见智簋铭文对金文研究的意义》,《文物》2000年第6期。
⑧ 郭沫若:《两周金文辞大系图录考释》(二),北京:科学出版社,2002年10月,196—200页;陈梦家:《西周铜器断代》,北京:中华书局,2004年4月,177—184页。
⑨ 彭裕商:《西周青铜器年代综合研究》,成都:巴蜀书社,2003年2月,382—383页。王世民等:《西周青铜器分期断代研究》,北京:文物出版社,1999年11月,156页。
⑩ 唐兰:《西周铜器断代中的康宫问题》,《唐兰先生金文论集》,北京:紫禁城出版社,1995年10月,159—160页。
⑪ 王世民等:《西周青铜器分期断代研究》,北京:文物出版社,1999年11月,133页。
⑫ 彭裕商:《西周青铜器年代综合研究》,成都:巴蜀书社,2003年2月,405—406页。
⑬ 王世民等:《西周青铜器分期断代研究》,北京:文物出版社,1999年11月,133页。

年代,陈梦家认为是在恭王时期,应此定在恭王时期。①唐兰将其排在穆王时期②,彭裕商推测其年代大致在夷厉时期③。如果大的"皇考大中"与盠的"文考大中"是一人的话,大篰的年代可以推定在穆王时期,因为盠主要活动在穆王时期④。郑虢仲簋和郑牧马受簋盖的年代大致在西周晚期。

从以上对各器时代的分析可知,"郑"地是从西周中期开始活跃于金文资料的。《竹书纪年》等文献多有穆王居郑的记载:

《穆天子传》卷四:"天子入于南郑"。郭璞注:"今京兆郑县也,《纪年》:'穆王元年,筑祇宫于南郑。'《传》所谓'王是以获没于祇宫'者。"

《汉书·地理志》京兆尹郑县"周宣王弟郑桓公邑,有铁官"。臣瓒曰:"周自穆王以下都于西郑,不得以封桓公也。初桓公为周司徒,王室将乱,故谋于史伯而寄帑与贿,虢、会之间。幽王既败二年而灭会,四年而灭虢,居于郑父之丘,是以为郑桓公,无封京兆之文也。"

《纪年》曰:穆王所居郑宫、春宫。(《太平御览》卷173)

《竹书纪年》:懿王元年,天再旦于郑。(《太平御览》卷2)

陈梦家对上引资料作过校释,认为臣瓒所述除其按语外都是《竹书纪年》原文。郭璞引《纪年》误西郑为南郑;《穆天子传》之南郑应该是西郑之误,郭因而误之。⑤李家浩亦有此看法,认为《穆天子传》及郭璞注引《竹书纪年》之"南郑"应为"西郑"之误。《汉书》臣瓒曰当本《竹书纪年》,作"西郑",不误。⑥

穆王所居之郑的所在,传统的说法认为是汉的京兆尹郑县,在今陕西华县一带,或称"西郑"。唐兰反对此说,认为根据《史记·秦本纪》:"德公元年,初居雍城大郑宫。"正义引《括地志》"岐州雍县南七里故雍城,秦德公

---

① 陈梦家:《西周铜器断代》,北京:中华书局,2004年4月,169页。
② 唐兰:《西周青铜器铭文分代史征》,北京:中华书局,1986年12月,375 - 376。
③ 彭裕商:《西周青铜器年代综合研究》,成都:巴蜀书社,2003年2月,410页。
④ 关于盠器的年代,参看何景成:《盠驹尊与昭王南征》,《东南文化》,2008年第4期。
⑤ 陈梦家:《西周铜器断代》,北京:中华书局,2004年4月,182页。
⑥ 李家浩:《先秦文字中的"县"》,《文史》第28辑。收入《著名中年语言学家自选集·李家浩卷》,安徽教育出版社,2002年12月,15页。

大郑宫城也。"这个大郑宫应是穆王郑宫的旧址。雍县古城在今凤翔县南，那末，西郑本在今凤翔至扶风一带。① 陈梦家亦认为此郑可能最初在雍县②。唐兰认为西郑在凤翔至扶风一带的说法，主要和他对地名"棫林"的判断有关。《史记·郑世家》索隐引《世本》："桓公居棫林，徙拾。"唐兰认为"棫林"旧地在今扶风、宝鸡一带。郑桓公始封之郑，是在泾西的棫林。后来才迁到京兆尹郑县，可能就是《世本》所说的"徙拾"。③

关于"棫林"在泾西的观点，清代学者雷学淇已经提出。高士奇在《春秋地名考略》则认为，《史记》："秦景公十八年，晋悼公败秦军。追度泾，至棫林而还。"则济泾而后至棫林，棫林之地宜在泾水西，乃今泾阳之境，非华州（按指今华县）矣。既又思之，泾水至高陵合于渭，自是泾、渭合流，历渭南至华州，又历朝邑、华阴而入于河。二水相合，古人每得通称，如涞水入易，易亦可谓之涞。……以此言之，诸侯所涉，不过在同、华之间，泾口之下流，更进而后及于棫林耳。又是役也，诸侯皆不欲进，复以军帅不和，不及取成而退，晋人谓之迁延之役，安得深入敌境而至于泾阳乎？陈槃认为高说较为合理，棫林不得在泾西。④

在以上两种关于"棫林"所在的观点之外，裘锡圭提出了另外一种观点，据《竹书纪年》和臣瓒的说法，郑国一开始就是在东方建立的。按照这种说法，郑桓公所居的"棫林"似乎也应该在东方。《左传》里除了在今陕西境内的棫林外，还有一个在今河南中部叶县附近的棫林。戜簋铭文的"棫林"，即指叶县附近的棫林。桓公所居，可能即是后者。⑤

裘锡圭考证戜簋铭文的"棫林"在河南叶县一带，符合该铭文所载战事，应该是正确的。唐兰认为西郑在凤翔一带的说法，证据比较脆弱。我们这里从传统的说法，认为周穆王所居的郑地，是西郑，在今陕西华县一带。

---

① 唐兰：《用青铜器铭文来研究西周史》附录《伯戜三器铭文的释文和考释》注12，载《文物》1976年第6期，38页。
② 陈梦家：《西周铜器断代》，北京：中华书局，2004年4月，182页。
③ 唐兰：《用青铜器铭文来研究西周史》，《文物》1976年第6期。
④ 参看：陈槃《春秋大事表列国爵姓及存灭表譔异》，台北：中研院史语所，1969年6月，113-114页。
⑤ 裘锡圭：《说戜簋的两个地名——棫林和胡》，《古文字论集》，北京：中华书局，1992年8月，386页。

体国经野：西周王畿的行政区域

上引金文中的郑地，除了郑虢仲簋的郑可能是在今河南新郑外①，应该都是指穆王所居之郑。上引铜器的年代，最早的大致可到穆王时期，结合文献记载穆王居郑的情况来看。郑地的繁荣可能是和穆王在该地的活动有关，穆王在该地建立有祗宫、郑宫、春宫等宫庙建筑，并在该地册命臣属。自穆王以后到西周晚期，郑地一直是西周的一个重要都邑，臣瓒的周王自穆王以下都于西郑的说法可能不合实际。② 但此地居住有王室成员（"王家"），周王在此地册命官员、举行宴飨等，说明了其重要性。

从上引金文资料可以看出，西周王朝对郑地的管理方式是委派官吏。黔簋记载王命作册尹册命黔"邑于郑，讯讼，取遗（徵）五寽"，朱凤瀚分析说：

> "邑于某地"的句式，在以往西周器铭中似未见，既然是王"令邑于奠（郑）"，而且下面还言及要担负"讯讼"之职务，则显然不是以在奠（郑）之邑为其封土的意思。《左传》隐公十一年记郑庄公之言曰："吾先君新邑于此（按：指许国都城西鄙）"，是言"新建邑于此"，参照此语看本铭，则王令黔"邑于郑"，可能是令黔在郑地建新邑。郑地应是指陕西华县东北之郑，此地在西周时期地位非常重要，"王在郑"的铭文数见。建邑于此地，应是王室一项重要事情，故要王亲自下令选择承担此事之官吏。③

周王令黔在郑地建新邑，并要黔担负"讯讼"一职，说明黔很可能是周王委派的管理新建的郑地新邑的地方官员。关于"讯讼"，朱凤瀚认为在当时

---

① 陈梦家认为，郑虢仲之虢仲即东虢。以其在郑故称郑虢。（《西周铜器断代》，182页）朱凤瀚亦持这种观点，认为郑虢仲的"郑"，当在今荥阳至新郑一带。（《柞伯鼎与周公南征》，《文物》2006年第5期）林沄则认为，据康鼎，康受命"死司王家"，而铭尾缀以"奠井"这一复合氏名，而免簋又记载："王在郑，各大室，井叔有免"，可以推测，井氏的一支是在受命治理一度是王都之地的郑以后，冠郑于井氏之上。金文中又有"郑虢"这样的复合氏名，或者是虢氏的一支也曾受命治理郑地所致。（《对早期铜器铭文的几点看法》，《古文字研究》第5辑）

② 雷学淇在《竹书纪年义证》中曾驳此说，曰："穆王以下都于西郑者，此魏史误以王之没于祗宫，谓王即居西郑也。按下十三年《纪》云：'王入于宗周'；十七年《纪》云：'西王母来朝，宾于昭宫'。时并未居西郑。至于十八年《纪》云：'王居祗宫'。此犹尧之游居成阳，纣之游居朝歌，非迁于此也。《懿王纪》云：'自宗周迁于槐里'。则前此皆居于宗周可知。"

③ 朱凤瀚：《西周金文中的"取徵"与相关诸问题》，陈昭容主编：《古文字与古代史》第一辑，台北：中研院史语所，2007年8月，191—212页。

没有专门司理狱讼之类事务的机构之情况下,"讯讼"即掌理狱讼之事是所有较基层的军事或行政官吏都要担负的。

朱凤瀚在上引文章中,还谈到了毁甗:

> 与黔簋铭文内容很相近的是周法高《金文零释》"师旂鼎考释"中所引毁甗铭文。但此铭文未得见原拓本。周氏所作释文为"王易毁赤市、幽黄,用□邑于奠(郑),诸子有邻,取遣十守"。"邑于奠(郑)"的意思应与黔簋铭文中王令黔"邑于奠"的意思相同,故也当是受命建邑于奠(郑),并治理此邑的。

毁甗中"邑"前一字不识,因此"□邑于郑"是否同黔簋一样也解释作建邑于郑,难以确定。如果两者含义相同,黔和毁两人在郑地所建的应该是不同的两个邑。毁的职掌和黔大致相同,也要管理狱讼之事。因此,毁也应该是周王委派的管理郑邑(或郑地某邑)的地方官员。周王委派官员到郑地建立新邑,并负责管理该邑的事务,这可能和郑地在西周中期的繁荣有关。

免瑚铭文反映,郑地设有职官"司徒",负责管理郑周围的林、虞、牧。郑牧马受簋铭文说明,郑地设有"牧马"一职。"牧"属于郑地司徒免的管辖范围,推测"牧马"一职可能为司徒的属官。召鼎铭文说明,召的职责也与管理郑地的马政有关。召受王的直接册命,应该属于王官。但在册命后,叔□父用赤金一钧嘉召历,说明召可能为叔□父的属官。

从以上所反映的郑地的官员设置来看,在西周中晚期,郑地已经形成了一套层级化的行政系统,主要层级的官员都是由周王直接任命。免器(免簋、免瑚、免尊和免盘)的字体相似,器物时代应相近。这四件器物记载了免担任了三种不同的职官:1. 疋周师司林(免簋),2. 司徒(免瑚),3. 司工(免尊)。① 其中司徒为郑地的司徒,免尊的册命地点在郑,由此可推测让免担任的司工一职是指郑地的司工。免在郑地担任着司徒和司工等不同的官职,说明其官职不是继承自其祖考。这反映了免在郑地担任地方官,采用的是任官制

---

① 免所作四器见陈梦家:《西周铜器断代》,北京:中华书局,2004 年 4 月,下册,726-729 页。

而不是世官制。①

与郑地层级化的行政系统相适应，郑地在西周中晚期，形成了都鄙结构的区域框架。免瑚记载免的官职是司徒，职掌是管理郑还的林、虞和牧。"郑还"的"还"，李家浩指出应读为"县"，周代的"县"是指国都或大城邑四周的广大地区。②"郑县"的存在，说明西周时期，郑地已经形成了以郑城邑为中心，周围拥有广大鄙野地区的行政区划。

二、五邑

西周金文中，"五邑"常常作为一个行政单位出现：

虎簋盖（穆王，《考古与文物》1997年3期78-79页）

惟三十年四月初吉，甲戌，王在周新宫，各于大室，密叔入右虎即立，王乎内史曰：册命虎。曰：䩘，乃祖考事先王司虎臣，今命汝曰：更乃祖考足师戏司走马驭人眔五邑走马驭人，汝毋敢不善于乃政。

殷簋（恭王左右，《考古与文物》1986年第4期4-5页）

惟王二月既生霸丁丑，王在周新宫，王格大室，即立。士戌右殷，立中廷，北向。王乎内史言命殷，赐市朱黄。王若曰：殷，命汝更乃祖考友，司东鄙五邑。殷拜稽首，敢对扬天子休，用作宝簋，其万年宝用，孙孙子子其永宝。

羖簋盖（西周中期，《集成》4243）

惟二月初吉，王在师司马宫大室，即立。井伯入右羖立中廷，北向，内史尹册赐羖玄衣黹纯、旂四日，用大备于五邑守（？）堠。拜稽首，敢对扬天子休，用作宝簋，其万年子子孙孙永宝用。

柞钟（厉王前后，《集成》133）

惟王三年四月初吉甲寅，中大师右柞，赐载朱黄縊，司五邑甸人事。柞拜手对扬中大师休。

元年师兑簋（厉王，《集成》4274、4275）

---

① 许倬云分析免尊的"王蔑免历，令史懋赐免……作司工"说，这反映了王在册命前，对免进行审阅资格和经历，这种审阅是人事制度中不可缺的一番手续。蔑免历的事若不是偶然，世官制度当在西周中期开始变为任官制了。（《西周史》，230页）

② 李家浩：《先秦文字中的"县"》，《文史》28辑，1987年。收入《著名中年语言学家自选集·李家浩卷》，合肥：安徽教育出版社，2002年12月，15-34页。

惟元年五月初吉甲寅，王在周，各康庙，即立，同中右师㝨入门立中廷。王呼内史尹册命师㝨疋师龢父司左右走马、五邑走马。赐汝乃祖巿五黄、赤舄。㝨拜稽首，敢对扬天子丕显鲁休，用作皇祖城公将簋，师㝨其万年子子孙孙永宝用。

鄩簋盖（厉王，4296，传出扶风）

惟二年正月初吉，王在周邵宫，丁亥，王格于宣射，毛伯内门，立中廷，右祝鄩，王呼内史册命鄩。王曰：鄩，昔先王既命汝作邑摄五邑祝。今余惟申就乃命，赐汝赤巿同㬅黄、銮旗，用事。鄩拜稽首，敢对扬天子休命，鄩用作朕皇考虋伯尊簋，鄩其眉寿万年无疆，子子孙孙永宝用享。

从上引资料可以看出，五邑设置的官吏有：五邑走马、驭人、五邑甸人、五邑祝。许倬云指出，五邑有祝，有甸人，有走马，似是一个行政单元①，这是很有道理的。关于五邑为哪五个都邑，许倬云认为难以确定，但由师㝨兼职言，左右走马是王室主马政的官员，也属近卫的武职，则五邑走马的职务，也不能离京畿太远。②李峰认为铭文中经常提到的城市如葊、毕及郑应合理地包括在五邑之内。目前对五邑仍没有一个确定的结论，但毫无疑问的是，它们是渭河平原最重要的五个城市。③

殷簋铭文有"东鄙五邑"，鄙的含义与县相近，是指国都或大城邑四周的地区。④"东鄙五邑"似指分布于宗周镐京东鄙的五个城邑。殷簋的"五邑"为一个行政单元，很可能就是虎簋诸器中的"五邑"。从上引诸器的年代判断，"五邑"的名称大致是从西周中期开始，并一直延续到西周晚期。其出现，大概是与宗周郊鄙地区的繁荣和发展有关。

殷是管理"五邑"的行政官员，从"更乃祖考友"可知，有一批隶属于殷的官吏协助殷管理"五邑"。另外，"五邑"还设置有走马、甸人、祝等职官。这些情况反映了在西周时期，"五邑"在行政官员的设置上形成了一定的

---

① 许倬云：《西周史》（增补本），北京：三联书店，2001年1月，226页。
② 同上，226-227页。
③ 李峰：《西周的整体：中国早期的官僚制度和国家》，吴敏娜等译，北京：三联书店，2010年8月，167页。
④ 关于"鄙"的含义，参看李家浩：《先秦文字中的"县"》，《著名中年语言学家自选集·李家浩卷》，合肥：安徽教育出版社，2002年12月，29页。

系统。

通过以上的分析可知，宗周郊鄙地区在西周中期形成了一定的城邑群，从"五邑"的职官设置来看，这些城邑是具有一定规模的。王朝对"五邑"管理，或是委派专门官吏，或是让王朝的官员兼管其部分事务。

三、莽

西周金文经常提到王在莽或莽京活动，莽京有淫宫、上宫等宫殿建筑。① 有关金文可参看附表一《西周时期周王的主要活动地点》，学者已经指出，"莽"即《诗·小雅·六月》"侵镐及方"的"方"，地在渭水南岸。② 楚簋铭文说明，莽地也有"莽鄙"：

楚簋，（西周中期，《集成》4246－4249）
惟正月初吉丁亥，王各于康宫，中侗父内又楚，立中廷，内史尹氏册命楚赤雉市、銮旗，取徽五守，司莽啚（鄙），官内师、舟。楚敢拜手稽首，敢扬天子丕显休，用作尊簋，其子子孙孙万年永宝用。

楚簋的年代，为西周中期。王册命楚管理莽鄙，莽鄙是指"莽"四周的地区。这说明"莽鄙"的行政官员是由王直接任命的。铭文中的内师和舟，《商周青铜器铭文选》认为都是官名，内师为内官之长，舟是司船只的官，舟官之名见于《礼记·月令》，称"舟牧"。③ 莽地有辟雍大池，麦方尊（《集成》6015）和伯唐父鼎（《集录》356）铭文中均提到莽地的"舟"，张政烺认为伯唐父鼎中的伯唐父可能即是舟牧。④

莽地除了有王室的宫庙建筑外，西周的大贵族在这里也建有宫庙：

卯簋盖（《集成》4327）
惟王十又一月既生霸丁亥，荣季入右卯，立中廷，荣伯呼令卯曰：虢，乃先祖考死司荣公室，昔乃祖既令乃父死司莽人，不盅我家

---

① "淫宫"见于史懋壶（《集成》9714）、伯姜鼎（《集成》2791），"上宫"见于僟匜（《集成》10285）。
② 参看刘雨：《金文莽京考》，《考古与文物》1982年第3期；王玉哲：《西周莽京地望的再探讨》，《历史研究》1994年第1期。
③ 马承源主编：《商周青铜器铭文选》（三），北京：文物出版社，1988年4月，162页。
④ 张政烺：《伯唐父鼎、孟员鼎、甗铭文释文》，《考古》1989年6期。

受，用丧。今余非敢履先王又进退。余懋再先公官，今余惟令汝死司
荥宫荥人，汝毋敢不善。

卯簋盖的年代大致在西周中期，从册命内容来看，卯和其祖父、父亲均为
荣伯的家臣。卯所管理的荥宫荥人，应该是荣伯家族分布于荥地的宫庙及
人员。

四、直𨛅

恒簋盖记载王令恒管理直𨛅：

> 恒簋盖（《集成》4199，4200）
> 王曰：恒，令汝更乔克司直𩂣（𨛅），赐汝銮旂，用事，夙夕勿
> 废朕命。恒拜稽，敢对扬天子休，用作朕文考公叔宝簋，其万年子子
> 孙孙永宝用。

恒簋盖于1974年出土于陕西扶风强家村窖藏，同出有师𩰬、师丞、即等
人所作器物。学者已经指出，师𩰬、师丞、即和以前出土的师望鼎的师望属
虢季家族。① 不知恒和这一家族有什么关系。其年代，发掘报告认为是在共懿
时期。②

"直𨛅"的"直"，应该是地名，有的学者认为"司直"连读，犹担当③，
不确。黄盛璋认为"直"即《左传》昭公23年"刘子取墙人、直人"之
"直"，其地当在成周附近。④ "直𨛅"指直邑周围的地区。

铭文中恒是"更乔克司直𨛅"，"乔克"可能为人名，"更"的含义当同
于班簋（4341）"王令毛伯更虢城公服"的"更"，指赓续、继续其职位。
"乔克"似不应为"恒"的祖辈或父辈，这说明职司直𨛅的行政官员是由王直
接任命的。直邑在西周时期估计规模不大，恒受册命时，赏赐物仅有銮旂，没
有命服，也反映了恒的官职不高。

---

① 参看李学勤：《西周中期青铜器的重要标尺》，《中国历史博物馆馆刊》1979年第1期。收入
《新出青铜器研究》，北京：文物出版社，1990年6月，83页。
② 吴镇烽、雒忠如：《陕西省扶风县强家村出土的西周铜器》，《文物》1975年第8期。
③ 马承源主编：《商周青铜器铭文选》（三），北京：文物出版社，1988年4月，233页。
④ 黄盛璋：《扶风强家村新出西周铜器群与相关史实之研究》，《西周史研究》292－293页，《人
文杂志》丛刊第二辑，1984年。

五、丰

丰京是周文王所建的都城，到武王时虽然迁都于镐，因与镐京相距甚近，西周诸王经常在丰京举行祭祀活动和政治活动。这在金文里有比较充分的反映。①

元年师旋簋铭文说明西周时期在丰县设有左右师氏，并设有官员管理左右师氏：

> 元年师旋簋（《集成》4279－4282）
> 惟王元年四月既生霸，王在减废。甲寅，王格庙，即立，遟公入右师旋，即立中廷，王呼作册尹克册命师旋，曰：備于大左，官司丰还左右师氏。

元年师旋簋的年代大致在懿孝时期。② 丰还，李家浩在《先秦文字中的"县"》一文中读"还"为"县"，指出"丰县"是指丰邑四周的广大地区。"備于大左"，郭沫若解释为"就大左之职"，认为"《左传》文七年，宋之官制有左右二师，此大左殆即左师"③。杨宽认为"'大左'即指'大师'之在左者，故简称为'师'，连同人名叫做'师旋'"④。古代的军队编制和居民编制是密切结合的，李家浩在上引文中指出，"丰县左右师氏"所属的军队，可能是由"丰县"的居民编制而成。"大左"高于"师氏"，故周王命师旋就任"大左"之职，掌管丰县左右的师氏。

依据古代的军队编制和居民编制是密切结合的关系推测，"丰县"的"左右师氏"，应同时也是管理丰县居民的官员，在其之上，还设有"大左"一官统管左右师氏。这表明丰县的职官设置具有一定的层级结构。

申簋盖铭文说明丰邑设有"祝"的官职：

> 申簋盖（西周中期，《集成》4267）
> 惟正月初吉丁卯，王在周康宫，各大室，即立。益公内右申，中

---

① 参看附表一《西周时期周王的主要活动地点》，"丰"条。
② 《分期断代》推定其年代是懿王左右（王世民等《西周青铜器分期断代研究》），《断代工程》推定其年代是孝王时期。（《夏商周断代工程1996－2000年阶段成果报告·简本》，32页）
③ 郭沫若：《长安县张家坡铜器群铭文汇释》，《考古学报》1962年第2期。
④ 杨宽：《再论西周金文中'六师'和'八师'的性质》，《考古》1965年第10期。

廷，王命尹册命申更乃祖考疋大祝官司丰人眔九戏祝，赐汝赤市縈黄銮旗，用事。

申簋盖铭文记载册命礼的右者是“益公”，此人作为右者又见于询簋、走马休簋等器，估计申簋盖的年代在西周中期恭懿前后。①铭文说明，丰地设有祝官，丰地和九戏的祝官是由王朝的“大祝”管理的。

六、盩

西周金文有“盩𠂤”和“盩司徒”：

旅鼎（《集成》2728）

惟公大保来伐反夷年，在十又一月庚申。公在盩𠂤，公赐旅贝十朋，旅用作父尊彝。

盩司土幽卣（《集成》5344）

盩司土幽作祖辛旅彝

唐兰指出：“盩𠂤，当在汉代右扶风盩厔县境，现在陕西省周至县东终南镇，是汉代的盩厔城，铜器有盩司土尊和盩司土卣。……可见盩𠂤有司徒。”②

盩𠂤和盩司徒的关系，和成周八𠂤设有“冢司徒”的情形一样。③杨宽认为从“六𠂤”和“八𠂤”设有“冢司徒”等官职可以看出，西周时代的“六𠂤”和“八𠂤”，是一种军队编制和乡邑编制相结合的组织。④ 盩𠂤和盩司徒的关系也反映了这一情况，司徒幽可能是周王委派的管理盩邑民事事务的官员。

通过以上的论述，我们可以看出，西周时期，随着社会和经济的发展，在西都宗周和东都成周之外的王畿地区内，出现了一些具有一定规模的城邑，如上面讨论的郑、五邑、直等地。这些城邑基本都由城邑本身和周围的县鄙构成。周王对这些城邑的管理，是委派官员进行直接管理。如羚簋和㝬甗对郑邑

---

① 询簋的年代，我们推定在恭王时期，参看何景成：《论师询簋的史实和年代》，《南方文物》2010年第4期。

② 唐兰：《论周昭王时代的青铜器铭刻》，《古文字研究》第2辑，北京：中华书局，1981年1月。

③ 成周八师有“冢司徒”一职，见于智壶（《集成》9728）。

④ 杨宽：《西周史》，上海：上海人民出版社，1999年11月，411－419页。

的管理，师旟对丰县的管理，恒对直鄙的管理等。这些地方长官，虽可能主要还是世袭的，但是有些却是采用任命制，如免任郑县的司徒、恒主管直鄙等。

这些由周王直接委派官吏管理的城邑，应该是周王的直属地。这种管理模式是不同于将国都以外的土地分封给卿大夫作为采邑的方式的。这些分布于国都之外的，由周王直接委派官员管理的城邑与王朝的关系，应该可以视作地方和中央的关系。

从金文反映的情况来看，西周时期的地方行政，已略具一定的系统和层级化。如上文讨论的郑地官员的设置情况即反映了这一现象，又如恒簋记载恒受命管理直鄙，许倬云认为直鄙是直地的郊鄙，则这样的有司单位更低于一般地方行政人员。①

当然，西周时期的地方行政还很不成熟。国都之外的直属于王朝的地方城邑的形成，主要是与周王在该地的活动有关。如比较重要的郑、丰和莽三地，周王经常在这些地方活动，基本可以视作西周的别都。王对这些地方委派管理官员进行直接的管理，是与这些地方的别都地位密切相关的。但周王朝对这些地方的管理模式却可视作后世地方行政制度的滥觞。

七、畿内邦君

西周王朝对宗周、成周等王都以外畿内地区的管理，还存在着这样一种方式，即委派官员参与管理畿内诸侯的事务。这种畿内诸侯主要是"邦君"。

"邦君"一词见于西周文献，如《诗经·小雅·雨无正》有"三事大夫，莫肯夙夜。邦君诸侯，莫肯朝夕"。《尚书·大诰》："肆予告我友邦君，越尹氏、庶士、御事。"《顾命》："卿士、邦君、麻冕、蚁裳。"《酒诰》："我西土棐徂邦君、御事、小子。"

西周金文也有"邦君"一词，见于静簋（《集成》4273）②、班簋（《集成》4341）③、五祀卫鼎（《集成》2832）、豆闭簋（《集成》4276）、梁其钟（《集成》187–192）等器。五祀卫鼎的"邦君厉"，唐兰指出："邦君当是王畿里面的小国国君。穆王时的静簋说：'卿鬯芳自邦君，射于大池。'恭王时的

---

① 许倬云：《西周史》（增补本）北京：三联书店，2001年1月，227页。
② 静簋的"邦君"，唐兰说："邦君与班簋同，君字上半因范损，中多一直笔，旧释为周误。"（《西周青铜器铭文分代史征》，360页，注13。）
③ 班簋作"邦冢君"，同于《尚书·牧誓》的"友邦冢君"。

豆闭簋说：'司癸俞邦君司马弓矢。'厉王时的梁其钟说：'邦君、大正'均其例。"①"邦君"既包括畿内邦君，也包括畿外邦君，后者我们在第一章中已经涉及，这里我们主要分析畿内邦君。

金文记载说明，周王会委派官吏参与管理邦君的事务，特别是在军事事务：

静簋
惟六月初吉，王在莾京。丁卯，王令静司射学宫，小子眔服眔小臣眔夷仆学射。雩八月初吉庚寅，王以吴吂、吕犅䎽氒、盠𠂤（师）邦君射于大池，静学无敗，王赐静鞞䩬。

善鼎（《集成》2820）
惟十又一月初吉辰在丁亥，王在宗周，王各大师宫。王曰：善，昔先王即令汝左足𣄴侯。今余惟肇申先王令，令汝左足𣄴侯监䎽师戍，赐汝乃祖旗，用事。

趞簋（《集成》4266）
惟三月，王在宗周。戊寅，王格于大庙，密叔右趞，即立，内史即命，王若曰：，命汝作䎽𠂤（师）冢司马。嫡官仆、射、士，讯小大又隣，取𢼒五寽，赐汝赤市幽亢，鋚旗，用事。

静簋的年代是穆王时期，善鼎的时代，大致为西周中期②，趞簋的右者为"密叔"，和虎簋盖相同，虎簋盖为穆王时器，趞簋的年代应与之相近，为穆恭时期。

关于"䎽"字的释读，我们在本章第二节讨论"遂"时已经作过说明，认为很可能释为豳，作地名，指豳（邠）地。豳地是周的先祖公刘所建的都邑，《诗·大雅·公刘》即记载了公刘迁都到豳的大事。豳地作为周人的发祥地，在西周时期还占据着重要地位，作于宣王时期的克钟，铭文记载王命克循省"京师"。此"京师"，我们在本章第一节中作过分析，认为应该依李学勤

---

① 唐兰：《陕西省岐山县董家村新出西周重要青铜器铭辞的释文和注释》，《文物》1976年第5期，"五祀卫鼎"条注1。收入唐兰：《唐兰先生金文论集》，北京：紫禁城出版社，1995年10月，196页。

② 郭沫若和唐兰都推定善鼎为穆王时器。郭沫若：《两周金文辞大系图录考释》（下），148页；唐兰：《西周青铜器铭文分代史征》，398页

的意见,指豳地。

从善鼎铭文可以看出,西周王朝在豳地驻有军队进行戍守。这可能是为了防止玁狁等族的入侵。①善鼎记载善的职掌是辅佐㝬侯监管豳地的师戍,那么,㝬侯应该是豳地师戍的主管。静簋记载豳地还设置有邦君。② 善鼎说明,西周王朝直接委派官员辅佐邦君管理事务。𧢍簋也说明了这一情况,王册命𧢍作豳地军队的冢司马,主管仆、射、士等类兵种,并负责讯讼事务。

除了善鼎和𧢍簋外,豆闭簋也说明了这一问题:

豆闭簋

惟王二月既生霸,辰在戊寅。王各于师戏大室,井伯入右豆闭,王呼内史册命豆闭。王曰:闭,赐汝䵼衣襮市鋚旗,用篡乃祖考事,司㝬俞邦君司马、弓矢。

豆闭簋记载王命豆闭嗣续其祖考之职,"司㝬俞邦君司马、弓矢",陈梦家谓"邦君"前二字乃是邦名,由此可见邦君诸侯的官,亦是世袭的,亦由周王亲命。③梁其钟记载"天子事梁其身邦君大正",陈梦家说是天子任事梁其使其身为邦君之大正,谓作善夫。④

以上这些情况说明,西周时期,周王会委派官员到畿内邦君参与管理这些邦国在军政等方面的事务。西周王朝委派官员参与管理畿内邦君事务的作法,可以视作西周地方行政萌芽的一种方式。

第四节 余论

在以上各节中,我们讨论了西周的地域组织形式,从乡遂组织和都鄙组织两个方面考察西周地域组织的构成状况。从中我们可以看出,虽然家族、宗族这种以天然的血缘关系为纽带的人群组织单位在西周社会仍占据着重要地位。

---

① 1980年在陕西省长安县下泉村出土的多友鼎,其铭文即记载玁狁"广伐京师"。参看:李学勤《论多友鼎的时代及意义》,《人文杂志》1981年第6期。

② 静簋的"王以吴、吕犅䢵𩰬、盠白(师)邦君射于大池",唐兰解释为:"王和吴、吕犅合䢵师和盠师的邦君们在大池射箭。"(参看《西周青铜器铭文分代史征》,358页)当可信。可见豳地是有邦君的。

③ 陈梦家:《西周铜器断代》,北京:中华书局,2004年4月,152页。

④ 同上,279页。

但是以地缘为纽带的地域组织方式已经建立并得到了较大的发展，并且日益为人们所接受。在西周社会里，周人主要以在名字前冠以姓氏的方式来表明自己出身。但是在姓名前冠以地域名称以表明籍贯的方式开始出现。比如居住在郑地的贵族井氏和虢氏均在氏称中加上地名形成"郑井"（郑井叔康盨《集成》4400）和"郑虢"（郑虢仲簋《集成》3024），井叔家族因居于丰邑而成为"丰井叔"。① 永盂（《集成》10332）所记载的地方官员中有"周人司工殹"、"毕人师同"，所谓的"周人"、"毕人"即是以籍贯称名的方式。这种籍贯称名方式的出现，反映了地缘组织在西周社会的地位和影响。

---

① 朱凤瀚：《商周家族形态研究（增订本）》，天津·天津古籍出版社，2004年7月，351页。

第三章

分官设职：西周政府的职官体系

职官制度研究的一个重要方面就是职官体系，职官体系的研究主要包括政府官员的组织方式和官员的职掌。在这一章中，我们将探讨这一问题。讨论主要围绕以下两个方面展开：1. 职官的组织结构；2. 职官的设置和职掌。

第一节　西周政府的组织结构

讨论西周王朝政府的组织结构，实际上即涉及西周时期政府的职官系统，具体而言，就是对西周职官所作的分类。在对职官的分类整理上，左言东将之大体分为王室政务与王室事务两大部门。卿事寮和太史寮属于前者，后者则指掌管周王的家务和警卫的官员。① 许倬云主要依据斯维至的整理方法，将西周职官分成以下数类：①宫中杂役类，②职有专司类，③武职人员，④文职人员，⑤杂项。② 《西周金文官制研究》基本上是依据名称和职掌，将之主要分为：①傅保类，②师类，③司徒类，④司马类，⑤司空类，⑥史类，⑦祝卜类，⑧司士类，⑨公族，⑩宫廷类等。本节将在这些分类的基础上，主要依据西周册命金文中"右者"与受命者在职官上的隶属关系来揭示西周职官的组织结构。

一、内廷和外廷

目前看来，比较全面的反映周初职官建制系统的史料是《尚书·立政》篇。③ 文中记载要设置的职官名称有：

---

① 左言东：《西周官制概述》，《人文杂志》，1981 年第 3 期。
② 许倬云：《西周史》（增补本），北京：三联书店，2001 年 1 月，211 - 227 页。
③ 关于《尚书·立政》篇的年代以及文句的释读主要依据顾颉刚、刘起釪：《尚书校释译论》，北京：中华书局，2005 年 4 月，1661 - 1710 页。

> 立政：任人、准夫、牧，作三事；虎贲、缀衣、趣马、小尹、左右携仆、百司、庶府；大都、小伯、艺人、表臣百司、太史、尹伯、庶常吉士；司徒、司马、司空、亚、旅；夷、微、卢烝、三亳、阪尹。

顾颉刚在考述这些职官名称时将之分为五组，并总结说第一组是王的枢密，第二组是王的近臣，所谓宫中之官；第三组执行政务，所谓府中之官；第四组处理侯国事务，第五组处理边疆事务。这些解释是二千年来经学师们的研究成果，如果不错，可见那时建官，虽没有系统的编制，而由内及外，次序井然，也可以推测周初的政府组织是相当严密的。①

许倬云在评述这段史料时，认为内百司指宫中，表臣百司（外百司）指政府。三有司也是政府职务，亚、旅是军事人员，夷、微、卢、烝及三亳、阪尹则是管理四族及殷商旧族的人员。整体说来，已显示有限度的职务分工，文武分途及宫中府中的分野。②

尽管顾颉刚和许倬云在具体的文义解释上存在分歧，但基本都认为周初的政府组织已经存在初步的职能分工。这种分工主要体现在宫中与府中，亦即内廷和外廷的分野。

昭王时期的令方彝（《集成》6016）较为详细的记载了西周王朝外廷的职官建制系统：

> 惟八月，辰在甲申，王令周公子明保尹三事四方，受卿事寮。丁亥，令矢告于周公宫。公令佋同卿事寮。惟十月月吉癸未，明公朝至于成周，佋令舍三事令眔卿事寮眔诸尹眔里君眔百工眔诸侯侯、田、男，舍四方令。

"三事"即司徒、司马、司空"三司"。③从铭文所记周公所辖职官来看，周公应该是行政事务的主管，负责外廷事务。

---

① 顾颉刚：《"周公制礼"的传说和＜周官＞一书的出现》，《文史》第六辑，中华书局，1979年。
② 许倬云：《西周史》（增补本），北京：三联书店，2001年1月，209-210页。
③ 参看李学勤：《令方尊、方彝新解》，《古文字研究》第16辑，北京：中华书局，1989年，221页。

分官设职：西周政府的职官体系

这种职能的分化趋势在西周中晚期得到进一步的发展，番生簋盖和毛公鼎①铭文中有关西周政府组织的记录为我们提供了参照。毛公鼎的年代，学术界基本没有异议，认为是在宣王时期。而关于番生簋盖的年代，学术界则存在不同的意见。唐兰定在孝王时期②，彭裕商考订在厉王时期③，大致在西周中晚期之交，早于毛公鼎④。由铭文看来，番生的地位和毛公相当，主管"公族、卿事、太史寮"。毛公的职司也基本是主管公族、卿事寮和太史寮。政府组织已经比较稳定的分为主管宗族事务的公族，主管行政事务的卿事寮和文职官员太史寮三个部分。

二、册命金文中"右"者的时代及其主要职官

西周册命金文中"右"者，或称"傧者"，其身份、地位以及其与受命者的关系，学者已经作过比较充分的阐释。日本学者白川静认为，廷礼的右者由执政者担任，似乎已成为当时惯例，同系统者的任命有由其最高长官右者的惯例⑤。陈汉平在《西周册命制度研究》一书中曾引用李学勤的说法，指出在西周册命金文中，傧者与受命者职务之间有一定统属关系，傧者往往为受命者之上级长官，受命者往往为傧者之下级属官。⑥ 可见，通过分析右者与受命者的关系，可以揭示西周时期的职官结构。

西周册命金文中的"右"者的职官，陈梦家⑦、陈汉平⑧、杨宽⑨等均作过细致的研究。陈梦家、陈汉平认为担任右者的官职是：宰、司徒、司马、司工、司寇和公族。杨宽认为西周中期以后金文册命礼中，未见有司寇作"右"

---

① 分别见《集成》4326，2841。
② 唐兰：《西周青铜器铭文分代史征》，北京：中华书局，1986年12月，489页。
③ 彭裕商：《西周青铜器年代综合研究》，成都：巴蜀书社，2003年2月，426-427页。
④ 彭裕商在考订番生簋盖年代时指出，该器的器形、纹饰均同卯簋盖和师瘨簋盖（按：指2号），年代应相接近。笔者翻查青铜器，该器的纹饰还见于十三年癫壶。该纹饰属于陈公柔等先生所划分的鸟纹的Ⅲ6式，其下股尾羽已由卷云纹演变为窃曲纹的式样，陈公柔等先生认为这种变化大致发生在西周中晚期之交。(《西周铜器分期断代研究》，207页) 十三年癫壶的年代，王世民等定为孝王前后，(《西周青铜器分期断代研究》133页) 李学勤认为在厉王时期。(《西周青铜器研究的坚实基础》，《文物》2000年第5期)。
⑤ 白川静著、袁林译：《西周史略》第四章第一节"廷礼册命与官制"部分，西安：三秦出版社，1992年5月，75-83页。
⑥ 陈汉平：《西周册命制度研究》，上海：学林出版社，1986年12月，110页。
⑦ 陈梦家：《西周铜器断代》，北京：中华书局，2004年4月，406-407页。
⑧ 陈汉平：《西周册命制度研究》，上海：学林出版社，1986年12月，104-111页。
⑨ 杨宽：《西周史》，上海：上海人民出版社，1999年11月，336-363页。

者,也未见有人被册命为专职司寇①的。从本章附表四《右者官职一览表》来看,担任册命右者的官职有:司徒、司工、司马、宰、公族、善夫、中大师和士,其中前五者比较多见,善夫、中大师和士仅一见,且善夫和宰可能为同一类职官。这么看来,担任"右"者的官职主要是前五者。他们应该是西周朝廷的主要大臣。杨宽通过分析册命金文中的"右"者来探索西周王朝的官爵制度,认为册命礼中作为"右"者的司马、司土(或作司徒)、司工以及太宰、公族,都是"卿"一级的朝廷大臣,司马、司徒、司工是属于外朝的大臣;太宰、公族是属于内朝的大臣。②

西周册命金文记载"右"者颇多,下面我们通过确定相关铜器铭文的年代来具体讨论各王世的右者及其职务。

穆王

陈梦家认为策命时傧导之人,只有从恭王起才见载于铜器。③ 彭裕商赞成此说,认为右者见载于器铭应是恭王晚年以后的事。④ 现在看来这一说法需要修正,穆王时期的覛簋记册命司马覛的右者为司工逄。⑤ 这一时期的右者有:

1. 司工逄

见于覛簋"逄司工入右覛",被册命为冢司马。覛簋的年代,论者多人为是穆王时期。

2. 南伯

见于二十七年卫簋(《集成》4256),册命裘卫时的右者。该簋的年代,《分期断代》定为穆王前后。⑥李学勤认为卫簋在裘卫四器中年代最早,可能作

---

① 杨宽《西周史》361页认为:"右"者有司寇的学者是依据黄季鼎,鼎铭记载南季的右者为伯俗父,册命黄季"用左右俗父司",将司后面的字释为"寇"。杨宽认为释为"司寇",从字形来看,不确。从金文"寇"的写法来看(参看《金文编》0533号),此字释"寇"确可疑。
② 杨宽:《西周史》,上海:上海人民出版社,1999年11月,336-363页。
③ 陈梦家:《西周铜器断代》,北京:中华书局,2004年4月,406页。
④ 彭裕商:《西周青铜器年代综合研究》,成都:巴蜀书社,2003年2月,343页。
⑤ 王冠英:《覛簋考释》;李学勤:《论覛簋的年代》;夏含夷:《从覛簋看周穆王在位年数及年代问题》;张永山:《覛簋作器者的年代》;均见于《中国历史文物》,2006年第3期。这些论文都认为该簋的年代是穆王时期。
⑥ 王世民、陈公柔、张长寿:《西周青铜器分期断代研究》,北京:文物出版社,1999年11月,67页。

于恭王末年，盂和鼎作于懿王初年①。但后来李先生将盂和鼎都排入了恭王时期②。彭裕商不同意将裘卫四器的年代定在穆恭时期的看法，认为卫簋所记为夷王二十七年之事，卫盉等三器时代应在其前，即不出孝夷二世，其年代可能仍在夷世③。朱凤瀚将三年卫盉、五祀卫鼎、九年卫鼎均排在恭王时期④。五祀卫鼎中有大臣"井伯"，井伯担任朝廷大臣的活动时期，根据𠑇簋，大致是从穆王24年被册命为冢司马始，持续到懿王初年，历穆、恭、懿三王⑤。因此，卫盉、卫鼎还是放在恭王时期比较合适。至于卫簋，因为纪年数较大，而懿、孝、夷三世一般认为在位年数均不长⑥，我们采用《分期断代》的看法，将其定在穆王前后。

3. 密叔

见于趠簋（《集成》4266）、虎簋盖（《集录》491）。虎簋盖于1996年出土于陕西省凤丹县西河乡山沟村，简报认为虎簋盖的年代为穆王时期⑦。由于铭文的年、月、月相、干支四个纪年要素齐备，对于西周年代学的研究具有重要意义，为配合夏商周断代工程，《考古与文物》的编辑部曾专门召开一次座谈会，讨论虎簋盖的年代等问题。与会专家对于虎簋盖的年代问题，主要有两种意见：王辉、王占奎、吴镇烽等考订为穆王时期，张懋镕、周晓陆认为是共王时期。关于虎簋盖中的"虎"和师虎簋（《集成》4316）中"师虎"的关系，王辉、张懋镕、周晓陆等均认为他们是同一人，但与前两位先生不同的是，周晓陆认为师虎簋的时代在前。王占奎则认为尚不能完全肯定虎和师虎为同一人⑧。虽然在具体的王世上略有差异，但这些学者基本认为虎簋盖属于西周中期前段。

王世民等先生对此持审慎态度，在《西周时期年月日辰俱全铜器分期断代表》中，将虎簋盖置于表末，不作判断，但在注中说明："虎簋盖器身不存，难于准确判断其所属铜器分期，论者多据铭文内容，推断此簋与师虎簋为

---

① 李学勤：《试论董家村青铜器群》，收入李学勤：《新出青铜器研究》，北京：文物出版社，1990年6月，98页。
② 李学勤：《西周青铜器研究的坚实基础》，《文物》2005年第5期。
③ 彭裕商：《西周青铜器年代综合研究》，成都：巴蜀书社，2003年2月，347-353页。
④ 朱凤瀚：《师酉鼎与师酉簋》，《中国历史文物》，2004年第1期。
⑤ 李学勤：《论𠑇簋的年代》，《中国历史文物》，2006年第3期。
⑥ 李学勤：《西周青铜器研究的坚实基础》，《文物》2005年第5期。
⑦ 王翰章等：《虎簋盖铭简释》，《考古与文物》，1997年第3期。
⑧ 王辉等：《虎簋盖铭座谈纪要》，《考古与文物》，1997年第3期。

同人之器，属穆王之器。现存虎簋盖的形制花纹，却与晋侯墓地年代甚晚的第七组 M64 所出方座簋颇为相似，附此存疑，以作进一步研究。"①彭裕商则详细论证这件器物肯定不是穆王时期的，其年代应属夷王晚末②。张懋镕再论虎簋盖的年代时，则考订虎簋盖为穆王时器，不同意将虎簋盖归入西周晚期③。李学勤在其所作的铜器时代表中，均将虎簋盖列在穆王三十年，将师虎簋列在懿王元年④。

以上是学界对虎簋盖时代的主要观点，基本可以分为两说，一说主张在穆王时期，一说则认为时代应较晚，或属于夷王晚末。虎簋盖铭文年月日辰俱全，且铭文中提到的人物可系联一批铜器，涉及到这批相关铜器年代的判断，对于西周青铜器的分期断代研究有重要意义。因此，这里试图结合新近发表的铜器，对这一争议试作一番检讨。

论者多认为虎簋盖与传世的师虎簋为同人所作。两器器主同名，文考日名相同，均为日庚，且遣词造句相同或相近。加之两器中"虎"的职司都是"师"类官职，此说应该成立。师虎簋的册命官员"井伯"和"内史吴"见于师瘨簋盖，其铭文作：

惟二月初吉，戊寅，王在周师司马宫，各大室即立，司马井伯亲右师瘨入门立中廷，王呼内史吴册命师瘨曰：先王既令汝，今余惟申先王令，令汝官司邑人师氏，赐汝金勒。瘨拜稽首，敢对扬天子丕显休，用作朕文考外季尊簋，瘨其万年孙孙子子永宝用享于宗室。

铭文中的"司马井伯亲"，论者指出即 2006 年刊布的传出于宝鸡的亲簋

---

① 王世民、陈公柔、张长寿：《关于夏商周断代工程中的西周青铜器分期断代研究》，《文物》1999 年第 6 期。
② 彭裕商：《西周青铜器年代综合研究》，成都：巴蜀书社，2003 年 2 月，371 页。
③ 张懋镕：《再论虎簋盖及相关铜器的年代问题》，收入张懋镕：《古文字与西周青铜器论集》，北京：科学出版社，2002 年 6 月，55-61 页。
④ 李学勤：《西周青铜器研究的坚实基础》，《文物》2005 年第 5 期；《论亲簋的年代》，《中国历史文物》，2006 年第 3 期。

中的"親"①。親簋的年代,论者均认为是穆王时期,基本没有异议②。井伯親于穆王24年始任冢司马一职,到师瘨簋盖时期,仍在司马职位上。师瘨簋的时代,彭裕商认为是厉王时期③。唐兰④、陈梦家⑤均认为是在共王时期,李学勤排在共王十五年之后⑥。

出土的师瘨簋盖有两件,分别称为1号簋盖和2号簋盖。1号簋盖的纹饰属于王世民等先生所分类的窃曲文Ⅰ型4式,纹样和公臣簋极为类似⑦,公臣簋的年代一般认为为厉王时期。2号簋盖的纹饰类似于十三年瘨壶,属于陈公柔等先生所划分的鸟纹的Ⅲ6式,下股尾羽已由卷云纹演变为窃曲纹的式样⑧。十三年瘨壶时代,王世民等先生定为孝王前后,李学勤先生认为在厉王时期⑨。由此推测,师瘨簋盖的时代应该在西周中期晚段或之后。师虎簋的年代也应在这一段时间之内。

师瘨簋盖(1号)上的纹饰⑩

---

① 王冠英:《親簋考释》,《中国历史文物》,2006年第3期。
② 王冠英:《親簋考释》,李学勤《论親簋的年代》,张永山《親簋作器者的年代》,均见《中国历史文物》,2006年第3期。韩巍则持有不同看法,认为親簋应该是恭王时器。(参看韩巍:《親簋年代及相关问题》,北京大学古代文明研究中心编:《古代文明》第六卷,文物出版社,2007年12月。)
③ 彭裕商:《西周青铜器年代综合研究》,成都:巴蜀书社,2003年2月,426页。
④ 唐兰:《西周青铜器铭文分代史征》,北京:中华书局,1986年12月,414页。
⑤ 陈梦家:《西周铜器断代》,北京:中华书局,2004年4月,163-167页。
⑥ 李学勤:《西周青铜器研究的坚实基础》,《文物》2005年第5期。
⑦ 王世民、陈公柔、张长寿:《西周青铜器分期断代研究》,北京:文物出版社,1999年11月,182-187页。
⑧ 同上,194-207页。
⑨ 李学勤:《西周青铜器研究的坚实基础》,《文物》2005年第5期。
⑩ 陕西省文管会:《陕西省永寿县、武功县出土的西周铜器》,《文物》1964年第7期。

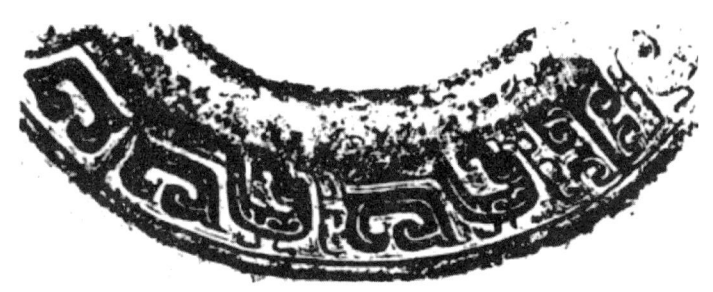

师瘨簋盖（2号）上的纹饰

十三年瘨壶

图二：师瘨簋和十三年瘨壶的纹饰

若如将师瘨簋盖的年代定在厉王时期，则井伯亲于穆王24年担任王朝冢司马以来，历经穆、共、懿、孝、夷而至厉王时期仍然在位，这是难以想象的。因此，师瘨簋盖的年代不能晚至厉王时期。

司马井伯亲的官宦生涯延伸到何时，李学勤、夏含夷①等学者基本都是根据师虎簋来推定。师虎簋的年代，由于铭文所记的"惟元年六月既望甲戌"的年历记载与懿王元年"天再旦于郑"的公元前899年完全符合，李学勤、夏含夷、王世民等先生基本都将其年代定为懿王时期。从器形上看，学者均已指出和即簋、无其簋相似。即簋的年代，李学勤考订为孝夷之间②，彭裕商认为在夷世③。王世民等先生认为无其簋和师虎簋宜为西周中期后段器④。结合司马井伯亲任职时间来看，把师虎鼎定在共懿时期可能比较合理。

关于虎簋盖和师虎簋的先后问题，彭裕商指出虎簋盖纪年为三十年，不自称为师，铭文记王命虎佐助师戏，即为其偏属，并非是一个部门的长官，看来

---

① 夏含夷：《从𣪘簋看周穆王在位年数及年代问题》，《中国历史文物》，2006年第3期。
② 李学勤：《西周中期青铜器的重要标尺》，《中国历史博物馆馆刊》，1979年第1期。
③ 彭裕商：《西周青铜器年代综合研究》，成都：巴蜀书社，2003年2月，374页。
④ 王世民、陈公柔、张长寿：《关于夏商周断代工程中的西周青铜器分期断代研究》，《文物》1999年第6期。

应该是虎初袭职时之事。而师虎簋铭已自称为师，且"嫡官司左右戏繁荆"，已继承其父祖成为一个部门的长官，其事应在后。这种称呼上的变化与询簋和师询簋的情况相同①。这一说法很有道理。这么看来，假如将师虎簋的年代定在懿王元年，则虎簋盖可能是穆王时期或共王时期。从两王的在位年数来看，将虎簋盖定为穆王时期比较合理。

4. 穆公

见盠方尊（《集成》6013）、盠方彝（《集成》9900）、戠簋（《集成》4255）。

盠方尊的年代，《分期断代》定在懿王时期。"穆公"还见于穆公簋盖（《集成》4191）、尹姞鬲（《集成》0754）。李学勤曾考订穆公簋盖及相关器物的年代，认为盠方尊、盠方彝和戠簋的右者都是穆公，应即穆公簋盖的器主。穆公簋凤纹不分尾，与穆王时期的特点相合。穆公簋铭里的宰利，很可能就是文献中的井利②。彭裕商认为穆公簋盖饰鸟纹，学者多认为是穆王时器。但其字体较晚，且鸟纹也属于西周晚期，穆公又见于盠方尊、方彝、戠簋和尹姞鬲，后几器从铭文字体、纹饰来看，其年代都不能到穆王时期，所以穆公簋盖的年代应在穆王以后。盠器的年代大致不出懿孝二世③。2003年，陕西眉县杨家村青铜器窖藏的出土，为盠器年代的判断提供了判断依据。王占奎和李学勤等先生均认为，杨家村附近李家村铜器窖藏所出土的盠器中的盠，应该就是逑盘的惠仲盠父。惠仲盠父主要活动于昭穆时期④。可见，李先生将盠器的年代定在穆王时期是可取的，我们在《盠驹尊与昭王南征》一文中，通过历日的联系，认为盠驹尊是昭王时器，盠方彝、方尊的年代则是穆王早期⑤。

穆王时期的右者主要是以上所讨论的司工逆、南伯、密叔和穆公，这三者应该是穆王时期的主要大臣。另外，据親簋，在穆王24年，井伯親开始担任冢司马一职。

---

① 彭裕商：《西周青铜器年代综合研究》，成都：巴蜀书社，2003年2月，371－372页。
② 李学勤：《穆公簋盖在青铜器分期上的意义》，收入李学勤：《新出青铜器研究》，北京：文物出版社，1990年6月，68－71页。
③ 彭裕商：《西周青铜器年代综合研究》，成都：巴蜀书社，2003年2月，341－344页。
④ 《陕西眉县出土窖藏青铜器笔谈》，《文物》2003年第6期。
⑤ 何景成：《盠驹尊与昭王南征》，《东南文化》2008年第4期。

恭王

1. 井伯

见于趩曹鼎（《集成》2783）、师至父鼎（《集成》2813）、走簋（《集成》4244）、豆闭簋（《集成》4276）、师𤭖簋盖（《集成》4283、4284）、师虎簋（《集成》4316）、利鼎（《集成》2804）、师毛父鼎（《集成》4196）、𢼩簋盖（《集成》4243）等器。这些器物多为恭懿时期，井伯的职官为司马，主要活动穆王晚年到懿王初年。其中利鼎的年代，郭沫若认为该器有井伯，有般宫，与七年趩曹鼎同，定在恭王时期①。彭裕商认为是夷王时器②，侯毅认为利鼎的制作年代应该在西周晚期的前段，即夷王或厉王时期③。利鼎的形制与大鼎、多友鼎类似，该形制的鼎多属西周晚期，因此彭裕商与侯毅的观点较为合理。那么，以上这些青铜器铭文中的井伯，至少代表两个不同时期的人。

2. 荣伯

见于应侯视工钟（《集成》107）、卫簋（《集成》4209-4212）、师𮐶簋（《集成》4257）、宰兽簋（《集录》490）、康鼎（《集成》2786）、同簋（《集成》4270，4271）、辅师嫠簋（《集成》4286）。

目前所见应侯视工钟有四件。关于其年代，我们结合应侯视工所作的簋、鼎等器物进行了综合考察，认为其年代应该在厉王时期。④ 卫簋、师𮐶簋的年代，《分期断代》认为是在恭王前后。宰兽簋的年代，《分期断代》定在孝王前后。辅师嫠簋《分期断代》认为是西周中期器。康鼎的年代，《分期断代》认为是西周晚期器，我们认为应是在懿孝左右（详下）。另外，敔簋（《集成》4323）提到"荣伯之所"，卯簋盖（《集成》）4327）记载荣伯册命家臣卯，裘卫盉（《集成》9456）和永盂（《集成》10332）都提到"荣伯"担任王朝的大臣。韩巍根据上列铜器的时代将西周中晚期的荣伯分为三代，分别是共懿时期、孝夷时期和厉宣时期⑤。共懿时期担任右者的荣伯，从宰兽簋可知，担任司土一职。

---

① 郭沫若：《两周金文辞大系图录考释》（二），北京：科学出版社，2002年10月，176页。
② 彭裕商：《西周青铜器年代综合研究》，成都：巴蜀书社，2003年2月，378页。
③ 侯毅：《首都师范大学收藏的两件西周青铜器》，《文物》2006年第12期。
④ 何景成：《应侯视工青铜器研究》，朱凤瀚主编《新出金文与西周历史研究》，上海：上海古籍出版社，2011年5月，224-266页。
⑤ 韩巍：《西周金文世族研究》，北京大学博士研究生学位论文，2007年，109-111页。指导教师：李零教授。

3. 益公

见于询簋（《集成》4321）、走马休盘（《集成》10170）、师道簋①、王臣簋（《集成》4268）、申簋盖（《集成》4267）。询簋的年代，我们考订在恭王时期②。走马休盘的年代，《分期断代》定在恭王时期。师道簋的年代，李朝远推定在懿王时期③。王臣簋的年代，《分期断代》定在孝王时期。申簋盖系恭、懿时器④，申簋盖和走马休盘所载历日存在联系，申簋盖所载历日是"正月初吉丁卯"，走马休盘是20年正月既望甲戌，两者相距7天，符合目前学界对"初吉"和"既望"的理解⑤，因此申簋盖虽没有纪年，但很有可能是作于20年，如果这一推测合理，申簋盖应是恭王时器⑥。益公担任右者的时代大致在恭王到孝王左右。关于益公所担任的职官，唐兰在讨论师永盂时认为，井伯既是司马，益公应当是司徒，所以管分土地的事情。而荣伯可能是司空，这是三个最高职位⑦。从宰兽簋可知，司土是由荣伯担任，应该不是益公。

4. 公族□釐

见于师酉簋，师酉簋的年代，我们考订大致在恭王时期⑧。

5. 伯俗父

见于黄季鼎（《集成》2781）。"伯俗父"又见于五祀卫鼎，五祀卫鼎的时代，上文已经讨论过，在恭王时期。伯俗父的活动时间应大致也在这一时期。

6. 定伯

见于即簋（《集成》4250）。即簋的年代，《分期断代》推定在恭王前后。李学勤认为即的年代在孝夷⑨。"定伯"又见于三年卫盉、五祀卫鼎，这两器的年代大致在恭王时期。因此，定伯的活动时间大致是在恭王到孝夷时期。

---

① 李朝远：《师道簋铭文考释》，上海博物馆编《草原瑰宝：内蒙古文物考古精华》，上海：上海书画出版社，2000年，16页。
② 何景成：《论师询簋的史实和年代》，《南方文物》，2008年第4期。
③ 李朝远：《师道簋铭文考释》，上海博物馆编《草原瑰宝：内蒙古文物考古精华》，上海：上海书画出版社，2000年6月，16页。
④ 刘兴：《申簋盖铭考释》，《考古与文物》1983年第2期。
⑤ 《断代工程》总结：初吉在初一到初十，既望指满月后月的光面尚未明显亏缺。（35－36页）
⑥ 《断代工程》将休盘的既望甲戌定在23日（该书31页）。似不太符合对既望的理解，有点偏晚。
⑦ 唐兰：《永盂铭文解释》，《唐兰先生金文论集》，北京：紫禁城出版社，1995年，171页。
⑧ 何景成：《论师询簋的史实和年代》，《南方文物》，2008年第4期。
⑨ 李学勤：《西周中期青铜器的重要标尺》，《中国历史博物馆馆刊》，1979年第1期。

7. 士戍

见于殷簋（集录487），铭文记载册命的地点在"周新宫"。"新宫"的叫法，朱凤瀚指出可以作为断代的时限依据，认为周"新宫"之称大抵使用于恭王到孝王阶段内。①李学勤认为"周新宫"之称始见于穆王后半期，延用于恭王之世②。士戍的活动时期大致在此范围。

8. 宰佣父

见于望簋（《集成》4272），该簋的册命地点在"周康宫新宫"，时代应大致在穆王后期到恭王前后。望簋的纪年是13年，定在恭王时期比较合适。《商周青铜器铭文选》认为宰佣父即楚簋的右者仲佣父③，很有可能。

9. 康公

见于郜宛簋（《集成》4197）。该簋的年代，陈梦家认为其纹饰近于师瘨簋盖及五年师旋簋，故此器宜在恭王元年。若所断不误，则右者康公疑即密康公④。唐兰排在孝王时期⑤。该器的形制属于《分期断代》的Ⅰ型3式簋，纹饰介于朱凤瀚所分长卷尾鸟纹的Ⅲ式和Ⅳ式之间⑥，年代应在西周中期。此从陈梦家说法。

懿王

1. 井叔

见于师察簋（《集成》4253）、趞尊（《集成》6516）、免簋（《集成》4240）、免尊（《集成》6006）。

井叔应即康鼎中的康。康鼎于铭末缀以"奠井"二字，它器则称"奠井叔康"⑦。林沄在讨论复合氏名时指出，据康鼎记载，康受命"死司王家"，而铭尾缀以"奠井"这一复合氏名。而免簋又记载："王在郑，各大室，井叔右免"，可以推测，井氏的一支是在受命治理一度是王都之地的郑以后，冠郑

---

① 朱凤瀚：《士山盘铭文初释》，《中国历史文物》，2002年第1期。
② 李学勤：《对"夏商周断代工程"西周历谱的两次考验》，收入李学勤：《中国古代文明研究》，上海：华东师范大学出版社，2005年4月，337页。
③ 马承源主编：《商周青铜器铭文选》（三），北京：文物出版社，1988年4月，162页。
④ 陈梦家：《西周铜器断代》，北京：中华书局，2004年4月，175页。
⑤ 唐兰：《西周青铜器铭文分代史征》，北京：中华书局，1986年12月，490页。
⑥ 器形、铭文见陈梦家：《西周铜器断代》（下），北京：中华书局，2004年4月，720页。
⑦ 徐中舒：《禹鼎的年代及其相关问题》，《考古学报》1959年第3期。

于井氏之上,遂成复合氏名①。免器的时代,彭裕商认为是在懿孝时期②。趩尊的年代,《分期断代》定为孝王前后,师察鼎定在懿王时期。康鼎的时代应该早于井叔作右者时。因此,井叔主要活动在懿孝时期。

2. 井伯

见上文讨论。

3. 宰朏

见吴方彝盖(《集成》9898)"宰朏右作册吴"。

该器的年代,《分期断代》考订在懿王前后。彭裕商改订在厉王时期,并认为器主作册吴可能即师虎簋、牧簋等器提到的内史吴③。"内史"在师俞簋盖中又称"作册内史",彭先生认为作册吴可能是内史吴很有道理。"内史吴"还见于师瘨簋盖,其年代在恭王时期。师虎簋是懿王时器。据此,对于吴方彝的年代,我们从《分期断代》的看法。

4. 益公

见上文讨论。

孝王

1. 益公

见上文讨论

2. 司马共

见谏簋(《集成》4285)、瘨盨(《集成》4462、4463)、师晨鼎(《集成》2817)、师俞簋盖(《集成》4277)。

这四器的册命地点相同,右者相同,论者多认为是一时之作。谏簋的年代,《分期断代》认为是孝王时期,将瘨盨定在孝王时期。李学勤认为这四器的纪年自三年到五年,历日彼此调和,无疑是同一王世的作品。对照历表,应排在厉王的三至五年。十三年瘨壶宜列于厉王,该铭中右者为迟父,此人又见于害簋,而簋铭称"王在夷宫",这显然不能早于厉王④。李先生将十三年瘨壶归入厉王时期,当可信。彭裕商认为瘨器除四年瘨盨以外,大致是厉王时器。瘨盨在历日上与十三年瘨壶不能相合,说明二者不应是同一王世。瘨盨应

---

① 林沄:《对早期青铜器铭文的几点看法》,收入林沄:《林沄学术文集》,北京:中国大百科全书出版社,1998年12月,66页。
② 彭裕商:《西周青铜器年代综合研究》,成都:巴蜀书社,2003年2月,383页。
③ 同上,403页。
④ 李学勤:《西周青铜器研究的坚实基础》,《文物》2005年第5期。

属夷世①。司马共很可能是继司马井伯觌后担任王朝司马职务的，其活动时期大致在孝王到厉王时期。

3. 公族组

见于牧簋（《集成》4343）。牧簋的年代，《分期断代》认为其所饰波浪纹也见于三年㝨壶、番匊生壶等器。为西周中期偏晚当孝夷前后器②。

4. 荣伯

见上文讨论

夷王

1. 遟公

见于元年师旋簋（《集成》4279－4282）。《分期断代》将同人所作器五年师旋簋都定在夷王前后。朱凤瀚将元年器排在孝王时期，五年器排在夷王时期③。

2. 荣

见于师询簋（《集成》4342）。师询簋的年代，我们定在夷王时期④。

3. 㝨伯

见于三年师兑簋（《集成》4318、4319）。李学勤将此器的年代排在夷王三年⑤。

厉王

1. 中大师

见于柞钟（《集成》133）。陈公柔认为柞钟的年代是厉王时期⑥。《分期断代》认为其纹饰与㝨钟（三）、㝨钟相近，将其定为厉王时器。彭裕商认为本器器形纹饰类同㝨钟（三）、梁其钟、宗周钟（㝨钟）、师丞钟等厉王时器，同出器物也属于厉宣时，如几父壶、中友父簋、盘等，故本器年代应大致在厉

---

① 彭裕商：《西周青铜器年代综合研究》，巴蜀书社，2003年2月，355页，406页。
② 王世民、陈公柔、张长寿：《西周铜器分期断代研究》，北京：文物出版社，1999年11月，79页。
③ 朱凤瀚：《师酉鼎与师酉簋》，《中国历史文物》，2004年第1期。
④ 何景成：《论师询簋的史实和年代》，《南方文物》2010年第4期。
⑤ 李学勤：《论师兑簋的先后配置》、《细说师兑簋》，收入李学勤：《夏商周年代学札记》，沈阳：辽宁大学出版社，1999年10月，162－179页；李学勤：《西周青铜器研究的坚实基础》，《文物》2005年第5期。
⑥ 陈公柔：《记几父壶、柞钟及其同出的铜器》，收入陈公柔：《先秦两汉考古学论丛》，北京：文物出版社，2005年5月，73－78页。

宣之际，考虑到其纪年为三年，故暂定宣世①。这里从厉世说。

2. 武公

作为右者见于南宫柳鼎（《集成》2805）、敔簋（《集成》4323）。

武公还出现禹鼎（《集成》2833）、多友鼎（《集成》2835）中。禹鼎的年代，徐中舒考订当属厉王时期，并认为敔鼎中的荣伯，即厉王时之荣夷公②。多友鼎中的叔向父，学者指出即叔向父禹簋中叔向父，与禹鼎年代相同。南宫柳鼎中的武公，学者已指出，即禹鼎、多友鼎、敔鼎等器的武公，年代应属厉王时期③。

3. 遅父

见十三年癲壶（《集成》9723，9724）、害簋（《集成》4258-4260）。害簋作"犀父"。

害簋的册命地点在"犀宫"，即"夷宫"。研究者据此将十三年癲壶、害簋的年代定在厉王或厉王以后。据扶风庄白微史家族铜器窖藏，知癲是史墙的儿子，墙活动于恭王时期，将十三年癲壶和害簋定在厉王时期比较合理④。

4. 宰琱生

见于师毁簋（《集成》4324，4325）。

1957年在陕西长安出土有辅师毁簋，论者多认为与旧出两件师毁簋为一人所作。《分期断代》说明，前者是Ⅰ型3式的圈足簋，后者是Ⅳ型2式，彼此相去甚远。两器器形、纹饰不同，作器者似非一人，也非同时之器。辅师毁簋为西周中期器物，师毁簋的年代在厉王前后。李学勤进一步申论此说，认为辅师毁簋有荣伯，在恭王或略早一点。师毁簋为厉王时器，其右者宰琱生即琱生簋的琱生。琱生簋有召伯虎即召穆公，正是共和行政的大臣⑤。

5. 同仲

见于元年师兑簋（《集成》4274、4275）。

师兑所作器还有三年师兑簋，不少学者认为，元年、三年师兑簋的历日难以调谐。李学勤主张师兑簋并非元年在前，三年在后，而是相反，两者历日扞

---

① 彭裕商：《西周青铜器年代综合研究》，成都：巴蜀书社，2003年2月，444页。
② 徐中舒：《禹鼎的年代及其相关问题》，《考古学报》1959年第3期。
③ 彭裕商：《西周青铜器年代综合研究》，成都：巴蜀书社，2003年2月，391-398页。
④ 李学勤：《西周青铜器研究的坚实基础》，《文物》2005年第5期。
⑤ 同上。

格均以此故。三年师兑簋应在夷王三年，元年师兑簋在厉王元年①。同仲又见于几父壶（《集成》9721，9722），该壶的形制与三年瘨壶基本一致。陈公柔认为几父壶的年代应该是厉王时期②。

6. 宰㲋

见于蔡簋（《集成》4340）。蔡簋的年代，彭裕商认为是在厉王元年③。该器的册命史官"史敖"，见于谏簋、瘨盨等夷厉时期的铜器，李学勤将史敖的活动时期定在夷厉时期是可取的④。因此，将蔡簋的年代定在厉王元年是可行的。

7. 虢仲

见于何簋（《集成》4202）。彭裕商认为虢仲即厉王时期伐东夷的虢仲，因此定期年代为厉王时期⑤。虢仲又见于虢仲盨盖（《集成》4435）、公臣簋（《集成》4184-4187）和柞伯鼎⑥等器。虢仲盨称："虢仲以王南征，伐南淮夷"，徐中舒认为盨铭的虢仲是厉王时人，见于《后汉书·东夷传》。传云："厉王无道，淮夷入寇，王命虢仲征之，不可。"此役与虢仲盨所载实相先后，盖虢仲伐南淮夷不克之后，因遂以王南征⑦。朱凤瀚讨论柞伯鼎时认为，柞伯鼎和虢仲盨铭文中的"虢仲"可能是同一人。厉王时虢仲在王朝内具有重要的政治与军事地位，这与柞伯鼎铭文中所见虢仲能够号令其他诸侯的地位是一致的。其身份可能近于班簋铭文中的毛伯，可以"屏王位，作四方极"，有号

---

① 李学勤：《论师兑簋的先后配置》、《细说师兑簋》，《夏商周年代学札记》，沈阳：辽宁大学出版社，1999年10月，162-179页；李学勤：《西周青铜器研究的坚实基础》，《文物》2005年第5期。

② 陈公柔：《记几父壶、柞钟及其同出的铜器》，《先秦两汉考古学论丛》，北京：文物出版社，2005年5月，73-78页。

③ 彭裕商：《西周青铜器年代综合研究》，成都：巴蜀书社，2003年2月，366页。

④ 李学勤《西周青铜器研究的坚实基础》，表二，《文物》2005年第5期。表中称史敖为史失，该字我们从刘钊释为"敖"。表中将望簋中的史官也释为史失，望簋只传摹本，史官名字摹作"年"，甚清楚。因此我们不认为这字是"敖"字的误摹。望簋的册命地点是"康宫新宫"，朱凤瀚认为周"新宫"之称大抵使用于恭王到孝王阶段内。（《士山盘铭文初释》，《中国历史文物》，2002年第1期）。李学勤认为"周新官"之称始见于穆王后半期，延用于恭王之世。（《对"夏商周断代工程"西周历谱的两次考验》，收入李学勤：《中国古代文明研究》，337页）因此，似不应将望簋排在厉王时期。

⑤ 彭裕商：《西周青铜器年代综合研究》，成都：巴蜀书社，2003年2月，396页。

⑥ 朱凤瀚：《柞伯鼎与周公南征》，《中国历史文物》，2006年第5期。

⑦ 徐中舒：《禹鼎的年代及其相关问题》，《考古学报》，1959年第3期。

令其他诸侯邦君的权利①。

8. 善夫克

善夫克作为右者,见于鬲比盨(《集成》4466)。鬲比盨的年代,因同人所作器鬲比鼎(《集成》2818)的铭文记载王在"周康宫䙴大室",多认为是厉王时器②。裘锡圭说,从鼎、盨铭文来看,鬲比应是厉王的一个宠臣。盨铭所记是厉王将原属其他臣下的田邑转赐给比之事。鼎铭所说的攸卫牧分田邑给鬲比之事,也应出自厉王之命。所以在攸卫牧不执行时,鬲比才会直接向厉王告发他。厉王喜欢做这种予夺随心的事,无疑是触怒贵族以致遭到流放的一个重要原因③。大簋盖(《集成》4298、4299)和吴虎鼎(《集成》364)铭文也反映了这种情况,大簋盖铭文中王把原来属于趞夐的里转赐给了大。大所做的器物还有大鼎(《集成》2807),从形制看是西周晚期器物,有的研究者认为可能属于厉王时期④,看来是有道理的。吴虎鼎铭文记载:"王命善夫丰生、司工雍毅申剌王命,取吴䜌旧疆付吴虎。"其中的"剌王"即"厉王"。

宣王

1. 宰引

见于颂簋(《集成》4332 - 4339)、颂鼎(《集成》2827)、颂壶(《集成》9731、9732),三器铭文相同。

另外有史颂鼎(《集成》2787)、簋(《集成》4229 - 4236)等,学者多认为颂与史颂为一人,李学勤曾撰文论证此说,并认为定颂的器物在宣王三年是合理的⑤。史颂鼎的年代,《分期断代》推定在厉王前后。朱凤瀚将史颂器的年代定在夷王时期,颂器的年代定在厉王时期⑥。彭裕商认为史颂器和颂器为一人所作,年代相同。年代大致属宣王⑦。史颂器和颂器的年、月相同,干

---

① 朱凤瀚:《柞伯鼎与周公南征》,《文物》,2006 年第 5 期。
② 参看郭沫若:《两周金文辞大系图录考释》(二),北京:科学出版社,2002 年 10 月,265 页;王世民等:《西周青铜器分期断代研究》,北京:文物出版社,1999 年 11 月,47 页;《断代工程》33 页。
③ 裘锡圭:《释虳》,《容庚先生百年诞辰纪年文集》(古文字研究专号),广州:广东人民出版社,1998 年 4 月,155 页。
④ 王世民等:《西周青铜器分期断代研究》,北京:文物出版社,1999 年,47 页;《断代工程》(33 页)将大所作的这两件器物,均归入厉王时期。
⑤ 李学勤:《颂器的分合及其年代的推定》,《古文字研究》第 26 辑,北京:中华书局,2006 年,163 页。
⑥ 朱凤瀚:《古代中国青铜器》,天津:南开大学出版社,1995 年 6 月,777 页。
⑦ 彭裕商:《西周青铜器年代综合研究》,成都:巴蜀书社,2003 年 2 月,445 - 446 页。

支相连①，必为同时之器。但史颂鼎和颂鼎两者形制有别，史颂鼎的型制属于《分期断代》的Ⅳ型4式，颂鼎属于Ⅴ型3式。《分期断代》曾据函皇父鼎甲器和乙器的关系，说明Ⅳ型鼎和Ⅴ型鼎可以并存。函皇父鼎甲属于Ⅳ型4式，鼎乙属于Ⅴ型2式②。史颂器和颂器也说明了这一情况。对于其年代，这里采用宣王说。

2. 宰䚄

见于寰盘（《集成》10172）、寰鼎（《集成》2819），两器同铭。

传世有师寰簋，郭沫若谓与本器作者为一人。其器形、纹饰与颂簋完全相同，铭文记载征伐淮夷，与宣王的史实相合，学者多推定其年代为宣王时期③。

寰盘的年代，《分期断代》推定在厉王前后。彭裕商认为此器为宣王时期④。寰盘的册命史官有史减，见于42年逨鼎乙和43年逨鼎辛⑤。逨鼎的年代，一般认为是在宣王时期⑥。据此，王世民等学者认为，过去曾被判断年代稍早的若干铜器，既与逨组铜器关联较多，自应年代相同或相近，将其改订为宣王前后可能更加适宜⑦。由此，寰盘的年代应该置入宣王时期。

3. 申季

见于大克鼎（《集成》2836）、伊簋（《集成》4287）。

大克鼎，传清季陕西扶风法门寺任村出土。同出的有小克鼎、克钟、克盨等器。大、小克鼎及克盨俱称善夫克。郭沫若认为其年代属厉王时期⑧。唐兰谓，据大克鼎，克的文祖师华父是"恭保厥辟恭王"的。恭王的孙是夷王，曾孙是厉王。因此，作大克鼎的时代，相当于夷王或厉王。大克钟铭文有"王在周康剌宫"，其年代应该是宣王时期⑨。李学勤在《论克器的区分》一文中，将西周晚期王朝的克区分为三个：1. 师克盨，2. 克鼎、盨，3. 克镈、

---

① 郭沫若指出两器日辰相差近18天。（参看《两周金文辞大系图录考释》（二），北京：科学出版社，2002年10月，163页）
② 王世民等：《西周青铜器分期断代研究》，北京：文物出版社，1999年11月，47页。
③ 彭裕商：《西周青铜器年代综合研究》，成都：巴蜀书社，2003年2月，438页。
④ 同上，460页。
⑤ 陕西省考古研究所等：《陕西眉县杨家村西周青铜器窖藏发掘简报》，《文物》2003年第6期。
⑥ 参看《陕西眉县出土窖藏青铜器笔谈》，《文物》2003年第6期。
⑦ 参看《陕西眉县出土窖藏青铜器笔谈》，王世民部分，《文物》2003年第6期。
⑧ 郭沫若：《两周金文辞大系图录考释》（二），北京：科学出版社，2002年10月，121页。
⑨ 唐兰：《关于大克钟》，收入《唐兰先生金文论集》，北京：紫禁城出版社，1995年10月，334－339页。

钟。克鼎、盨的年代为厉王时期，克镈、钟的年代为宣王时期①。后来在《西周青铜器研究的坚实基础》一文中则不再作区分，认为将克器安排在宣王时期比较合理。彭裕商认为克钟的年代为宣王时期，克盨、大小克鼎与克钟同出，应为同一人所作，也是宣王时期②。《分期断代》认为它们可能属于同一王世，也可能分属于不同王世。要之，在西周中晚期之交的夷厉之世③。朱凤瀚定大小克鼎和克盨的年代是夷厉时期④。克钟的年代据唐兰研究，应该是宣王时期。与其同坑出土的克器既为同人所作，应是宣王时期。

伊簋的年代，《断代工程》排在宣王时期⑤，彭裕商从伊簋的形制上论证该器应是宣王时器⑥，这些看法应该是有道理的。

4. 毛伯

见于鄂簋盖（《集成》4296）。

关于鄂簋盖的年代，《分期断代》考订在厉王前后。铭文中称册命地点为"王在周邵宫"，颂鼎、趞鼎铭均称王在周康邵宫，当即此铭之周邵宫⑦。夏商周断代工程的西周金文历谱将之排入宣世⑧。彭裕商认为此器是西周晚期器，铭文中提到的右者毛伯，可能是毛公鼎的毛公或其子辈，又有宣榭，见于宣王时期的虢季子白盘，口沿下纹饰同宣王27年的伊簋。其纪年为2年，如为厉王2年，则与上述几件宣世器年代相隔较远，今暂定为宣世⑨。我们采用宣王说。

5. 司土南仲

见于无惠鼎（《集成》2814）。该鼎的年代，《分期断代》推定为宣王前后⑩。郭沫若认为鼎铭中的南仲即《小雅·出车》和《大雅·常武》中的南仲，是宣王时期的大臣⑪。彭裕商认为无惠鼎中的史翏又见于此鼎、此簋，

---

① 李学勤：《论克器的区分》，收入李学勤：《夏商周年代学札记》，沈阳：辽宁大学出版社，1999年10月，151-156页。
② 彭裕商：《西周青铜器年代综合研究》，成都：巴蜀书社，2003年2月，451-454页。
③ 王世民等：《西周青铜器分期断代研究》，北京：文物出版社，1999年11月，32页。
④ 朱凤瀚：《古代中国青铜器》，天津：南开大学出版社，1995年6月，777页。
⑤ 《断代工程》，35页。
⑥ 彭裕商：《西周青铜器年代综合研究》，成都：巴蜀书社，2003年2月，459页。
⑦ 王世民等：《西周青铜器分期断代研究》，北京：文物出版社，1999年11月，90页。
⑧ 《断代工程》，34页。
⑨ 彭裕商：《西周青铜器年代综合研究》，成都：巴蜀书社，2003年2月，444页。
⑩ 王世民等：《西周青铜器分期断代研究》，北京：文物出版社，1999年11月，34页。
⑪ 郭沫若：《两周金文辞大系图录考释》（二），北京：科学出版社，2002年10月，151页。

"图室"又见于善夫山鼎,后几器也都属于宣王,故本器年代应在宣王时期①。

6. 宰讯

见于趞鼎(《集成》2815)。《分期断代》考订其年代在宣王前后②。铭文中提到"史留受王命书",史留即史籀,学者均认为此人即《说文解字·序》所说宣王时之太史。则本器年代属宣王无疑③。

7. 司土毛叔

见于此鼎(《集成》2821)、此簋(《集成》4303),两器同铭。《分期断代》指出此器册命地点和吴虎鼎相同,而两器王年相接,可以参照④。吴虎鼎被认为是宣王时期的标准器。此器铭文中提到的史翏亦见于宣王时期的无惠鼎,因此学者多认为此器属宣王时期。

8. 南宫乎

见于善夫山鼎(《集成》2825)。该鼎的纪年是37年,学者均认为非宣王莫属。因此定善夫山鼎的年代为宣王时期,没有疑问。

陕西扶风出有南宫乎钟,铭文记载"司土南宫乎作大林协钟,兹名曰无斁钟",钟的年代为西周晚期。善夫山鼎和南宫乎钟年代相近,均出于扶风,两器中的南宫乎应是同一人。由此可知,南宫乎的官职是司土。

9. 伯道

见于吴虎鼎(《集录》364)。吴虎鼎属于宣王时期,学界基本没有异议。

10. 司工散

见于42年逑鼎乙⑤,逑鼎的年代属于宣王时期。

11. 司马寿

见于43年逑鼎辛⑥,其年代属于宣王时期。

12. 司工扬父

见于晋侯苏钟(《集录》35)。

晋侯苏钟的年代争议颇大,彭裕商曾作过总结,认为目前主要有厉王和宣王两说。主张时属厉王的学者有马承源、李学勤、王世民、孙华等。主张时属

---

① 彭裕商:《西周青铜器年代综合研究》,成都:巴蜀书社,2003年2月,474页。
② 王世民等:《西周青铜器分期断代研究》,北京:文物出版社,1999年11月,48页。
③ 彭裕商:《西周青铜器年代综合研究》,成都:巴蜀书社,2003年2月,496-497页。
④ 王世民等:《西周青铜器分期断代研究》,北京:文物出版社,1999年11月,47页。
⑤ 陕西省考古研究所、宝鸡市考古工作队、眉县文化馆:《陕西眉县杨家村西周青铜器窖藏发掘简报》,《文物》2003年第6期。
⑥ 同上。

宣王说的学者有邹衡、王占奎、王恩田、李伯谦、刘启益、冯时、黄盛璋、方述鑫等。裘锡圭始则倾向马说，后又觉得宣王说比较合理。持厉王说的学者均主张苏是晋献侯，在年代的考证上多以钟铭历日为据。在相关史实的解释上，马承源认为《史记·晋世家》记载晋献侯当宣王早期，因而其"记载西周晋世家年次之数并不可靠"。裘锡圭认为《史记》所记载西周时期晋侯的年代有问题。持宣王说者主要依据考古发掘情况、历日等。对相关史实的解释，大致有两种意见，一种认为《史记》的记载无误，晋侯苏不是晋献侯而是晋穆侯；另一种意见则认为《史记》的记载有误，需作较大改动。彭先生认为晋侯苏是宣王时物，晋侯苏是晋穆侯①。这里我们取宣王说。

年代难以确定者：

1. 井公

见于曶壶盖。彭裕商云："本器年代，学者多定在西周中期，日本学者樋口隆康认为'该器上有变相夔纹 S 型，是厉宣时器物的风格'。我们同意樋口先生的看法。"②

2. 備仲

见于吕服余盘。该盘的年代，有的学者认为是共懿时期③。彭裕商认为该器的年代应属西周晚期前段，上限至多能到夷王晚末④。

从以上的讨论，我们可以大致总结西周时期各王世的右者如下：

穆王：1. 司工遽，2. 南伯，3. 密叔，4. 穆公。

恭王：1. 司马井伯，2. 司土荣伯，3. 益公，4. 公族□鳌，5. 伯俗父，6. 定伯，7. 士戍，8. 宰倗父，9. 康公（？）。

懿王：1. 井叔（康），2. 司马井伯，3. 宰胐，4. 益公

孝王：1. 益公，2. 司马共，3. 公族组，4. 司土荣伯

夷王：1. 遲公，2. 荣，3. 腥伯。

厉王：1. 仲大师，2. 武公，3. 遲父，4. 宰琱生，5. 宰曶，6. 同仲，7. 虢仲。

---

① 彭裕商：《晋侯苏钟年代浅议》，上海博物馆编《晋侯墓地出土青铜器国际学术研讨会论文集》，上海：上海书画出版社，2002 年 7 月，314－319 页。
② 彭裕商：《西周青铜器年代综合研究》，成都：巴蜀书社，2003 年 2 月，486 页。
③ 王慎行：《吕服余盘铭考释及其相关问题》，《文物》1986 年第 4 期。
④ 彭裕商：《西周青铜器年代综合研究》，成都：巴蜀书社，2003 年 2 月，479 页。

宣王：1. 宰引，2. 宰䙦，3. 宰讯，4. 司土南仲，5. 司土毛叔，6. 司土南宫乎，7. 司工散，8. 司工扬父，9. 司马寿，10. 申季，11. 毛伯、12. 伯道。

可以看出，自穆王时期形成了册命礼以来，西周各时期右者的职官组合是颇为稳定的，基本上都是司土、司马、司工、宰和公族，这些职官应该是西周王朝政府的主要职官。穆王时期有司工遹。司马一职，据觐簋，由井伯觐担任。穆公簋盖有宰利，李学勤认为可能就是《穆天子传》中的井利，是穆王时期的宰。恭王时期有司马井伯、司土荣伯、公族□螯、宰倗父，司工无考。懿、孝、夷两代三王，学者多认为在位时间可能不长，可以合在一起讨论。有司马井伯和司马共、司土荣伯、公族组、宰朏，司工无考。厉王时期右者的职官明确见载的只有宰琱生、宰訇和司工扬父。据十三年瘨壶，遅父右瘨的册命地点在"在成周司土虎宫"，遅父的职官可能是司土。其他职官不能详考。宣王时期有司马寿，司土南仲、司土毛叔、司土南宫乎，司工散，宰引、宰䙦、宰讯。厉王和宣王时期的右者中虽没有"公族"一职，但据番生簋和毛公鼎，"公族"是和卿事寮、太史寮并列，在西周晚期是存在的。

由此可见，西周王朝的政府组织，自穆王以来基本比较稳定的形成了司马、司土、司工、宰和公族这五个职官机构。这五个职官机构的负责人，应该就是西周政府的主要大臣，类似于春秋时期的"卿"。散氏盘反映的西周畿内诸侯散国的官职体系，也可以为西周王朝政府这样的组织结构提供参照。杨宽在总结西周朝廷的公卿官爵制度时谈到：散氏盘记载，由于矢国攻击散国，割让田地给散国，在交接田地的时候，矢国派出有司十五人，大体上都是和割让田地有关的官吏；而散国派出的有司，是代表国家来接受的大臣，计有司土、司马、司工、宰各一人，散的小子三人，襄的有司三人。所谓"散人小子"就是散的贵族子弟。在这里，散国所派出代表国家的大臣，就是司土、司马、司工、宰以及贵族子弟，和周朝"卿"一级大臣司徒、司马、司工、太宰、公族相比，正好相当。散是周的畿内诸侯，它采用的官制，正好是周朝的体系①。

另外，右者中虽然不见史官。但从册命金文来看，史官在西周职官系统中一直占据着重要地位。番生簋和毛公鼎记载有"太史寮"，与卿事寮并列，这也反映了史官的重要性。永盂（《集成》10332）铭文记载与益公一起执行王

---

① 杨宽：《西周史》，上海：上海人民出版社，1999年11月，361页。

命的几个大臣中即有史官"尹氏"。因此,西周的职官系统,除了上述的司土、司马、司工、宰和公族五个系统外,还有一个史官系统。在这六个系统中,司土、司马、司工称"三有司"或"三事",属于行政系统,宰和公族属于内廷宫内系统,史官属于文书系统。西周的职官体系在职能上已经有了主要的功能分化。

三、西周的执政卿制度

"卿士"一词,屡见经书。杨伯峻在《左传·隐公三年》"郑武公、庄公为平王卿士"条下注云:

> 经书屡见卿士一词,意义不一。《尚书·洪范》"谋及卿士,谋及庶人",《顾命》"卿士邦君,麻冕蚁裳,入即位",卿士似泛指在朝之卿大夫,此广义之卿士。《牧誓》言"是以为大夫卿士"。则卿士不包括大夫;此卿士义当同于《诗·小雅·十月之交》"皇父卿士,番维司徒",《商颂·长发》"降予卿士,实维阿衡"之"卿士",此狭义之卿士。杜注谓"卿士,王卿之执政者",盖得之。《左传》凡八用"卿士",皆狭义①。

可见,"卿士"有广义和狭义之分。广义是泛指在朝之卿大夫,狭义是指"王卿之执政者"。为区别起见,本文将前者称为卿士,后者称为执政卿。

从《左传》记载来看,春秋时期实行左、右执政卿制度。刘起釪指出:

> 《左传·隐公三年》:"郑武公、庄公为平王卿士",……至《襄公·十年》犹记:"单靖公为卿士,以相王室。"可知周室执政官员已长期定于卿士,常以左卿士、右卿士共同执政,有时以一卿士执政。整个春秋时期,周王室执政者共二十八任,有二十任皆由两卿士执政(其中一任且有三卿士),而有八任由一卿士执政②。

春秋时期周王室的制度基本上是西周时期王室制度的延续和发展,西周王朝应该有类似的执政卿制度。

---

① 杨伯峻:《春秋左传注》(修订本),北京:中华书局,1990年5月,26页。
② 顾颉刚、刘起釪:《尚书校释译论》,北京:中华书局,2005年4月,1681-1682页。

文献对于昭王、穆王、厉王、宣王、幽王时期的执政卿略有记载，杨宽曾作过整理：昭王时期的执政大臣有祭公，穆王时期有祭公谋父，厉王时期有荣夷公和虢公长父，宣王时期有虢文公、大师皇父、尹吉甫，幽王时期有虢公鼓和祭公敦，虢公鼓即虢石父①。据《史记》和《国语·周语》，厉王时期的执政卿还有召公，即召穆公虎②。可见，从文献来看，至少从昭穆王时期开始，西周王朝政府已经形成了执政卿制度。

西周金文反映地位与执政卿相当的有矢令方彝的周公，班簋的虢城公、毛公，番生簋盖的番生和毛公鼎的毛公。

令方彝（《集成》6016）：

王令周公：子明保尹三事四方，受卿事寮。丁亥，令矢告于周公宫。公令𢓊同卿事寮。惟十月月吉癸未，明公朝至于成周，𢓊令舍三事令眔卿事寮眔诸尹眔里君眔百工眔诸侯侯、田、男，舍四方令。

班簋（《集成》4341）：

王令毛伯更虢城公服，粤（屏）王位，作四方极，秉緐、蜀、巢令。

番生簋盖（《集成》4326）：

番生不敢弗帅井皇祖考丕丕元德，用申國大令，粤王位，虔夙夜，尃求不暋德，用谏四方，搜远能迩。王令摄司公族、卿事、大史寮。

毛公鼎（《集成》2841）：

王曰：父䯧，余惟肇经先王命，命汝辥我邦我家内外，惷于小大政，粤朕位，虩许上下若否，𤯅四方死，毋童余一人在位。引惟乃智余非，庸又暓，汝毋敢妄宁，虔夙夜，助我一人，雝我邑小大猷。毋慎绒，告余先王若德，用印邵皇天，申國大命，康能四国，俗我弗作先王忧。王曰：父䯧，𤯅之庶出入事于外，尃命尃政，埶小大楚赋，无惟正闻，引其惟王智。廼惟是丧我国，厤自今，出入尃命于外，厥非先告父䯧，父䯧舍命，毋又敢㦿尃命于外。王曰：父䯧，今余惟申

---

① 杨宽：《西周史》，上海：上海人民出版社，1999年11月，341－342页。
② 《史记·周本纪》"王行暴虐侈傲，国人谤王。召公谏曰……"，召公，集解引韦昭说"召康公之后穆公虎，为王卿士也。"

先王命,命汝亟四方,囧我邦我家,毋雕于政,勿雕律庶人□,毋敢
龏橐,龏橐。迺敄鰥寡,善效乃又正,毋敢渴于酒,汝毋敢豦在乃
服,囧夙夕。敬念王畏不易。汝勿敢弗帅用先王作明井俗。汝毋以乃
辟圅于艰。王曰:父厝,巳曰!烸兹卿事寮、太史寮,于父即尹,命
汝摄司公族粵三有司、小子、师氏、虎臣,粵朕褻事。

令方彝受王命的"公"是周公,而不是"周公子",李学勤已作过很好的阐释①。"公令徏同卿事寮"的"徏同"的用法与《尚书·顾命》"乃同召太保奭、芮伯、彤伯、毕公、卫侯、毛公、师氏、虎臣、百尹、御事"的"乃同"相当。周公的职掌是"尹三事四方",在成周舍命的对象包括内服的"三事、卿事寮、诸尹、里君和百工",以及外服的"四方",即铭文中的"诸侯侯、田、男"。李学勤认为周公受命辅王执政,身为卿士。铭文中的周公与《吕氏春秋·音初》所载的周公是同一人②。

毛厝"烸兹卿事寮、太史寮,于父即尹,命汝摄司公族粵三有司、小子、师氏、虎臣,粵朕褻事",明显处于执政卿的地位。番生"摄司公族、卿事、大史寮",地位与毛公相当,学者多已论及。班簋云毛班"屏王位,作四方极","屏王位"一语亦见于番生簋和毛公鼎(毛公鼎作"屏朕位"),说明其地位应该和番生、毛公相当,是执政卿。毛班是接替虢城公的官职的,说明虢城公的地位也是执政卿。

令方彝的年代,主要有成王、昭王两说,昭王说在器物形制和铭文内容方面的证据更充分,其年代应该是昭王时期③。

班簋的年代,郭沫若以为是成王时期④。陈梦家先定于成王时期,后改订为康王时期⑤。唐兰认为班簋是穆王时器,理由主要是:簋铭的毛班即《穆天子传》中的毛班;静簋是穆王时器,该簋中的吴㠯、吕牆即班簋中的吴伯、

---

① 李学勤:《令方尊、方彝新释》,《古文字研究》第16辑,北京:中华书局,1989年,218页。
② 同上。
③ 持成王说者主要有郭沫若(《两周金文辞大系图录考释》(二),5页)、陈梦家(《西周铜器断代》,35页)等,持昭王说的主要有唐兰(《西周青铜器铭文分代史征》,204页),李学勤(《令方尊、方彝新释》),彭裕商(《西周青铜器年代综合研究》256页)等。
④ 郭沫若:《两周金文辞大系图录考释》(二),北京:科学出版社,2002年10月,20页。
⑤ 陈梦家:《西周铜器断代》,北京:中华书局,2004年4月,24-27页。

吕伯①。于省吾《穆天子新证》②和杨树达《积微居金文说》③均认为班簋的作器者是穆王时期的毛公、毛班。彭裕商亦主穆王说④。《分期断代》则认为不能晚至穆王，应为西周早期后段器⑤。以上诸说中，穆王时期说较为合理，我们从穆王说。毛班之前的虢城公应该活动于昭穆时期。

番生簋的年代已见上文讨论，基本在夷厉时期。毛公鼎在宣王时期。如此，从铜器铭文来看，西周的执政卿制度至少在昭穆时期已经形成，一直延续到宣王时期。这和文献所反映的情况一致。

杨宽在分析西周王朝的公卿官爵制度时，认为西周朝廷大臣确有公、卿两级的大臣，并有公、伯两等的爵位。公一级的，早期有太保、太师、太史；后期有太师、太史，太师可能同时有两个。卿一级的，早期有司土、司马、司工、司寇、太宰、公族，到中期以后，司寇的职位降低，只有五位大臣⑥。西周时期的爵制，一直是学术界争议较大的问题，这里不打算探讨。毛伯在更虢城公的职位以后，即改称为毛公。金文反映的处于执政卿地位的，除番生没有爵称外，其余都称"公"，如矢令方彝的"周公"、班簋的"虢城公"、"毛公"、毛公鼎的"毛公"。从这些情况来看，西周时期执政卿称"公"的现象是存在的。

以上讨论了西周执政卿制度的存在，下面讨论西周执政卿的职掌问题。

执政卿的功能是辅弼王位，令方彝称"保尹三事四方"，班簋、番生簋称"屏王位"，毛公鼎称"屏朕位"。按照李学勤的解释，令方彝"子明保尹三事四方"，是指王令周公勉力辅保其主管三事四方⑦。"屏王位"，郭沫若认为句法同于《左传》哀公十六年的"旻天不吊，不慭遗一老，俾屏余一人以在位"⑧。屏即扞蔽、保卫，相当于令方彝的辅保。

执政卿的地位居众卿之首，令方彝的三事即司徒、司马、司空三司⑨。在内服职官方面，周公令舍命的对象包括卿事寮、诸尹、里君和百工。番生簋和

---

① 唐兰：《西周青铜器铭文分代史征》，北京：中华书局，1986年12月，354-355页。
② 《考古社刊》6：283
③ 杨树达：《积微居金文说》（增订本），北京：中华书局，1997年12月，103-104页。
④ 彭裕商：《西周青铜器年代综合研究》，成都：巴蜀书社，2003年2月，308-313页。
⑤ 王世民等：《西周青铜器分期断代研究》，北京：文物出版社，1999年11月，84页。
⑥ 杨宽：《西周史》，上海：上海人民出版社，1999年11月，356-363页。
⑦ 李学勤：《令方尊、方彝新释》，《古文字研究》第16辑，北京：中华书局，1989年，218页。
⑧ 郭沫若：《两周金文辞大系图录考释》（二），北京：科学出版社，2002年10月，21页。
⑨ 李学勤：《令方尊、方彝新释》，《古文字研究》第16辑，北京：中华书局，1989年，218页。

毛公鼎反映，执政卿所管辖的内服职官的范围到西周晚期有所拓展。番生簋中，执政卿摄司的范围有"公族、卿事和大史寮"，毛公鼎与之基本一致。李学勤认为卿事寮义为卿士官，此处卿士系广义，即指众卿。并认为从令彝铭文所叙次第表明，卿事寮一词仅指众卿，并不包含隶属他们下面的各种官员。太史寮即太史官，从太史寮与卿事并举，可知太史并不是卿①。在内服职官方面，到西周晚期，执政卿所统摄的职官部门基本涵盖了公族所代表的宗族系统，卿事寮所代表的行政系统以及太史寮所代表的文书系统。

协助王管理四方诸侯也是执政卿的一项重要职能。令方彝里周公舍命的对象还包括外服诸侯侯、甸、男及四方，李学勤认为这个四方可能指侯、甸、男以外的边远方国②。基本上外服即是"尹三事四方"的四方。班簋有"作四方极"，番生簋有"用谏四方"，毛公鼎有"命汝极四方"。这都说明四方诸侯属于执政卿主管的范围。兮甲盘（《集成》10174）的兮甲，又称伯吉父，郭沫若谓即《诗经·小雅·六月》的"尹吉甫"③。尹吉甫是宣王时期的执政卿，兮甲盘记载王命令兮甲管理"成周四方责（积）"，说明了执政卿对四方诸侯的管理。

通过上面对文献和金文中有关西周各时期的执政卿资料的梳理，我们可以知道各时期执政卿的大致情况：

  昭王：祭公、周公（令方彝）
  穆王：祭公谋父、虢城公、毛公（虢城公和毛公见于班簋，虢城公任执政卿在毛公之前，大致在昭穆时期）
  夷厉：番生（番生簋）
  厉王：荣夷公、虢公长父、召穆公虎
  宣王：虢文公、大师皇父、尹吉甫、毛公（毛公鼎）
  幽王：虢公鼓、祭公敦

另外，周公旦、召公奭、毕公可能是成康时期的执政卿。从家族的角度来看，担任西周执政卿的家族主要是：周公、召公、祭公、虢公、毛公、荣公、

---

① 李学勤：《卿事寮、太史寮》，收入李学勤：《缀古集》，上海：上海古籍出版社，1998年10月，28—34页。
② 李学勤：《令方尊、方彝新释》，《古文字研究》第16辑，北京：中华书局，1989年，218页。
③ 郭沫若：《两周金文辞大系图录考释》（二），北京：科学出版社，2002年10月，305页。

毕公等家族。这些家族都是周王后裔，为姬姓贵族。西周政府基本都是由这些姬姓贵族把持朝政的。

第二节 西周政府职官的设置

对西周政府职官设置的讨论，主要包含职官名称和职掌两个方面。在利用西周金文资料考察西周的职官制度方面，前辈时贤已经作过许多工作，成果斐然①。本节对西周职官的探讨，主要是在这些研究的基础上进行。所采取的作法是在考察具体的职官名称时，对官职和具体的职掌作严格区分，以求大体描绘出西周职官的设置情况。在以前的研究中，研究者往往采取比较宽泛的态度，如张亚初所说："在金文中出现某人掌管某事的记载，仅仅依据这一点，我们似乎还不足充分肯定在西周就设有这一类职官，这里，我们暂时把这些材料列入此项职官内，以待将来材料积累起来后再下结论。"② 这样的作法当然是比较稳妥的，但不利于清晰说明西周的职官设置情况，容易造成含混的感觉。正如陈絜所言："官职与具体的职事要作清晰区分，否则会无端地多出许多其实并不存在的职官来。"③ 这一意见应该是比较中肯的。另外，我们还要注意考察职官与职掌之间是否存在一种比较稳定的关系，藉以分析西周政府组织的制度化程度。

考察西周的职官设置，依据的材料主要分为文献史料和金文资料，而金文资料为其大宗。我们对西周职官设置情况和职掌的分析，主要以金文资料为主，而参考相关的文献资料。

一、三有司：司土、司马、司工

司土、司马和司工这三有司的职官建制在先周时期已经在周邦中出现，《尚书·牧誓》中武王号令的诸官中即有这三司。三司或称三事，见于昭王时期的令方彝等资料。三有司是西周官制的基本建制，主要负责行政事务。在这一部分，我们主要讨论西周官制中的三有司以及三有司的属官。

---

① 张亚初、刘雨：《西周金文官制研究》，前言，北京：中华书局，1986年5月；陈絜：《商周金文》，北京：文物出版社，2006年4月，206–208页。
② 张亚初、刘雨：《西周金文官制研究》，前言，北京：中华书局，1986年5月。
③ 陈絜、李晶：《夆季鼎、扬簋与西周法制、官制研究中的相关问题》，《南开学报》（哲学社会科学版），2007年第2期。

司土、虞大父

西周金文有关"司土"的记载,主要可以分为以下几项:

1. 在册命礼中充当"右"者:

(1)司土荣伯,见于宰兽簋①,时代大致在西周中期晚段。(2)司土单伯,见于扬簋(《集成》4294),时代在西周中期偏晚,可能进入厉王时期。(3)司土南仲,见于无叀鼎(《集成》2814),属于宣王时期。(4)司土毛叔,见此簋(《集成》4303),属于宣王时期。(5)司土南宫乎,善夫山鼎(《集成》2825)铭文记载其充当右者,南宫乎钟(《集成》181·2)铭文说明其官职是司土。时代属于宣王时期。

2. 在册命礼中被册命为司土:

郃夗簋(《集成》4197,西周中期)

惟元年三月丙寅,王各于大室,康公右郃夗,赐戠衣赤雔巿,曰用嗣乃祖考作司土。

截簋(《集成》4255,穆王时期)

惟正月乙巳,王各于大室,穆公入右截,立中廷,北向。王曰:截,令汝作司土,官司耤田,赐汝戠衣赤雔巿,鋚旗,楚走马,取徵五孚,用事。

免簋(《集成》4626,懿孝时期)

惟三月既生霸乙卯,王在周令免作司土,司奠還斲(林)眔吴眔牧,赐戠衣,鋚。

智壶盖(《集成》9728,西周中期)

惟正月初吉丁亥,王各于成周,井公内右智。王呼尹氏册命智曰:更乃祖考冢司土于成周八师,赐汝矩鬯一卣,玄袞衣、赤巿、幽黄、赤舄、攸勒、鋚旗,用事。

从以上册命金文可以看出,截的职掌是管理耤田,免是掌管郑县的林、虞和牧,郃夗的职掌则没作说明,可能是因为已经说明让他继承其祖考的职位,

---

① 罗西章:《宰兽簋铭略考》,《文物》1998年8期83页。

故不再作说明。虽然具体职掌并不一致，但基本都是与土田有关。值得注意的是，邵苑与毁受赐的命服均是"哉衣赤雗市"，免的命服亦有"哉衣"。由命服所反映出的他们的等级或者说是爵位应该是一致的。

智的官职是作成周八师的冢司土，受赐的命服有"玄衮衣、赤市、幽黄、赤舄、攸勒、銮旗"。成周八师的冢司土应该是成周各师司土之长，十三年癲壶（《集成》9723，9724）有"成周司土虘宫"，其中的"成周司土虘"有可能即属于成周八师冢司土的下属。

3. 地方司土

旗司土簋（《集成》3671）的"旗司土"、湝司土疑簋（《集成》4059）的"湝司土"、鳌司土幽卣（《集成》5344）的"鳌司土幽"以及裘卫盉（《集成》9456）中的三有司的司土、散氏盘（《集成》10176）中散氏有司的"司土"应该都属于各地方的司土。

吴虎鼎（《集录》364）铭文有"内司土寺荼"，参与土地的履封事宜。说明西周时期还设有"内司土"一职，从其名称来看，应该是内宫中的司土。

通过上面的讨论，可以看出，在西周时期，司土是一个广泛设置的职官，具体负责某一具体地域，如成周、郑县、旗、湝等。在行政区域较大的区域，比如成周，还设置有成周八师的冢司土，以总管各师司土。这说明同一行政区域内所设置的司土之间已经有了一定的层级隶属关系。在王朝的册命礼仪中充当右者的司土，从地位来看应该是王朝的司土。王朝所设置的司土与郑县、旗、湝等各不同地方行政区域的司土与之间是否存在一定的隶属关系，则有待进一步的研究。

关于司土的职掌，《西周金文官制研究》一书依据《周礼》作了概括：司徒之官掌管者为人民、土地及教化之事，他的下属是管理农、林、牧、猎、渔等项的职官①。上引金文反映司土负责管理耤田和林、虞、牧等，大体与之相合。

《周礼》记载，司土的属官有虞人等官，说明设有虞这一职官的西周金文有主要有同簋和述鼎②等。

同簋（《集成》4270，4271）

---

① 张亚初、刘雨：《西周金文官制研究》，北京：中华书局，1986年5月，9页。
② 杨家村联合考古队：《陕西眉县杨家村西周青铜器窖藏发掘简报》，《文物》2003年第6期。

146

惟十又二月初吉丁丑，王在宗周各于大庙，荣伯右同立中廷，北向，王命同差（左）右吴大父司场、林、吴、牧。自虎东至于河，厥逆至于玄水，世孙孙子子差右（左）吴大父，毋汝有闲，对扬天子厥休，用作朕文考叀仲尊宝簋，其万年子子孙孙永宝用。

"场、林、吴、牧"即"场、林、虞、牧"，"吴大父"应读为"虞大父"，是主管"场、林、虞、牧"的职官。正如述鼎所记"述"因辅佐管理"虞林"而又称为"吴述"，亦即"虞述"。从铭文"世孙孙子子左右吴大父"来看，同的世代子孙都能辅佐的"虞大父"应理解称职官名称比较合适。虞官称为"虞大父"，正如《尚书·酒诰》称"司马"为"圻父"，称"司土"为"农父"，称"司工"为"宏父"。

《周礼》地官司徒的属官有山虞、泽虞、林衡、场人、牧人等，分别掌管虞、林、场、牧，从金文来看，场、林、虞、牧是由虞大父之类的虞官统管的。虞官属于司土的属官，在金文中亦有反映。同簋中作为右者的"荣伯"，依据宰兽簋（《集录》490）铭文，担任司土一职，其在册命虞官的册命礼中充当"右者"，反映了司土与虞官的联系。

司马

西周金文反映，和司土一样，在王朝的册命礼中担任"右"者，也是司马这一职官的重要功能之一。金文所载的，担任"右"者的司马主要有：

1. 司马井伯：见于师全父鼎（《集成》2813）、走簋（《集成》4244）、师瘨簋盖（《集成》4283、4284）和殺簋盖（《集成》4243）等器。其主要活动于穆王到懿王时期[1]。

2. 司马共：见于师晨鼎（《集成》2817）、师俞簋盖（《集成》4277）和癲盨（《集成》4462、4463）等器。司马共很可能是继司马井伯亲后担任王朝司马职务的，其活动时期大致在孝王到厉王时期[2]。

3. 司马寿：见于四十三年逑鼎，应主要活动于宣王时期[3]。

能够说明司马职掌的是觐簋[4]和趞簋（《集成》4266）：

---

[1] 参看本章第一节。
[2] 参看本章第一节。
[3] 杨家村联合考古队：《陕西眉县杨家村西周青铜器窖藏发掘简报》，《文物》2003年第6期。
[4] 王冠英：《觐簋考释》，《中国历史文物》，2006年第3期。

親簋

王乎作册尹册，申令親曰：更乃祖服，作冢司馬，汝乃諫訊有粦，取徵十乎。賜汝赤市幽黃，金車，金勒，旂。汝乃敬夙夜，毋廢朕命，汝肈享。

趙簋

王若曰：趙，命汝作豳（豳）師冢司馬。嫡官僕、射、士，訊小大又隣，取徵五乎，賜汝赤市幽亢、鑾旗，用事。

论者多指出親即师瘨簋盖称"司馬井伯親"，作王朝的冢司馬，职责是"谏讯有粦"，与狱讼有关。趙为豳师的冢司馬，职掌是主管僕、射和士，"僕"指主要用于战斗和守卫等工作中的异族被奴役者①，"射"指射手，"士"指甲士。均与军事有关。趙的职责中也含有审讯、处理狱讼之事。值得注意的是，两者在所受赐的命服均是"赤市幽黃"②，当然，親作为王朝的冢司馬，职位要高于趙这个豳师的冢司馬，所赐之物还有车舆，取徵之数也要多于趙。

司工

和司土、司馬一样，西周金文显示，司工也是西周时期常见的在册命礼仪中充当右者的职官之一。司工作为右者，主要见于親簋③、师穎簋（《集成》4312）④、晋侯苏钟⑤和四十二年逑鼎⑥。

在册命礼中被册命为司工一职的，目前所见的西周金文资料似乎尚只有扬簋（《集成》4295）和免卣（《集成》5418）两器。免卣没有交代其职司，扬簋对扬的职司则记载得比较仔细，对于分析司工一职的职掌比较有帮助。

惟王九月既生霸庚寅，王在周康宫，旦，各大室，即立。司徒单伯内右扬，王呼内史史䭲册命扬，王若曰：扬，作司工，官司糧田甸

---

① 裘锡圭：《说"僕庸"》，收入裘锡圭：《古代文史研究新探》，南京：江苏古籍出版社，1992年6月，369页。
② 趙簋作"赤市幽亢"，"亢"即读为"黄"。
③ 王冠英：《簋考释》，《中国历史文物》，2006年第3期。
④ 商承祚怀疑此簋为伪器。见《集成》该器说明。
⑤ 马承源：《晋侯苏编钟》，收入上海博物馆编：《晋侯墓地出土青铜器国际学术研讨会论文集》，上海：上海书画出版社，2002年7月，8—28页。
⑥ 杨家村联合考古队：《陕西眉县杨家村西周青铜器窖藏发掘简报》，《文物》2003年第6期。

眾司廛眾司𥃝眾司寇眾司工史（事）①，赐汝赤𧝱市、鋚旗，訊訟，取徽五寽。

司工文献上作司空，关于其职掌，传统的说法基本采用郑玄在《考工记》中的注解："司空掌营城郭建都邑，立社稷宗庙，造宫室车服器械，监百工者。"主要负责土木等工程事务。但沈长云提出另外一种说法，认为司工的"工"当读为"贡"，其职守是管理各地的贡赋②。

从扬簋记载来看，任司工一职的扬的职掌主要还是与土木工程有关的。其中比较明确的是"司廛"、"司𥃝"和"司工事"。"廛"指行屋，主管房屋的建设，自然与土木工程有关。"司𥃝"郭沫若读作"司誓"，认为"盖周礼秋官司约司盟之类"③。陈梦家读作"司勹"，谓"乃《周礼》委人之职"④。刘钊认为"𥃝"字应释为"苑"，"司苑"相当于《周礼·地官》中的"囿人"⑤。此字如依刘钊释为"苑"的话，似应读为"馆"。馆和廛一样，都是指一种房屋。"司工事"可能指管理百工事务。司廛、司馆和司工事都属于郑玄所说的司空职掌的范围。

"糧田"，裘锡圭指出是指统治阶级生产军粮或其他行道所用之粮的公田。"甸"指甸人⑥。司工对负责生产军粮或其他行道所用之粮的甸人的管理，可能与司工负责疏通沟壑等水利事宜有关。《尚书·尧典》："伯禹作司空。帝曰：'俞，咨禹，汝平水土，惟时懋哉。'"大禹任司空而主"平水土"之事，可见是主要负责水利工程。《太平御览》职官部引《尚书大传》云："沟壑遏水，为民害，田广不垦，则责之司空。"《韩诗外传》："山陵崩弛，川谷不通，五谷不殖，草木不茂，则责之司空。"这些记载都说明司空的职掌与水利有关的事务。关于司空掌水利之事，在《礼记·月令》、《荀子·王制》等较晚的

---

① 《集成》4294 所载扬簋另一器铭文"史"作"司"。
② 沈长云：《谈古官司空之职》，《中华文史论丛》，1983 年第 3 辑，上海古籍出版社。收入沈长云：《上古史探研》，北京：中华书局，2002 年 12 月，257—266 页。
③ 郭沫若：《两周金文辞大系图录考释》（二），扬簋，眉批，北京：科学出版社，2002 年 10 月，253 页。
④ 陈梦家：《西周铜器断代》（上），北京：中华书局，2004 年 4 月，193 页。
⑤ 刘钊：《释金文中从夗的几个字》，收入刘钊：《古文字考释丛考》，长沙：岳麓书社，2005 年 7 月，113 页。
⑥ 裘锡圭：《西周粮田考》，张永山主编《胡厚宣先生纪年文集》，北京：科学出版社，1998 年 11 月，221—227 页。

文献中均有记载:

《礼记·月令》:

命司空曰:时雨将降,下水上腾,循行国邑,周视原野,修利堤防,道达沟渎,开通道路,毋有障塞。

《荀子·王制·序官》:

修堤梁,通沟浍,行水潦,安水藏,以时决塞,岁虽凶败水旱,使民有所耘艾,司空之事也。

这些记载虽然出现在较晚的文献中,但应该反映了水利是属于司空的职掌。从《荀子·王制》"岁虽凶败水旱,使民有所耘艾"可以看出,水利之事与田地是息息相关的。所以如果出现"田广不垦"、"五谷不殖"等现象的话,要责之司空。从这个角度来看,作为司空的扬职司"粮田甸"是可以理解的。

扬簋铭文记载司工扬的职司还有"司寇"一职。金文中的"司寇"一词,前人多以为是职官名称,有的研究者据之而认为西周时期设有专任的司法官吏。陈絜认为扬簋等器中的"司寇"不是职官名称,而是"官司寇"的省称,意指负责缉捕寇盗①。从铭文含义的解释来看,是有一定道理的。

通过以上对扬簋铭文记载司工扬诸项职事的分析可知,西周时期司工的职掌包括管理水利、房屋建设、工事、缉捕寇盗等各项事务。

二、宫廷职官

宰

"宰"在册命礼中也充当"右"者,见于望簋(《集成》4272)、吴方彝(《集成》9898)、蔡簋(《集成》4340)、害簋(《集成》4258–4260)、趞鼎(《集成》2815)、寰鼎(《集成》2819)、颂鼎(《集成》2827)、师𩛥簋(《集成》4324、4325)等铜器。这些铜器的年代分布于西周中期到西周晚期。

"宰"除了充当"右"者外,还负责帮助王赏赐物品给王的臣属。如:穆公簋盖(《集成》4191)、师遽方彝(《集成》9897)、大师虘簋(《集成》4251、4252)、师汤父鼎(《集成》2780)。

被册命担任"宰"这一职官的有蔡簋的"蔡"和宰兽簋的宰兽,从这两

---

① 陈絜、李晶:《夆季鼎、扬簋与西周法制、官制研究中的相关问题》,《南开学报》(哲学社会科学版),2007年第2期。

器中我们可以大略窥知"宰"这一职官的职掌：

蔡簋
惟元年既望丁亥，王在滅虞。旦，王各庙，即立，宰曶入右蔡，立中廷。王呼史敖册命蔡，王若曰：蔡，昔先王既令汝作宰，司王家。今余惟申就乃命，命汝眔曶摄疋对各，比司王家外内，毋敢又不闻，司百工，出入姜氏命，厥又见又即命，厥非先告蔡，毋敢疾又入告，汝毋弗善效姜氏人，勿事敢又疾止从狱。赐汝玄衮衣、赤舄，敬夙夕，勿法（废）朕令。

宰兽簋（《文物》1998年8期83页）
惟六年二月初吉甲戌，王在周师录宫，旦，王各大室，即立，司土荣伯右宰兽入门立中廷北向。王乎内史尹中册命宰兽曰：昔先王即命汝，今余惟申就乃命更乃祖考事，摄司康宫王家臣妾、夏（仆）庸，外内毋敢无闻智，赐汝赤市幽黄、般勒，用事。

从上引两器看出，"宰"的主要职掌是管理王家事务，包括属于王家的百工、臣妾、仆庸等。蔡簋的王家指王室，由蔡要"出入姜氏命"来看，当时王室主要由王后负责，类似后代的内宫。宰兽则是负责管理在康宫的王家臣妾、仆庸。康宫里有穆宫、夷宫、厉宫等宗庙，是西周先王的宗庙群所在，里面自然有王室的仆庸、臣妾等。

蔡簋有曶和蔡二宰，郭沫若认为："宰曶在王左右，当是太宰，蔡出纳姜氏命，盖内宰也。"①《西周金文官制研究》一书认为在西周铭文中，并无太宰之称，宰曶是否太宰尚有疑问。"命汝眔曶摄疋对各"这句话的意思是周王命令蔡与宰曶一起共政互相帮助。这是郭说的反证②。"疋"即"胥"，在册命金文中多作为辅佐、辅助讲，后接人名，表示辅佐的对象。"疋"或单独用，或与"左"构成并列动词。与"摄"连用的用法还见于走簋（《集成》4244），该簋铭文说："王呼作册尹册赐走，摄疋益"。"摄"字在册命金文常见，关于该字的释读现在没有统一意见，但基本同意该字是指负责、掌管的意思。走簋的"摄疋益"中，益当为人名，是走要辅佐的对象。以此推测，蔡

---

① 郭沫若：《两周金文辞大系图录考释》（二），北京：科学出版社，2002年10月，224页。
② 张亚初、刘雨：《西周金文官制研究》，北京：中华书局，1986年5月，41-42页。

簋“命汝眔智摄疋对各”中的“对各”也应该是人名，是蔡和智要辅佐的对象。蔡簋“命汝眔智摄疋对各，比司王家外内”的意思是指，王命令蔡和智负责辅佐对各，一起管理王家内外事务。“对各”应该也是属于宰一类的职官，而蔡和智为其属官。

善夫

“善夫”在文献上作膳夫，膳宰，《西周金文官制研究》一书指出这是西周出现的新官职。䶜比盨（《集成》4466）铭文说明，善夫可以充当右者，不过该铭文所记不是册命之事。

能够说明善夫职掌的是大克鼎和善夫山鼎，这两篇铭文记载了王册命善夫之事。

> 大克鼎（《集成》2836）
>
> 王在宗周，旦，王格穆庙，即立，申季右善夫克入门，立中廷，北向，王呼尹氏册命善夫克，王若曰：克，昔余既令汝出入朕命，今余惟申就乃命，……敬夙夜，用事，勿废朕命。
>
> 善夫山鼎（《集成》2825）
>
> 惟三十又七年正月初吉庚戌，王在周，格图室。南宫呼入右善夫山入门立中廷，北向。王呼史𢊁册命山，王曰：山，令汝官𤔲饮献人于㒸，用作𡧊司贾，毋敢不善，赐汝玄衣黹纯，赤市朱黄銮旗。

大克鼎说明善夫克的职掌是“出入王命”，小克鼎（《集成》2796－2782）铭文反映了克的这一职司，该鼎铭文记载王命善夫克“舍命于成周”。另外，大簋盖（《集成》4298、4299）铭文也反映了善夫的这一职能。

善夫山鼎铭文中“官𤔲饮献人于㒸，用作𡧊司贾”这句话的确切含义，尚不确定。在以往的解释中，多将“𤔲”和“司”看成一个词，认为“司贾”为职官名称。张福海提出在西周金文中，“𤔲”和“司”、“嗣”、“𠭁”的用法有比较严格的区别，前者相当于古书中的“司”，是职掌、主持、管理的意思。后者多表示继承之义，读为“嗣”。“𡧊司贾”的结构与颂鼎之“成周贾”和“新𢊁贾”相同，“𡧊司”的含义待考。铭文大概是说：命善夫山在㒸掌管

分官设职：西周政府的职官体系

饮献人，以饮献人作为啬司之贾人①。"饮献人"，陈梦家认为可能是指供奉饮酒与膳献之人，相当于《周礼·天官》的兽人和酒人②。说明善夫山职掌的这句铭文的确切含义虽还不确定，但基本上和饮食膳献有关，与《周礼》"膳夫"掌"王之食饮膳羞，以养王及后、世子"的记载基本符合。

师晨鼎（《集成》2817）和此鼎（《集成》2821）铭文说明，"善夫"似由两种人担任，一种是"邑人"、一种是"奠人"：

师晨鼎
惟三年三月初吉甲戌，王在周师录宫，旦，王各大室，即立，司马共右师晨入门，立中廷。王呼作册尹册命师晨疋师俗司邑人惟小臣、善夫、守□、官犬眔奠人善夫、官守友、赐赤舄。

此鼎
惟十又七年十又二月既生霸乙卯，王在周康宫遟宫，旦，王格大室，即立。司土毛叔右此入门，立中廷。王呼史翏册命此曰：旅邑人善夫，赐汝玄衣黹纯，赤市朱黄、銮旂。

此鼎铭文"旅邑人善夫"的"旅"，《商周青铜器铭文选》引《周礼·天官·宰夫》的属官八职"四曰旅，掌官常以治数"来说明，认为旅邑人善夫即师晨鼎之司邑人与小臣善夫③。这应该是有道理的，在《宰夫》所记载的八职中，旅和正、师、司等词一样，是官长的称号。在铭文中作动词用，指掌管之义。

师晨鼎中的"邑人"和"奠人"，杨宽认为都是职官名称，"邑人"乃乡邑的长官，"奠人"当读为"甸人"，相当于《周礼》的"遂人"。铭文中的"小臣"、"善夫"等分别是他们的属官④。陈梦家认为师晨职司管理邑人和奠人，邑奠犹城郊，管理邑人的有佳小臣、善夫守友及官犬，管理奠人的有善夫官守友，即善夫之官、守、友⑤。裘锡圭认为"邑人"当指居于城邑的周族人

---

① 张福海：《说西周金文中的"翢"字》，北京大学中国古文献研究中心编《北京大学中国古文献研究中心集刊》，第四辑，北京：北京大学出版社，2004年10月，337－344页。
② 陈梦家：《西周铜器断代》（上），北京：中华书局，2004年4月，289页。
③ 马承源主编：《商周青铜器铭文选》（三），北京：文物出版社，1988年4月，293页。
④ 杨宽：《西周史》，上海：上海人民出版社，1999年11月，414－415页。
⑤ 陈梦家：《西周铜器断代》（上），北京：中华书局，2004年4月，188－189页。

或管理他们的官吏,"奠人"很可能指被奠者或管理他们的官吏①。我们认为,"邑人"和"奠人"当是指两种不同的人,而不是职官名称。永盂(《集成》10332)铭文中,"邑人"和"周人"、"毕人"等并称,也说明"邑人"不是职官名称②。因为"善夫"是管理王室膳食的职官,似不当是"邑人"或"奠人"的属官。师晨鼎和此鼎铭文中的"邑人"和"奠人"应该分别指居住于城邑或居住于"奠"这种区域的人员,邑人善夫、奠人善夫是指来自"邑"或"奠"的善夫。

小臣

"小臣"这一职官,从《左传》记载来看,大概是王左右的近侍臣③。西周金文所反映的小臣的地位,虽有高低之别,但基本都是王左右之近侍臣。金文里所体现的小臣的职司,主要表现在以下几个方面:

(1)王出行时,为王先行。小臣夌鼎(《集成》2775)记载"王逖于楚麓,令小臣夌先省楚居"。"逖"字依裘锡圭读为"慭",指敕戒镇抚④。

(2)替王出使。小臣守簋(《集成》4179-4181)记载王命小臣守使于夷。

(3)受命随大臣出行。小臣宅簋(《集成》4201)记载同公命小臣宅事伯懋父,小臣宅虽是受同公之命,但其在铭末说要"万年用乡(相)王出入",说明他应是王的小臣。小臣传簋(《集成》4206)记载王命师田父殷成周,师田父对小臣传有所赏赐,说明小臣传应该是随之出行的。小臣谜簋(《集成》4238)记载伯懋父以殷八师出征东夷,归在牧师时,"承王令赐师率征自五齵贝",小臣谜亦有所受赐,说明谜随军出征。小臣单觯(《集成》6512)记载"王後阪克商,在成师,周公赐小臣单贝十朋",说明小臣单也是随军出行,参与战事的。

(4)掌王命之逆复。《周礼·夏官·小臣》记载小臣之职曰:"小臣掌王之小命,诏相王之小法仪,掌三公及孤卿之复逆。正王之燕位服,王之燕出入则

---

① 裘锡圭:《说殷墟卜辞的"奠"——试论商人处置服属者的一种方法》,摘要部分,《史语所集刊》第64本第3分,1993年。
② 永盂中的"邑人全父"的职官应该是"师氏",师全父鼎(《集成》2813)和永盂时代形近,其器主"师全父"应该就是永盂中的"邑人全父"。永盂的"邑人全父"和"毕人师同"一样,职官都是"师氏"。
③ 《左传·僖公四年》记载晋献公将太子所馈的而被骊姬下毒的胙肉"祭之地,地坟,与犬,犬毙。与小臣,小臣亦毙。"《左传·成公十年》晋景公"如厕,陷而卒。小臣有晨梦负公以登天,及日中,负晋侯出诸厕,遂以为殉。"
④ 裘锡圭:《释"柲"》,收入裘锡圭:《古文字论集》,北京:中华书局,1992年8月,27页。

分官设职：西周政府的职官体系

前驱。"马叙伦在解释小臣宅簋铭文中"其万年用乡王出入"这句话的含义时，即引《周礼》记载的这段说明小臣职司的话来说明，并指出铭文的"乡"当读为宾相之相，乡王出入谓相王出入也①。

"出入"的含义与"复逆"相当②，"复逆"一词还见于《周礼》《太仆》、《御仆》、《宰夫》诸篇中，关于其含义，马叙伦谓："以群臣之奏上之王曰逆，以王可其奏者复之群臣曰复，复正《史记》《汉书》所谓报可也。"③可见"复逆"是指在王和群臣之间传达政命。鬲比盨（《集成》4466）铭文反映了"小臣"复逆政命的职司：

惟王二十又五年，七月既望□□，王在永师田宫，令小臣成友逆□□，内史无鹈大史旗曰：章厥罾夫受瓒比田，其邑㫅、丝、䰍。复友瓒比其田，其邑复䭃、言二邑，畀瓒比。复厥小宫受瓒比田，其邑彶眔句商儿眔雔弌。复限余瓒比田，其邑競、梄、甲三邑，州、泸二邑。凡复友复友瓒比田十又三邑，厥右瓒比善夫克。

铭文中"小臣成友逆□□"中的"逆"，可能就是"复逆"的"逆"，指小臣成的僚友逆大臣之奏请④。

《周礼·夏官·小臣》记载小臣的职掌，除了上面引述的内容外，还有："大祭祀、朝觐，沃王盥。小祭祀、宾客、飨食、宾射掌事，如大仆之法。"郑注："宾射，与诸侯来朝者射。"小臣掌宾射之事，在西周金文中亦有体现：

静簋（《集成》4273）
惟六月初吉，王在芳京。丁卯，王令静司射学宫，小子眔服眔小臣眔厥仆学射。雩八月初吉庚寅，王以吴、吕犅卿齽芳师邦君射于大池，静学无敊。

柞伯簋（《文物》1998年第9期）

---

① 马叙伦：《读金器刻辞》，北京：中华书局，1962年12月。
② 吴匡、蔡哲茂：《释金文"复"诸字》，吴荣曾主编：《尽心集——张政烺先生八十庆寿论文集》，北京：中国社会科学出版社，1996年11月，137-152页。
③ 马叙伦：《读金器刻辞》，北京：中华书局，1962年12月。
④ 盨铭中屡见"复"字，杨树达谓："复者，又也，承上事言之也。"（《积微居金文说》（增订本），北京：中华书局，1997年，248页）我们怀疑这里的"复"，似当读为"复逆"之"复"，指"报可"之意，姑且记于此。

155

> 惟八月辰在庚申，王大射在周。王令南宫率王多士，师鲁父率小臣。王遟赤金十反，王曰：小子、小臣，敬又叡隻，则取。柞伯十再弓，无废矢。王则畀柞伯赤金十反，诰赐秬马。柞伯用作周公宝尊彝。

静簋的"静"在小臣静卣中称"小臣静"，可见"静"的官职是"小臣"。两件簋铭说明，小臣都参加了射礼，静簋的射礼有邦君参加，柞伯鼎的大射礼有诸侯柞伯参加，当都属于宾射。

通过上述的讨论可以知道，《周礼》中关于"小臣"职司的记载，基本上还是比较符合西周金文所反映的情况的。《西周金文官职研究》一书认为《周礼》所记载的小臣的地位和职事，大多与西周铭文不合，《周礼》所反映的职官恐怕主要是东周的情况①。我们认为从《左传》所反映的小臣地位卑微的情形来看，与其说《周礼》记载的小臣的职事反映的是东周的情况，莫不如说反映的是西周的情况。

内尹

"内尹"见于矍卣②

> 惟王九月辰在己亥，丙公献王鉢器，休无遣。内尹又，卒献。公禽在官，赐矍马，曰用肇事，矍拜稽首，对扬公休，用作父己宝尊彝，其子孙永宝用。戈。

在丙公献给周王鉢器的仪式中充当傧右。此"内尹"可能是内官之长。

三、师类职官

西周金文中称为"师"的职官非常常见，根据称谓可分为"大师"、"伯大师"、"仲大师"、"师氏"和"师"等。其中前三者还有"大师小子"、"伯大师小子"和"仲大师小子"。下面我们分别阐述：

师氏、师

西周金文中的职官名称有"师氏"和"师"，关于两者的关系，于省吾和杨宽两位先生曾经有过商讨。杨宽认为在西周金文中，西周主要的军队是

---

① 张亚初、刘雨：《西周金文官制研究》，北京：中华书局，1986年5月，45页。
② 《上海博物馆集刊》，第7期，1996年，45-46页。

“六师”和“八师”。统率这些“师”的高级军官称为“师氏”，简称为“师”，又常连同人名，称为“师某”。录𢦏卣的“成周师氏”，当是“成周八师”的高级军官。西周金文中记述师某统率军队出征或防守的例子不少。“师氏”之职每多出于世袭，“师氏”之所以称“氏”，当即由此而来①。于省吾认为西周金文中的师某，从没有称为“师氏某”的例子。师旋簋叙王命师旋“官司丰還左右师氏”，师瘨簋叙王命师瘨“官司邑人师氏”。可见“师旋”和“师瘨”既可以管理“师氏”，则其地位一定高于“师氏”，是“师某”之“师”非“师氏”的简称。并且，西周金文中也从没有令“师氏”率领“六师”和“八师”出征的记载②。对此，杨宽解释说，西周金文中的“师某”的“师”，多数是“师氏”的简称，其中也有些是“师氏”的长官“大师”的简称。师旋和师瘨的“师”，该是“大师”的简称，因而他们可以管理“师氏”。师旋簋的“备于大左”，郭沫若说“即就大左之职”，“《左传》文七年，宋之官制有左右二师，此大左殆即左师”，“其职位颇高，故命之管理戍卫丰京之左右师氏”。这个解释很是正确。“大左”即指“大师”之在左者，故又称为“师”，连同人名叫做“师旋”。此处所说“丰还左右师氏”，殆即“西六师”的军官③。杨宽的意见应该是可取的，“师”称为“师氏”，正如“内史尹”又称为“尹氏”，当是由于职务多出于世袭而形成的称呼。

西周金文中的“师”，大致可以分为以下几种：

1. 担任周王朝的军事长官，负责管理由国人、虎臣和庸组成的军队。这主要体现在师酉簋、询簋和师询簋等铜器上。

师酉簋（《集成》4288－4291，恭王）

王呼史嗇册命师酉，司乃祖嫡官邑人，虎臣：西门夷、㚇夷、秦夷、京夷、弁瓜（狐）夷，亲赐汝赤市朱黄中絅，攸勒，敬夙夜勿废朕令。

询簋（《集成》4321，恭王）

王若曰：询，丕显文武受命，则乃祖奠周邦，今余令汝嫡官司邑人，先虎臣后庸，西门夷，秦夷，京夷，㚇夷，师笭，侧新，□华

① 杨宽：《论西周金文中“六师”“八师”和乡遂制度的关系》，《考古》，1964年第8期。
② 于省吾：《关于<论西周金文中“六师”“八师”和乡遂制度的关系>一文的意见》，《考古》，1965年第3期。
③ 杨宽：《再论西周金文中“六师”和“八师”的性质》，《考古》，1965年第10期。

夷,弁瓜(狐)夷,酗人,成周走亚,戍秦(?)人,降人,服夷。

师询簋(《集成》4342,夷王)

王若曰:师询,丕显文武膺受天命,亦(?)则繇汝乃圣祖考克股肱先王,作厥爪牙,用夹召厥辟,奠大命,……今余惟申就乃命命汝更雝我邦小大猷,邦佑潢辪。敬明乃心,率以乃友干吾王身。

询簋和师询簋为同人所作器,师询和师酉属同一家族,是父辈与子辈的关系①。师酉负责主管邑人和虎臣,虎臣后所列的诸夷是说明虎臣由这些夷族之人充当②。与师酉相比,询掌管的内容除了邑人和虎臣外,还多了项"庸"。较之而多出的夷族可能有些就是充当"庸"的。关于仆和庸,裘锡圭认为庸主要给统治阶级提供农业和土木工程等方面的劳役以及各种生产品。仆主要用于战斗、守卫等工作上。此外,在发生战争的时候,他们虽然没有资格充当战士,但是大概也常常要跟着军队去服劳役③。

师酉簋和询簋中的"邑人",有的学者认为是职官名称,是乡邑的长官。我们认为,从其与主要由夷族充当的虎臣或庸相提并论来看,邑人似是指文献中的"国人",因其居住在都邑之内,故称邑人。曼盨(《集成》4469)铭文中有"邦人",和此"邑人"的含义应相同。在西周时期,国人是国家军队的主要组成部分,师酉和师询所管理的邑人当是指充当兵士的国人。询簋的"先虎臣后庸",陈世辉认为"先"指战争时作先锋,"后庸或即追随于虎臣之后的庸徒"。裘锡圭认为先锋是相对于全军而言的,后庸的"后"也应该是对全军而言的。说庸"追随于虎臣之后",似乎不如说"追随于正规军队之后"妥当④。师酉簋和询簋中的"邑人"即是正规部队的主要构成部分。

2. 管理王室的小臣、善夫及守王宫之人。这主要体现在师晨鼎(《集成》2817)中。我们在讨论"善夫"的时候,对此铭文作过分析,认为铭文中的"邑人善夫"、"奠人善夫"似应该指管理身份为邑人或奠人的善夫。铭文中的"官守友"可能是指守卫王宫之人。师晨的职司是辅佐师俗管理这些人员。

---

① 何景成:《论师询簋的史实和年代》,《南方文物》2010年第4期。
② 郭沫若:《弭叔簋及訇簋考释》,《文物》,1960年第2期;裘锡圭:《说"仆庸"》,收入裘锡圭:《古代文史研究新探》,南京:江苏古籍出版社,1992年6月,379—380页。
③ 裘锡圭:《说"仆庸"》,收入裘锡圭:《古代文史研究新探》,南京:江苏古籍出版社,1992年6月,369—373页。
④ 同上。

3. 管理虎臣。

师克盨（《集成》4467，4468）：

王若曰：师克，丕显文武膺受大命，匍有四方，则繇惟乃先祖考又爵（庸）于周邦，干害王身作爪牙。王曰：克，余惟经乃先祖考克誖臣先王，昔余既令汝，今余惟申就乃命，命汝更乃祖考摄司左右虎臣。

"虎臣"即王身边的禁卫部队，师克主管虎臣，即为禁卫军之长。《尚书·顾命》中"师氏"与"虎臣"连用，同于毛公鼎（《集成》2841）。这些情况都反映管理虎臣的官长称"师"（即师氏）。无叀鼎（《集成》2814）铭文记载王命无叀"官司穆王遉（？）侧虎臣。"《商周青铜器铭文选》谓："遉读为贞，训正，正侧是泛指前后左右。"① 杨树达认为"遉"下一字释"侧"误，应释为"卿"，"遉卿"即"正卿"②。但"无叀"能够官司"正卿"，颇为可疑。此从《商周青铜器铭文选》的说法。无叀鼎没有明载无叀的官职，估计应该也是"师氏"一类。

4. 管理马政

虎簋盖、师虎簋以及元年师兑簋和三年师兑簋都说明了"师"对王朝马政的管理：

虎簋盖（《集录》491，穆王）

王乎内史曰：册命虎。曰：虎，乃祖考事先王司虎臣，今命汝曰：更乃祖考足师戏司走马、驭人眔五邑走马、驭人，汝毋敢不善于乃政，赐汝赤巿幽黄、玄衣屯、鸾旗五日，用事。

师虎簋（《集成》4316，懿王）

王若曰：虎，载，先王既令乃祖考事嫡官司左右戏緐荆。今余惟帅井先王令，令汝更乃祖考嫡官司左右緐荆，敬夙夜勿法朕命，赐汝赤舄，用事。

---

① 马承源主编：《商周青铜器铭文选》（三），北京：文物出版社，1988年4月，313-314页，注三。

② 杨树达：《积微居金文说》（增订本），北京：中华书局，1997年12月，245页。

元年师兑簋（《集成》4274、4275，西周晚期）

　　王呼内史尹册命师兑：疋师龢父司左右走马、五邑走马。

三年师兑簋（《集成》4318、4319，西周晚期）

　　王呼内史尹册命师兑：余既令汝疋师龢父司左右走马，今余惟申就乃命，命汝摄司走马。

论者已经指出，虎簋盖和师虎簋为同人所作，虎簋作于师虎簋之前。虎簋盖中，虎受命辅佐师戏管理走马、驭人和五邑的走马、驭人。职司范围和元年师兑簋的师兑相比，多"驭人"一项。李学勤在讨论师兑簋时，认为师兑的职司相当于《周礼·夏官》的"校人"，负责管理马政①，颇有道理。《周礼·夏官·校人》职：

　　校人掌王马之政。……凡颁良马而养乘之。乘马一师四圉；三乘为皂，皂一趣马；三皂为系，系一驭夫；六系为厩、厩一仆夫；六厩成校，校有左右。驽马三良马之数，丽马一圉，八丽一师，八师一趣马，八趣马一驭夫。

郑注：师、趣马、驭夫、仆夫，帅之名也。孙诒让曰："圉师帅圉，趣马帅圉师，驭夫帅趣马，仆夫帅驭夫，皆转相帅领。"②铭文中的"走马"即"趣马"，"驭人"相当于"驭夫"。至于铭文中"走马"和"驭人"是否存《周礼》所说的领属关系，则难以断言。

师虎簋的"左右戏緐荆"，郭沫若认为"緐荆"与《左传》哀公23年中的"旆緐"殆是一事，指马饰。"官司左右戏繁荆"谓管理两偏卒之马政③。师虎由辅佐师戏管理马政到主管马政，和师兑从辅佐师龢父管理马政到主管马政一样，经历了一个擢升的过程。

走马、驭人这些具体负责王朝马政事务的人员，应该也属于虎臣的行列。虎簋盖说虎的祖考"事先王司虎臣"，在师虎簋中则说成"先王既令乃祖考事嫡官司左右戏緐荆"，说明"司虎臣"和"司左右戏繁荆"是一事，或者

---

① 李学勤：《论师兑簋的先后配置》，收入李学勤：《夏商周年代学札记》，沈阳：辽宁大学出版社，1999年10月，162-170页。
② 孙诒让：《周礼正义》，第十册，北京：中华书局，1987年12月，2603-2607页。
③ 郭沫若：《两周金文辞大系图录考释》（二），北京：科学出版社，2002年10月，165页。

"左右戏"两偏之卒即是指王朝的禁卫军虎臣,管理虎臣的马政事务自然属于管理虎臣的范围之内。

5. 六师和八师的师氏

与以上四项所讨论的主要管理周王的虎臣或马政等事务的师氏不同,西周还存在着六师和八师的师氏。金文中的邑人师氏、丰县左右师氏、成周师氏即属于这一范围。

> 录卣(《集成》5419、5420,穆王)
> 王令戒曰:虘,淮夷敢伐内国,汝其以成周师氏戍由古𠂤。
> 师瘨簋盖(《集成》4283、4284,恭王)
> 王呼内史吴册命师瘨曰:先王既令汝,今余惟申先王令,令汝官司邑人师氏,赐汝金勒。
> 元年师旋簋(《集成》4279-4282,西周晚期)
> 惟王元年四月既生霸,王在减廙。甲寅,王格庙,即立,遟公入右师旋,即立中廷,王呼作册尹克册命师旋,曰:备于大左,官司丰还(县)左右师氏。

西周金文有"成周八师"[1],录卣的"成周师氏"应该就是成周八师的师氏。西周金文和文献中还有"六师",对于六师和八师的军事组织,杨宽认为是一种军队编制和乡邑编制相结合的组织。李学勤进一步认为,根据《周礼》所记,六军本取之六乡。六乡每家出一人为兵,乡的行政制度和军事组织是对应的。"六师"其实也就是六乡,"六师"的存在正说明当时有六乡的组织。"八师"或称"殷八师"或"成周八师"。八师也应有八乡或类似的组织[2]。这么理解的话,成周师氏应该既是成周八乡的军事长官,又是成周八乡的行政长官。

师瘨簋盖铭文中的"邑人",杨宽认为:"邑人,当为乡邑的长官,……因为当时'六师'、'八师'即由近郊乡邑居民编制而成,军队的编制是和乡邑组织密切结合的,乡邑的长官即是军队的武官。'邑人'既是乡邑之长,同

---

[1] 见智壶盖(《集成》9728):王呼尹氏册命智曰:更乃祖考作冢司土于成周八师。
[2] 李学勤:《论西周金文的六师、八师》,《华夏考古》1987年第2期。

时又是师旅之长，所以会成为'师氏'所属的主要官员。"①《两周金文官制研究》一书从之②。我们认为，"邑人师氏"之间不应该断读，"邑人师氏"的词组结构和"成周师氏"以及元年师旋簋中的"丰县左右师氏"一样，"邑人"和"成周"、"丰县"都是"师氏"的修饰成分，用于说明"师氏"的归属。"邑人"是指居住在城邑中的人，很可能即是指居住于宗周镐京的国人。这样，师簋盖铭文中的"邑人师氏"当是指宗周镐京的师氏，属于"西六师"。

元年师旋簋"丰县"之"县"，依李家浩释，李先生认为"师氏"是师旅的长官。古代军队的编制是和居民的编制密切结合的。"丰县左右师氏"所属的军队，可能就是由"丰县"的居民编制而成③。

"丰"与"镐京"毗邻，与成周相较而言，处于西方。"六师"又称为"西六师"④，师瘨簋盖铭文中的"邑人师氏"和元年师旋簋的"丰县左右师氏"可能即属于"西六师"。

通过以上的讨论，可以知道西周金文中主要存在两种师氏，一种是负责管理周王的虎臣及相关事务的师氏，可以看作是周王禁卫部队的长官。一种是"六师"和"八师"的师氏，掌管由乡邑的居民编制而成的军队。西周文献中的"师氏"，也大致可以分为这两种：

《尚书·牧誓》：王曰：嗟我友邦冢君、御事、司徒、司马、司空、亚旅、师氏、千夫长、百夫长。

《尚书·顾命》：（王）乃同召太保奭、芮伯、彤伯、毕公、卫侯、毛公、师氏、虎臣、百尹、御事。

《诗·十月之交》：皇父卿士，番维司徒，家伯维宰，仲允膳夫。棸子内史，蹶维趣马，楀维师氏，艳妻煽方处。

《诗·云汉》：旱既大甚，散无友纪。鞫哉庶正，疚哉冢宰。趣马师氏，膳夫左右。

---

① 杨宽：《论西周金文中"六师"、"八师"和乡遂制度的关系》，《考古》1964年第8期。
② 张亚初、刘雨：《西周金文官制研究》，北京：中华书局，1986年，52页。
③ 李家浩：《先秦文字中的"县"》，《著名中年语言学家自选集·李家浩卷》，合肥：安徽教育出版社，2002年，19页。
④ 见于禹鼎（《集成》2833）：王迺命西六师殷八师曰："翦伐鄂侯驭方，勿遗寿幼。"

分官设职：西周政府的职官体系

《牧誓》中的师氏，位列"千夫长"、"百夫长"之前，可能就是由乡邑的居民组成的军队的军事长官。《顾命》中的师氏排在"虎臣"之前，《十月之交》和《云汉》中的"师氏"和膳夫、宰、内史、趣马等属于内朝的官员并称，应该是属于掌管虎臣的军事长官。《周礼·地官》中有"师氏"，职掌有"使其属帅四夷之隶，各以其兵服守王之门外，且跸。朝在野外，则守内列。"这种师氏，应该就是管理虎臣的师氏。

6. 周师

西周金文常见"周师"一词，下面我们讨论这一方面的内容。

《西周金文官制研究》一书在师官类职官中设有"地方诸师"一项，认为："在西周铭文中，有亢师（矢令方彝）、兑师（耳尊）、周师（免簋、守宫盘）、吴师（大簋盖）、同师（同师簋）等，师前一字都是地名。师前冠以地名之师，与师后称某及某父的，意思是否相同，这是值得我们注意并加以研究的问题。以守宫盘铭文看，'王在周，周师光守宫事'，此周师似为周地之师，即周地地方的军事长官。"①

《西周金文官制研究》一书所举的例子中，亢师的"亢"似不能视作地名，令方彝（9901）记载"明公"赏赐完物品给"亢师"和"矢"后说："今我惟令如二人亢眔矢……。"可见，"亢"应该是人名。但认为"周师"的"周"是地名，"周师"指周地之师，这是很正确的。"周师"的名称除了见于守宫盘（《集成》10168）外，还见于免簋和狱簋和狱盉铭文中②，兹录如下：

狱盉\盘

惟四月初吉丁亥，王各于师再父宫。狱曰：朕光尹周师右告狱于王，王赐（赐）狱佩戈市丝亢，金车金镳（镳），曰用夙夕事。

狱簋

惟十又一月既望丁亥，王各于康大室。狱曰：朕光尹周师右告狱于王。王或赐（赐）狱佩戈市䋛（朱）亢，曰，用事。

免簋（《集成》4240）

---

① 张亚初、刘雨：《西周金文官制研究》，北京：中华书局，1986年5月，7页。
② 陈全方、陈馨：《新见商周青铜器瑰宝》，《收藏》2006年第4期；吴镇烽：《狱器铭文考释》，《考古与文物》2006年第6期。

163

惟十又二月初吉，王在周，昧爽，王各于大庙，井叔有免即令。王受作册尹书，卑册令免曰：令汝疋周师司畜，赐汝赤巿，用事。

獄簋称"或赐"，或，又也。可见獄簋所记之事应该在獄盉之后。獄称"周师"为其"光尹"，则獄为周师的属官。獄器的年代，吴镇烽考订在穆王前期①，可信。守宫盘的年代，彭裕商推定大致在穆恭时期，免簋的年代，彭裕商认为应该晚于守宫盘，可能在懿孝时期②。这些时代不同的器物中的"周师"，理解为职官名称是比较合理的。另外，在西周的册命金文中，提到王所在的与周师有关的宫名有：1. 王在周师录宫（师晨鼎、师俞簋盖、谏簋、癫盨和宰兽簋）；2. 王在周师量宫（大师虘簋）；3. 王在周师司马宫（师瘨簋盖）。从周师录和周师量的称谓来看，把周师理解成职官名称也是比较合适的。

西周金文中，作为地名的周，我们在第二章第一节中讨论西周的政治中心时认为基本是指宗周。如此，"周师"应该是宗周的军事长官。师瘨簋盖说明周师设有司马，这和盠方尊（《集成》6013）反映六师中设有"三有司"的情况是一致的。周师或有可能是掌管"西六师"的。

陈梦家认为师瘨簋盖的"周师司马宫"即司马井伯䢵之宫，说明井伯兼任"周师"之职；其后"司马共"组器的册命地点在"周师录宫"，即"周师司马宫"的异称；周师录就是井伯䢵，司马共乃井伯䢵的下一代③。韩巍赞同此说，并进一步认为，禹鼎中禹的"皇祖穆公"很可能就是活跃于恭王前期的那位"穆公"，他应该是穆王时井伯（幽伯）之子，井伯䢵之父。这位穆公就是"周师量"，也就是獄组器的"周师"；獄盘、盉的"师禹父"可能是周师量之字，"师禹父宫"或即后来的"周师量宫"。"周师"是井伯家族世袭的另一个职位，或即"周地之师氏"，比冢司马的级别要低④。

陈梦家认为"周师司马宫"即司马井伯䢵之宫的看法是很有见地的，但以周师录宫即周师司马宫，周师录即司马井伯䢵，我们觉得颇为可疑。"周师

---

① 吴镇烽：《獄器铭文考释》，《考古与文物》2006年第6期。
② 彭裕商：《西周青铜器年代综合研究》，成都：巴蜀书社，2003年2月，378－383页。
③ 陈梦家：《西周铜器断代》（上），北京：中华书局，2004年4月，164页。
④ 韩巍：《䢵簋年代及相关问题》，《古代文明》，第六卷，文物出版社，2007年。按：禹鼎说禹的"皇祖穆公克夹召武王莫四方"，可见是主要活动于武王时期的，跟活跃于恭王时期的"穆公"应该不会是同一人。

司马宫"中的"周师"应该是定语,对司马起说明作用,表明此司马是周师之司马。如果我们对周师是掌管"西六师"的长官的推测不误的话,井伯亲所担任的冢司马一职,很有可能是指"西六师"的冢司马。这和成周八师设有冢司土的情况是一样的①。

7. 乐师

西周金文反映"师"是"乐师"的,主要是辅师嫠簋和师嫠簋。

> 辅师嫠簋(《集成》4286)
> 惟王九月既生霸甲寅,王在周康宫,各大室,即立,荣伯入右辅师嫠,王呼作册尹册命嫠,曰:更乃祖考嗣辅。戢(昔)赐汝载市、素黄、銮旂(镳)。今余曾乃令,赐汝玄衣黹纯、赤市朱黄、戈彤沙琱䤱、旂五日,用事。嫠拜稽首,敢对扬王休令,用作宝尊簋,嫠其万年子子孙孙永宝用事。

> 师嫠簋(《集成》4324,4325)②
> 惟十又一年九月初吉丁亥,王在周各于大室,即立,宰琱生内右师嫠,王呼尹氏册命师嫠,王曰:师嫠,在先王小学,汝敏可使,既令汝更乃祖考嗣小辅,今余惟申就乃命,命汝嗣乃祖旧官小辅眔鼓钟,赐汝叔市金黄、赤舄、攸勒,用事。夙夜勿法朕令。师嫠拜手稽首,敢对扬天子休,用作朕皇考辅伯尊簋,嫠其万年,子子孙孙永宝用,师鯀父饮嫠蔱市,巩告于王。

辅师嫠簋于1957年出土于陕西长安兆元坡。在以往的研究中,研究者多忍为该簋与旧出两件师嫠簋为同人所作器③。《分期断代》一书从类型学的角度对此提出疑议,认为辅师嫠簋是Ⅰ型3式的圈足簋,为西周中期器;师嫠簋却为Ⅳ型2式,为厉王前后器,彼此相去甚远。师嫠簋"器形、纹饰均与此

---

① 成周八师设有"冢司土"一职,见智壶盖(9728):王呼尹氏册命智曰:更乃祖考作冢司土于成周八师。
② 此簋有两件,铭文略有差别,主要是乙器比甲器多出"师鯀父饮嫠蔱市,巩告于王"这句话。
③ 如陈梦家关于该簋的考释,参看陈梦家:《西周铜器断代》(上),北京:中华书局,2004年4月,196-197页。

（辅师𪉖簋）不类，作器者似非一人，也非同时之器①。李学勤同意此说，认为辅师𪉖与师𪉖不但名同，职掌中都有"辅"字，师𪉖之父又以"辅"为氏，可谓巧合。然而仔细考虑，"辅䄛"大约是指黼衣，"辅"读为"黼"，是工官；"小辅鼓钟"则如有的学者所论，"辅"应读为"鎛"，乃是乐官。辅师𪉖簋有荣伯，在共王或略早一点。师𪉖簋从历日看，当排于厉王十一年②。

正如研究者所言，辅师𪉖与师𪉖不但名同，职掌中都有"辅"字，师𪉖之父又以"辅"为氏。我们认为这不能简单的视为只是巧合，不能依据器物形制差别较大，时代有差别而否认两器为同人所作。陈梦家对两器的关系分析的比较透彻，我们引述如下（为行文方便，略有调整和改动）：

> 师𪉖簋所述之"先王"即辅师𪉖簋之"王"，师𪉖簋所述之"司小辅"及"小辅"，即辅师𪉖簋之"辅师"及"司辅"。吴大澂云"小辅""当读作少辅，辅傅古本一字"，此说不确。小辅既与钟鼓为关联，应皆乐官。辅师𪉖簋的司辅是司鎛，辅师是鎛师。小辅（辅师）与鼓钟相当于《周礼》的鎛师与钟师。《周礼》乐师之次有大师、小师，金文"小辅"之小与"小师"之小相同。
>
> 乐师多世职，辅师𪉖簋之𪉖，据师𪉖簋称其父考为辅伯，是以辅为氏名。据𪉖所作之器，知其祖考皆世为司辅之官。其祖之旧官为"小辅眔鼓钟"，其祖考之旧官为"司小辅"或"司辅"。𪉖历世两朝，三次受命。其一命再命见于辅师𪉖簋，其职为司辅，其三命见于师𪉖簋，其职为小辅及鼓钟，恢复了其祖的官职。

陈梦家的意见大体可从。辅师𪉖簋中，王命师𪉖赓续其祖考的职司管理辅。师𪉖簋中，王命师𪉖赓续其祖考的职司管理小辅。两器所说的"辅"和"小辅"应该是一事，似没有理由要把前者解释为"黼"。

两簋由型制上的差异所反映的年代上的差别，只能说明两器非同时所作。关于这一点，陈梦家已经说明，𪉖历世两朝，两器是在不同的王世中制作的。辅师𪉖簋的年代，陈梦家定在懿王时期。我们在前文讨论右者的活动时代时认

---

① 王世民、陈公柔、张长寿：《西周青铜器分期断代研究》，北京：文物出版社，1999年11月，65页，89－90页。
② 李学勤：《西周青铜器研究的坚实基础》，《文物》2005年第5期。

为，作为右者的荣伯的活动时间有共懿时期这一段。因此把辅师嫠簋的年代定在懿王时期时可行的。师嫠簋的年代较晚，属西周晚期器，李学勤将之排在厉王时期。据现在学者的一般看法，懿、孝、夷三王两代，在为时间可能不长。因此，师嫠的活动时间从懿王时期跨越到厉王时期，是完全有可能的。师嫠簋中所说的"先王"不必一定要理解成是时王之先父，而认为嫠只历世两朝，已故的王都是可以称为先王的①。微氏家族的"瘭"的活动时间可作为师嫠历经数朝的佐证。李学勤认为，析、丰、墙、瘭为一家连续的世系。这一家担任史官，析当在昭王时，丰在穆王时，墙为共王时，均有明证，析、丰、墙三代约略各与一王相当是合理的。共王以下懿、孝、夷三王两代，在位时间可能不长，瘭的活动时间就会大为延后。四年瘭盨应排在厉王的三至五年，十三年瘭壶宜列于厉王十三年②。可见，瘭活动的时代跨度是很大的，至少从懿王到厉王。因此，认为师嫠历经数个王世是可以的，辅师嫠簋和师嫠簋可能是分别在其早年和晚年制作的，两者存在形制和年代上的差异是可以理解的。

大师、大师小子

"大师"一职，《西周金文官制研究》一书已经作过归纳，认为大师是师的上司，"大师小子师某"的称谓说明了"师"是"大师"的属官。金文有"伯大师"和"仲大师"之称，大师前冠以伯仲之称，似乎暗示西周之大师可能至少设有二人。伯大师、仲大师即大师有正副之别的明证③。

总结

《周礼》郑注对"师"多训为"长"，认为"师者，长也。"孙诒让引《文王世子》"师者，教之以事而喻诸德者也"，《周书·谥法篇》"教诲不倦曰长"，认为师长并有表率教训之义④。

从西周金文来看，师除了指称乐师外，主要是充当王的禁卫部队的长官和"西六师"与"成周八师"所对应的"六乡"与"八乡"的军事长官，由于古代军队的编制是和乡邑组织密切结合的，因此，"六乡"与"八乡"的军事长官同时也是"六乡"和"八乡"的行政长官。在军事和行政这两个职能中，从西周金文来看，师的职责是突出军事方面的。西周金文中多记载师领兵出征之事。

---

① 《左传》定公四年载子鱼曰："以先王观之，则尚德也。昔武王克商，成王定之，选建明德，以藩屏周。"称"先王"而举"武王"、"成王"，可见"先王"是泛指已故的王。
② 李学勤：《西周青铜器研究的坚实基础》，《文物》2000年第5期。
③ 张亚初、刘雨：《西周金文官制研究》，北京：中华书局，1986年5月，3页。
④ 孙诒让：《周礼正义》，第一册，北京：中华书局，1987年12月，28 - 29页。

"六乡"和"八乡"的行政事务应该主要是由三有司即司土、司马、司工负责。

四、史官

正如有的学者所言,我国的史官系统源远流长、发达细密,很早时候就发展出了数量可观的称"史"之官。这类官员对中国古代文献学和史学的发展作出了丰厚的贡献,并对中国古代官僚政治的演生和发达,起了不可低估的推动作用。相较其他类职官而言,西周金文中保留了较为丰富的关于"史"官的资料。在这一小节中,我们拟结合先秦文献中的史官资料,在已有论述的基础上,对西周时期史官的设置情况作一番梳理。

关于周代的史官设置,《大戴礼记》有"天子御者,内史大史左右手也",《礼记·玉藻》有"(天子)玄端而居,动则左史书之,言者右史书之"的说法,《周礼·春官·宗伯》则将史官分为大史、小史、内史、外史、御史诸类。对于这些史官之间的关系,孙诒让在《周礼·春官·叙官》中作过较为详细的总结:

> 大史与小史、冯相氏、保章氏为长。若内史,则爵尊于大史一等,盖与大史相左右。外史、御史则内史之属官,皆不属大史也。大史对内史亦称左史。①

认为内史与大史并列,内史不是大史的属官,否定"大史,史官之长"的说法。对"内史"的职司"凡命诸侯及孤卿大父,册策命之",孙诒让说:

> 《书·洛诰》云:"王入太室裸,王命周公后,作册逸诰。"此即成王命尹逸策命鲁公伯禽之事。尹逸盖即为内史,以其所掌职事言之则曰"作册"。其后世为此官,故又称尹氏,《诗·大雅·常武》云:"王谓尹氏,命程伯休父。"毛传云"尹氏,掌命卿士"是也。《左传》文二年服注、僖十五年杜注、《后汉书·班彪传》、《国语·晋语》韦注、《大戴礼记·保傅》卢注,并以尹逸为大史,非也。《觐礼》及《左》襄三十年传,并以大史掌策命之事,疑内史大史亦通称。②

---

① 孙诒让:《周礼正义》,第一册,北京:中华书局,1987年12月,1286—1288页。
② 同上,2130—2131页。

目前所见西周金文中史官的称谓有：史、大史、内史、尹氏、尹、命尹、内史尹氏、内史尹、作册、作册内史、作命内史、作册尹等。这些繁复的名称中，有些从字面便可判断是同一名称的不同叫法，如尹氏和尹、内史尹氏和内史尹，这犹如"师氏"又可称为"师"。

"史"应该是史官的通称，如扬簋、王臣簋、谏簋等器中的"内史敖"，在瘐盨和蔡簋中称为"史敖"。上引《洛诰》中的"作册逸"，在《左传》中称作"史佚"①。

孙诒让认为"作册"是"内史"的异名，王国维推衍其说，认为：

> 作册亦称作册内史，……亦称作命内史，……亦单称内史。……内史之长曰内史尹，或曰作册尹，……亦单称尹氏，……或称命尹，作册、尹氏皆《周礼》内史之职，而尹氏为其长。百官之长皆曰尹，而内史尹、作册尹单称尹氏者，以其位尊而地要也。②

陈梦家认为王国维以作册内史、作命内史、内史尹、命尹等为史官之一，是正确的；但将他们与作册、内史、尹氏等同起来，则是不对的。作册、内史、尹氏出现有先后，西周初期的史官以作册为主，中期以内史为主，而尹氏至晚期始盛。作册本是制作策命之人，及史官代宣王命的制度产生，乃兼而为代宣王命之人；西周中期其权落于在王左右之内史；在西周晚期则尹氏取而代之。但因内史、尹氏性质相近，故至西周以后内史仍有宣王命者，它若大史与宰亦时执行此事③。

西周金文中有关史官的记载主要集中于册命金文中，我们对这部分资料进行了整理，参看附表六《西周册命金文史官整理表》。

从表中可以看出，西周时期在册命礼中代宣王命的史官，除了作为通称的"史"以外，主要有内史尹或内史尹氏（以下通称为内史尹）、内史、作册尹和命尹，而以前三者居多。大致在穆王晚期，右者与史官代宣王命的制度，开始见载于铜器铭文。各类史官代宣王命的时间，内史尹从恭王时期延续到厉王

---

① 《左传》成公四年，文公十五年等。
② 王国维：《书作册诗尹氏说》，王国维：《观堂集林》，北京：中华书局，1959 年 6 月，1122 – 1124 页。
③ 陈梦家：《西周铜器断代》（上），北京：中华书局，2004 年 4 月，398 – 400 页。

时期，内史从穆王晚期延续到宣王时期，作册尹从穆王晚期延续到厉王时期，命尹代宣王命在穆王和宣王时期的铜器上均有记载。从时间上看，体现不出内史代宣王命的权属被尹氏取代的情况。

师𩵦簋盖、师虎簋和牧簋中均有"内史吴"，论者多认为即吴方彝盖铭文中的"作册吴"。这些器物的时代相近，而免盘和师俞簋盖中均有"作册内史"的史官名称。因此，认为"内史吴"即是"作册吴"的看法是有道理的。如此，孙诒让认为"作册"是"内史"的异名，内史"以其所掌职事言之则曰'作册'"的观点，王国维认为"作册亦称作册内史，亦称作命内史，亦单称内史"的观点，从目前的资料来看，还是比较合理的。

王国维说"内史之长曰内史尹，或曰作册尹，亦单称尹氏，或称命尹"，𤼈钟（《集成》247）铭文说明，史官之长确可称为"尹"或"尹氏"：

　　𤼈曰：丕显高祖亚祖文考克明厥心，疋尹典厥威仪，用辟先王，𤼈不敢弗帅祖考，秉明德，䌆凤夕，左尹氏。

"𤼈"为庄白一号青铜器窖藏铭文所揭示的微氏家族的成员之一，该家族的第二世"烈祖"本为"微史"，投靠周王朝后，其后代世任史官一职，其第四世称作册析，第六代称"史墙"，𤼈钟说其高祖、亚祖、文考均辅佐"尹""典厥威仪"，裘锡圭认为"威仪"本属史官的职掌，𤼈所辅佐的"尹"，就是十三年𤼈壶铭所提到的作册尹①。这些都说明了微氏家族世为史官。𤼈继其祖考之职，左尹氏，也是担任史官。"作册尹"可以简称为"尹"或"尹氏"，是史官之长。

通过以上的论述，上举西周金文中的诸项史官名称大致可以分为两个系统，即太史和内史系统。在内史系统中，其长官称为内史尹、内史尹氏、作册尹、命尹、尹氏或尹，其所辖内史又可称为作册内史、作命内史或作册。这一分类体系与《尚书·酒诰》"太史友"和"内史友"并称，酅比盨（《集成》4466）"内史𦕼"和"大史𦕼"所体现的体系是一致的，说明了西周的史官是

---

① 裘锡圭：《史墙盘铭文解释》，收入裘锡圭：《古文字论集》，北京：中华书局，1992年8月，377－378页。

分为内史和大史两个体系的①。

在西周金文中,内史系统的史官的职掌主要体现为在册命礼仪中起草册命文书和代王宣读册命文书。这和《周礼》所记内史职掌"凡命诸侯及孤卿大夫,则策命之"是相吻合的。

西周金文中,关于"大史"的记载较"内史"而言,要少得多。这可能和册命金文在西周金文中所占的比例较高有关。在有关的金文资料中,中方鼎(《集成》2785)铭文反映了"大史"参与了周王赏赐采邑给"中"的活动。而作册魕卣(《集成》5432)对了解"大史"的地位和职掌可能有所帮助:

> 惟公大史见服于宗周年,在二月既望乙亥,公大史咸见服于辟王,辨于多正。雪四月既生霸庚午,王遣公大史,公大史在丰赏作册魕马,扬公休,用作日己尊旅彝。

唐兰认为"见服"的"见"指朝见,"服"是政事,也包括贡赋;"辨于多正"的"辨"读为"遍",是说和执政们都见了面②。《商周青铜器铭文选》一书认为解释"见服"说"朝觐者皆有服,故称见服","辨"是指辨明官位③。"见服"应读如驹父盨的"献服"④,指奉献其职贡。铭文中"辨"的含义,我们怀疑与《周礼·春官·大史》所记载大史的职掌为"凡辩法者考焉"有关:

> 大史掌建邦之六典,以逆邦国之治,掌法以逆官府之治,掌则以逆都鄙之治。凡辩法者考焉,不信者刑之。

贾疏云:"大史既受邦国官府都鄙治职文书,其三者之内,有争讼来正之者,大史观其辩法,得理考之。"作册魕卣中"辨于多正"之"辨"疑读为经

---

① 《逸周书·商誓解》有"太史比、小史昔",庄述祖校改为"太史友、小史友"。孙诒让认为庄校与《尚书·酒诰》合,肯定其说。(参看黄怀信等撰:《逸周书汇校集注》(修订本),450—451页。)"小史"不见金文记载,我们怀疑"小史友"或有可能即是"内史友"之讹。
② 唐兰:《西周青铜器铭文分代史征》,北京:中华书局,1986年12月,326—327页。
③ 马承源主编:《商周青铜器铭文选》(三),北京:文物出版社,1988年4月,89页。
④ 董珊:《谈士山盘铭文的"服"字义》,《故宫博物院院刊》2004年第1期,82页注2;关于"服"的含义,亦参看此文。

文的"辩","辨于多正"可能和大史"有争讼来正之者,大史观其辨法,得理考之"的职司有关。这反映了大史的职司主要是掌管治国的"典、法、则等各种文书。

第四章

西周王朝政府的官僚化进程

在古代中国的各种制度建设中,秦汉帝国时期所建立的官僚体制,一直被公认是一项精密的、系统的、高度复杂的政治制度,这一官僚体制在秦汉以后的历史进程中不断发展演进,为各个历史时期的中央朝廷在开展有效统治、维护疆域统一等方面起到了巨大的作用,对中国的传统文化和社会产生了深远的影响,而这种作用和影响至今仍然渗透在我们的政治、文化以及社会生活的方方面面。对秦汉帝国时期官僚体制的溯源研究,一直是政治史研究中的一个重要课题。很多学者都将这一源头上溯到西周时期,认为西周是中国古代政治传统的源头。① 因此,讨论西周王朝政府的复杂化程度,有助于我们深入了解官僚制在中国的起源和发展。

在探讨这一问题之前,我们需要先讨论一下什么是"官僚制"。确定"官僚制"的重要因素是什么,以由此确定西周政府的官僚化进程。

现代研究官僚制的学者,在韦伯关于官僚制的论述的基础上,对"官僚制"的特征和含义做了总结和完善。戴维·毕瑟姆总结说,依据韦伯的观点,官僚制有如下的特征:

(1) 层级性:在一种层级划分的劳动分工中,每个官员都有明确界定的权限,并在履行职责时对其上级负责。

(2) 连续性:借助提供有规则的晋升机会的职业结构,公职成为一种专职的,领薪的职业。

(3) 非人格性:工作按照既定的规则进行,而不听任于任意和个人偏好,

---

① 参看许倬云:《西周史》;Edward L. Shaughnessy, Western Zhou History, The Cambridge History of Ancient China: From the Origins of Civilization to 221 B.C, Cambridge University Press, 1999, pp323-326。阎步克指出西周时期的乐师和史官文化,是中国传统士大夫政治演生的基础。(阎步克:《士大夫政治演生史稿》,北京:北京大学出版社,1996年5月。《乐师与史官:传统政治文化与政治制度论集》,北京:三联书店,2001年7月。)

每一项事务都要记录在案。

（4）专业化：官员们根据实绩进行选拔，依据职责进行培训，通过存档的信息对他们进行控制。①

尤金·卡门克在韦伯学说的基础上，对"官僚制"提出了一个广为接受的的定义：

> "官僚"指一个由中心指导的，系统组织和阶梯化建构起来的官员群体。这个群体专注于按照统治者或者身处官僚体系之外或凌驾其上的指令者所决定的政策来经常地、惯例性地和有效地行使大规模行政职能。这个群体，正如韦伯所看到的那样，倾向于成为受规则约束的，职能被专门化的，并且鼓励"非个人性"和团队精神。②

从以上对官僚制特征和概念的引述我们可以看出，判断一个政府组织是否为官僚体制主要根据两个方面的指标：在组织结构方面，"系统组织"和"阶梯化建构"是判断官僚体系形成的两个重要指标；而在运行机制方面，拥有职业官员和依照规则行政是判断官僚体系形成的另外两个重要指标。在这一章节中，我们主要通过对这些指标的分析，探讨西周王朝政府的官僚化进程。

第一节　西周王朝政府部门的阶梯化建构

我们在上一章中对西周政府的部门分化和职官设置进行了分析，认为西周政府基本可以分为司马、司土、司工、宰、师类和史类等部门或职官类型。下面我们通过分析各部门或各类型职官的阶梯化建构，讨论西周王朝政府的官僚化进程。

关于西周政府部门的官僚化进程，许倬云在研究西周文明的著作中，明确指出西周政府是一个官僚机构，认为其官僚化过程始自西周中期，最先从史官的职能专门化过程中崭露端倪③。夏含夷则认为西周政府的官僚化过程，最先

---

① 戴维·毕瑟姆著，韩志明、张毅译：《官僚制》，长春：吉林人民出版社，2005年1月，4页。
② 转引自李峰：《西周的政体：中国早期的官僚制度和国家》，吴敏娜译，北京：三联书店，2010年8月，6页。
③ Hsu, Cho-yun and Katheryn Linduff, Western Chou Civilization, New Haven: Yale University Press, 1988, pp54-56, pp245-249.

发生在军事部门职能的扩大。① 从第三章对西周政府的行政组织所作的分析来看，西周政府的行政职能已经体现了一定的分化，比如三有司主要负责民事事务，师类职官主要负责军事事务，而史类职官主要负责文书类事务。同时在不同的部门内部，则呈现出一定的系统化和阶梯化的倾向。

一、三有司：司土、司马、司工

"三有司"包括司土、司马和司工，从目前所见的甲骨刻辞尚未见到有关三有司的记录来看，三有司可能是是周族人所设置的职官。根据我们在第三章第二节讨论西周三有司的设置情况可知，在西周王朝政府的管辖范围内，从周都到地方，以及周王朝的军事据点（如趞簋的"𰜁师"），这类职官有着广泛的设置。曶壶盖说明成周八师设置有"冢司土"，趞簋说明𰜁师设置有"冢司马"；親簋铭文表明井伯親被册命为"冢司马"，但铭文没有说明是何地的冢司马，我们怀疑可能是宗周地区的冢司马。各不同地区设置冢司土或冢司马的情况说明，同一地区内应该设置有不止一位的司土或司马，而且这些司土或司马之间应该有着上下的隶属关系。这表明同一地区内司马或司土的设置已经出现了层级化。这一情况在五祀卫鼎（《集成2832》和裘卫盉（《集成》9456）铭文中亦有明确的体现：

五祀卫鼎：
井伯、伯邑父、定伯、亮伯、伯俗父迺顜，使厉誓，迺令三有司司土邑人遂、司马頋人邦、司工隋矩，内史友寺芻帅履裘卫厉田四田。

裘卫盉：
裘卫迺龏告于伯邑父、荣伯、定伯、亮伯、单伯，伯邑父、荣伯、定伯、亮伯、单伯迺令三有司司土微邑，司马单旗，司工邑人服眔受田。

五祀卫鼎的"井伯"，即与之年代相近的親簋中的"司马井伯親"，职司"司马"一职。裘卫盉的"荣伯"，即与之时代相近的宰兽簋中的司土荣伯，职司"司土"一职。两器中均记载"井伯"或"荣伯"等人命令三有司完成

---

① Edward L. Shaughnessy, Western Zhou History, The Cambridge History of Ancient China: From the Origins of Civilization to 221 B. C, Cambridge University Press, 1999, pp. 323 – 326。

175

贵族间的土田交换，体现了两个层级的且有隶属关系的三有司系统的存在。

除了不同层级的三有司系统的存在之外，某一具体的司土、司马或司工职官，亦拥有者各自的属官。同簋（《集成》4270）说明，充当右者的荣伯（其职官为司土）至少有被称为"虞大父"的属官，而"虞大父"则拥有象"同"这样的属吏。

二、师类职官

西周金文中称为"师"的职官较为多见，根据我们的分析，西周金文中主要存在两类师氏，一类是负责管理周王的虎臣及相关事务的师氏，可以看作是周王禁卫部队的长官。一种是"六师"和"八师"的师氏，掌管由乡邑的居民编制而成的军队。对于这两类师氏内部的构成情况，我们分别进行讨论。

属于西周王室禁卫部队长官的师氏，有虎（虎簋盖，《集录》491）和师兑（元年师兑簋，《集成》4274、4275）等人。虎簋盖的年代为穆王时期，铭文记载周王命令虎"胥师戏司走马、驭人暨五邑走马、驭人"，即协助师戏管理走马、驭人，这表明虎为师戏的属官。西周晚期的元年师兑簋铭文亦体现了师氏职官的这一结构，该铭文记载王命令师兑"胥师龢父司左右走马、五邑走马"，说明师龢父为师兑的直属上司。此外，铭文中的"走马"、"驭人"即相当于《周礼》中的"趣马"、"驭夫"，均为管理马政的职官，隶属于虎或师兑的管理。虎簋盖和师兑簋铭文体现了以师戏或师龢父为部门长官，虎或师兑担任副职，以走马、驭人等为属吏的三个层级的职官结构。从两器所反映的年代跨度来看，该部门的职能和职官结构相当的稳定。

掌管乡邑居民的师氏，根据元年师旋簋铭文（《集成》4279－4282）的记载，其职官设置也是有层级结构的。以"大左"为一层级，其所管辖的丰寰（读为县，指丰都周围的区域）左右师氏为另一层级。

铜器铭文中还经常提到有"伯大师"、"仲大师"以及"大师小子"、"伯大师小子"和"仲大师小子"。有的学者指出"小子"是"伯大师"或"仲大师"的下属成员，这是很有道理的。西周共王时期的师𩛥鼎铭文（《集成》2830）较为明确的反映了这一情况。

> 惟王八祀正月辰在丁卯，王曰：师𩛥，汝克盡乃身，臣朕皇考穆穆王，用乃孔德琏纯，乃用心引正乃辟安德。惠余小子肇盨先王德，赐汝玄衮黼纯，赤市朱黄銮旗，大师金雁，攸勒。用井乃圣祖考隣明黎辟前王，事余一人。𩛥拜稽首，休伯大师肩𬉼𩛥臣皇辟。天子

亦弗望公上父㪤德，龏蔑曆伯大师，不自作小子，夙夕尃由先祖嬰剌德，用臣皇辟。伯亦克款由先祖嬰（蠡）孙子，一㗊皇辟懿德，用保王身，龏敢䠱王，卑天子万年，范围①伯大师武，臣保天子，用厥剌祖孚德，龏敢对王休，用妥作公上父尊于朕考郭季易父祼宗。

铭文中的"休伯大师肩㗊龏臣皇辟"，裘锡圭解释为是指伯大师推荐师龏臣事皇辟，从赏赐物品"大师金膺"可知，师大概是承接了伯大师的职务，至少是一部分职务。② 可见，师龏和伯大师的关系是极为密切的。从铭文"龏蔑曆伯大师，不自作小子"的记载可知，师龏应该原来是属于"伯大师小子"之类的身份。师望簋（《集成》3682）中的"大师小子师望"，裘锡圭认为是小子师望是大师的小宗之长。③ 从师龏鼎"伯亦克款由先祖（蠡）孙子"的记载可知，伯大师和师龏应该同属一个家族，而伯大师为该宗族之族长。因此，师龏原来是以小宗之长的身份担任作为宗族族长的伯大师之下属的。铭文中的"公上父"，我们怀疑即姜太公师尚父，本为西周王朝的太师，故其家族历任太师一职。④

西周金文中的"周师"这一职官，也是属于管理乡邑居民的师类职官。西周金文的记载说明，该职官至少在穆王时期即已经设立，免簋记载王册命免"胥周师司敢"，说明免为周师的属官。狱器亦记载狱称"周师"为其"光尹"，则狱为周师的属官。另外，西周金文中提到的与周师有关的宫名有周师录宫、周师量宫和周师司马宫，年代从西周中期跨越到西周晚期，说明周师是一个比较稳定的职官，并拥有办公衙署。

三、史类职官

史官是西周时期最为常见的职官之一，基本可以分为内史和太史两大部分。内史的长官称为尹，瘋钟（《集成》247）铭文记载史官世家瘋之祖考的

---

① "范围"二字的释读，参看裘锡圭：《古文字论集》，北京：中华书局，1992年8月，357-358页。

② 同上。

③ 裘锡圭：《关于商代的宗族组织与贵族和平民两个阶级的初步研究》，收入裘锡圭：《古代文史研究新探》，南京：江苏古籍出版社，1992年6月，307-308页。

④ 学者认为铭文中的"郭"应读为"虢"，是虢季氏。参看：李学勤：《西周青铜器的重要标尺》，收入《新出青铜器研究》，85-86页；于豪亮：《陕西省扶风县强家村出土虢季家族铜器铭文考释》，《古文字研究》，第九辑。"郭"、"虢"虽可相通，但目前所见的确定的虢氏家族铜器，其"虢"字不见有作"郭"者。

职责均是胥尹典垡威仪，而瘕的职责也是辅佐尹氏。史兽鼎（《集成》2778）记载"尹令史兽立工于成周"，说明"尹"是史兽的长官。这些记载说明史官内部存在着阶梯化、层级化的组织结构。

从以上的讨论我们可以知道，西周王朝的政府已经形成了一定的体系，其复杂化程度也在不断的得到强化，形成一些职能稳定，职官结构阶梯化的部门或机构。这些部门的官员都是由周王直接任命的，有些机构已经有了专门的衙署。出现这种变化的部门主要有三有司、师类职官和史官，主要体现在民事、军事和文书系统中。这几个部门的变化基本都是同步进行的，虽然不同部门的进程是不平衡的。这种变化出现的时间，由于册命铭文主要是在西周中期，大致在穆王时期开始较为集中的出现，因此，一般认为是在西周中期的穆王时期。

第二节 西周王朝政府部门的僚友组织

西周王朝政府部门组织的系统化和阶梯化，还体现在僚友组织的出现，特别是被称为"友"的一般属吏的出现，体现了行政事务的复杂化和业务的常规化。

《诗·邶风·北门》描述了一个小官吏的生活：

> 出自北门，忧心殷殷。终窭且贫，莫知我艰。已焉哉！天实为之，谓之何哉！
>
> 王事适我，政事一埤益我。我入自外，室人交遍谪我。已焉哉！天实为之，谓之何哉！
>
> 王事敦我，政事一埤遗我。我入自外，室人交遍摧我。已焉哉！天实为之，谓之何哉！

论者认为这是一首描写官吏诉苦的诗，从诗意来看，这个官吏应该是一个小吏。许倬云认为其大致类似于今天的"公务员"，不会是"尹"与"正"的主官人员，而是僚属，一批"常务"人员①。这首诗所描写的可能是春秋时期的卫国的小官吏的困境，但类似的僚属人员却可以追溯到西周时期，在西周

---

① 许倬云：《西周史》（增补本），北京：三联书店，2001年1月，第232页。

金文中称为"僚"、"友"。僚属人员是职官的重要成分，是深入了解西周政府的官僚化进程一个重要方面。

一、僚

"臣僚"这种人员在商代已经出现，殷墟花园庄东地出土的甲骨卜辞里有臣僚的记载：

1. 辛卜：子其又（有）肇臣自……。
2. 辛卜：疫惟丁。
3. 辛卜：丁曰：其肇子臣。允。
4. 辛卜：子其又（有）囗臣自🔲寮。

《殷墟花园庄东地甲骨》257①

对于上引第4条卜辞，姚萱指出，缺字当是"肇"。《殷墟花园庄东地甲骨》考释谓"寮"为"祭名"，不确。"寮"字理解为"官署"（指机构）或"僚属"（指人）似皆可通。此辞是就"子"受到商王赏赐"臣"之事而贞卜，此"臣"是来自"某寮"的②。辞中的"自🔲寮"是表示臣的来源，句式和裘锡圭讨论过的"赐朕文考臣自厥工"相类似，"自厥工"是说明臣的来源③。第2条卜辞中的"疫"，有可能就是属于丁要给予"子"的"臣"。第4条卜辞中来自"🔲寮"的"臣"，可能与逨盂（《集成》10321）"僚女僚奚"的身份相当，李学勤先生认为僚女即官女，僚奚即官奚，指在官府的自由妇女和女奴④。卜辞中来自"🔲寮"的"臣"应是指来自"🔲"这一官署的臣奴。

西周金文中有关"僚"的记载⑤，最受关注的是"卿事僚"和"太史僚"，这两个词见于矢令方彝（《集成》9901）、番生簋盖（《集成》4326）和毛公鼎（《集成》2841）等重器中：

---

① 中国社会科学院考古研究所：《殷墟花园庄东地甲骨》，昆明：云南人民出版社，2003年12月。
② 姚萱：《殷墟花园庄东地甲骨卜辞的初步研究》，北京：线装书局，2006年11月，第305页，注4。
③ 裘锡圭：《"赐朕文考臣自厥工"解》，《考古》1963年第5期；收入裘锡圭：《古文字论集》，北京：中华书局，1992年8月，第393页。
④ 李学勤：《卿事寮、太史寮》，收入李学勤：《缀古集》，上海：上海古籍出版社，1998年10月。
⑤ 西周金文中多作"寮"，寮、僚古书通用，这里我们统一用"僚"。

1. 惟八月，辰在甲申，王令周公子明保尹三事四方，受卿事寮。丁亥，令矢告于周公宫。公令徢同卿事寮。惟十月月吉癸未，明公朝至于成周，徢令舍三事令眔卿事寮眔诸尹眔里君眔百工眔诸侯侯、田、男，舍四方令。（矢令方彝，西周早期）
2. 王令摄司公族、卿事、大史寮。（番生簋盖，西周晚期）
3. 王曰：父厝，巳曰！敉兹卿事寮、太史寮，于父即尹，命汝摄司公族雩三有司、小子、师氏、虎臣，雩朕亵事。（毛公鼎，西周晚期）

"卿事僚"和"太史僚"，由于关涉西周官制的研究，在学界曾引起热烈的讨论，目前尚未有统一的意见，主要有以下几种观点：

卿事僚和太史僚是官署或机构。持这一观点者有杨宽、郝铁川、韩国磐等先生，杨宽认为，卿事僚和太史僚是西周中央政权的两大官署，司徒、司马、司空等"三有司"，都是卿事僚的属官。后稷、膳夫、农正等官是太史僚所属的官吏。卿事僚的的官长是太师，太史僚的官长是太史①。郝铁川的观点与杨宽类似，同时认为太史僚的设置是为了制约卿事僚②。韩国磐认为卿事僚是卿士及其同僚、僚属的办事机构或官署，但未必三有事、五官等皆属于卿事僚这一机构③。

卿事僚、太史僚是卿士、太史的同官或僚属。左言东认为所谓卿事僚，就是卿士的同官或僚属，其中最重要的就是"三司"，即司徒、司马、司空。太史的同僚和属员很多，重要的有内史、太宗、太卜、乐师等④。唐兰认为卿事寮是卿事的僚属，即助手⑤。

卿事僚、太史僚指卿士官和太史官。李学勤认为"僚"字在古时并没有像后世说"僚属"那样属下的意味，卿士一词有广狭两义，广义泛指众卿，狭义专指执政之卿。卿事僚义为卿士官，此处卿士用广义，指众卿。太史僚即

---

① 杨宽：《西周史》（增订本），上海：上海人民出版社，1999年11月，第321-327页。
② 郝铁川：《西周中央官制的演变》，《河南大学学报（社会科学版）》1985年第4期。
③ 韩国磐：《关于卿事寮》，《历史研究》1990年第4期。
④ 左言东：《西周官制概述》，《人文杂志》1981年第3期。
⑤ 唐兰：《西周青铜器铭文分代史征》，北京：中华书局，1986年12月，第208页，注5。唐兰在该注中认为卿事寮大概是管理各个卿的事务的总衙门，等于后世的内阁。又认为卿事寮是卿事的僚属，即助手。

太史官①。

矢令方彝铭文中,卿事寮和三事、诸尹、百工等职官名称并称;番生簋铭文中,太史寮与公族、卿士等职官名称并称。这说明卿事寮、太史寮不能理解为是官署或机构的名称,而应是职官名称。且矢令方彝说"公令徣同卿事寮","徣同"和《尚书·顾命》"乃同召太保奭、芮伯、彤伯、毕公、卫侯、毛公、师氏、虎臣、百尹、御事"的"乃同"一样,"同"是指"集合"、"会集"。"集合"的对象,自然不能是一种官署或机构。因此,第一种观点不太合适。

但是"僚"是否包含"僚属"的含义呢?先秦文献中"僚"主要有两种含义:一是训为官,相关文献可参看上引李学勤《卿事寮、太史寮》一文;二是指奴隶,《左传》昭公七年记载无宇所说的十等人中有"隶臣僚",杨伯峻引俞正燮说:"僚,劳也,入罪隶而任劳者,其分益下,若今充当苦差。"②其地位在"隶"之下。金文中,遹盂的"寮女寮奠"、叔弓镈(《集成》285)的"嫡寮"似应都是指这种地位低下的人。卿事寮、太史寮的"寮"显然属于前者。李学勤用"卿士"有广义和狭义之分的观点来解释卿事僚,对"卿事僚"一词的解释较圆通。但用于解释"太史僚"似存在问题,因为"太史"并没有像"卿士"一样,具有广义和狭义之分。对训为"官"的"僚",有进一步分析的必要。

《左传》文公7年荀林父说"同官为寮",《尔雅·释诂》:"寮,官也。"《说文》:"官,吏事君也。从宀,从𠂤。𠂤犹众也,此与师同意。"俞樾云:"今按官者馆之古文也,以宀覆𠂤正合馆舍之义。食部,馆、舍也,从食官声。此乃后出字,古字止作官。《礼记·曲礼篇》'在官言官',注曰:'官谓版图文书之处';《玉藻篇》'在官不俟屦',注曰:'官谓朝廷治事处也。'官字皆即馆字③。杨树达亦认为"官"的本义是指官府之类的处所④。可知,官之本义是指官府或官署。卜辞和金文的"寮"字和"官"字一样,也是从"宀"作,因此其本义也当是指官署,而官职为其引申义。《左传》所谓的"同官为寮","官"当训为"馆","同馆"指在同一官署任事。《左传》中荀林父称

---

① 李学勤:《卿事寮、太史寮》,收入李学勤:《缀古集》,上海:上海古籍出版社,1998 年 10 月。
② 杨伯峻:《春秋左传注》(修订本),北京:中华书局,1990 年 5 月,第 1284 页。
③ 俞樾:《儿笘录》卷四,"官"。
④ 杨树达:《积微居小学金石论丛》(增订本),北京:中华书局,1997 年 12 月,第 19 – 20 页。

先蔑为"同寮",杨伯峻解释说:"僖28年,林父将中行,先蔑将左行,古云同寮。"①说明两者同在晋国的"三行"中任事。由此可知,称为"同寮"者应是指在同一官署中负责同类官事之官员。卿事僚和太史僚应是指与卿士和太史在同一官署负责同类职事的官员,这里卿士和太史并称,卿士用为狭义,指执政之卿。矢令方彝中周公的身份是执政之卿,故王命其将与卿士同一官署负责同类职事的官员承受下来,加以领导。

西周金文和文献中,"僚"和"友"经常一起出现。矢令方彝"爽左右于乃寮以乃友事"(见下引文5),以"乃寮"和"乃友"并提,《礼记·曲礼上》中"僚友"并称。友指属官、僚属(见下文)。而矢令方彝王命令周公"受卿事寮"和毛公鼎王命毛公"敉兹卿事寮、太史寮"的说法,与殷簋(《集录》487)中王册命殷"命汝乃更祖考友"类似。"更"读为"赓",指赓续或承接。"更"与"受"、"敉"的含义应该相近,我们先谈毛公鼎的"敉"字。

冯胜君指出,毛公鼎的该字或即《说文》之敉、敩。《说文》:"敉,抚也。从攴、米声。《周书》曰:'亦未克敉公功。'读若弭。侎,敉或从人。"《说文》:"敩,择也。《周书》曰:'敩乃甲胄。'"也就是古文字中常见的《说文》认为是"徙"之古文的那个字。在铭文中或可读为"选"②。

这里所说的古文字,一般作厬或屖。裘锡圭在《读遂器铭文札记三则》一文中,引用李家浩的说法,作过详细说明。李家浩把禹鼎(《集成》2833)的"厬朕祖考政于井邦"、豆闭簋(《集成》4276)的"用屖乃祖考事"中"厬"和"屖"和陈侯因敦(《集成》4649)的"屖嗣桓文"的"屖"读为与"选"古通的"纂"字:

"选"、"纂"二字古通,如《诗·齐风·猗嗟》"舞则选矣",韩诗"选"作"纂"。因此,禹鼎的"厬"、豆闭簋的"屖"、陈侯因敦的"屖",并读为"纂"。《礼记·祭统》引孔悝鼎"纂乃祖服"、《左传》襄公十四年"纂乃祖考",郑玄注和杜预注并云"纂,继也"③。

---

① 杨伯峻:《春秋左传注》(修订本)),北京:中华书局,1990年5月,第561页。
② 此承冯胜君先生相告。
③ 转引自裘锡圭:《读遂器铭文札记三则》,《文物》2003年第6期。

毛公鼎的"敉"也应读为与"选"通的"篡"字，训为"继"，指赓续或承接卿事寮和太史寮。矢令方彝"受卿事寮"，唐兰、郭沫若均读为"授"，指授予①。并不妥当。李学勤认为"受"训为承受，因周公受命辅王执政，身为卿士，故将"卿事寮"承受下来，加以领导②。从辞例上看，我们认为"受"的含义可能和"更"、"敉"一样，指承接或赓续。

《史记·夏本纪》记载刘累学扰龙于豢龙氏，以事孔甲，"孔甲赐之姓曰御龙氏，受豕韦之后。"集解引徐广说："受，一作'更'。"《周礼·春官·巾车》载巾车职"岁时更续，共其弊车"，郑玄注："故书'更续'为'受读'。杜子春云：'受当为更，读当为续。'"段玉裁谓："一为字误，一为声误也。"认为"更"作"受"是字误。但是，结合金文中"受卿事寮"和"更乃祖考友"及"敉卿事寮"等辞例相当来看，上引文献中与"更"相当的"受"可能并不能简单的视作是字误。"受"和"更"、"敉"一样有赓续、承续之义。《广雅·释诂》："承、受、韶，继也。"王念孙疏证："受者，序卦传云：故受之以屯，是受为继也。"③所以在上引文献中有"更"和"受"互作的情况。

殷簋中的"友"即僚属，卿事僚、太史僚与"友"一样，可以承续。以此结合矢令方彝中"僚"和"友"并提、以及典籍中"僚友"并称的情况来看，我们认为唐兰在解释师旂鼎中"友"的含义时所说的"僚和友都是助理官事的，但友的职位应略低于僚"的看法④，是很有道理的。僚和友虽然都是助理官事的，但从"僚"多训为"官"的情形来看，"僚"可能是指辅佐主官的副职之类的官员，与"友"指一般的属吏不同。上文分析，称为"同寮"者应是指在同一官署中负责同类官事之官员。西周册命金文常见王命令某官辅佐某官管理某项职事，如元年师兑簋（《集成》4274、4275）"命师兑胥师龢父司左右走马、五邑走马"，又如吕服余盘（《集成》10169）：

惟正二月初吉甲寅，備仲内右吕服余。王曰：服余，令汝更乃祖考事，足（胥）備仲司六师服，赐汝赤巿、幽黄、攸勒、旂。

---

① 唐兰：《西周青铜器铭文分代史征》，第208页，注4；郭沫若：《令彝令簋与其他诸器物之综合研究》，收入郭沫若：《殷周青铜器铭文研究》，北京：科学出版社，2002年10月。
② 李学勤：《令方尊、方彝新释》，《古文字研究》第16辑，北京：中华书局，1989年。
③ 王念孙：《广雅疏证》，南京：江苏古籍出版社，2000年9月，第129页。
④ 唐兰：《西周青铜器铭文分代史征》，北京：中华书局，1986年12月，第316页，注3。

在周王册命吕服余的典礼中,備仲为右者。"右"者,或称"儐者",其身份、地位以及其与受命者的关系,学者已经作过比较充分的阐释。一般认为儐者与受命者职务之间有一定统属关系,儐者往往为受命者之上级长官,受命者往往为儐者之下级属官。这种看法在吕服余盘铭文中得到充分的体现,吕服余的职掌是辅佐備仲管理六师的戎服。作为副职的师酥和吕服余,可能就是师穌父和備仲的僚官。副职是受王的册命辅佐正职管理正职所负责的某项官事的,自然可以称为是正职的同僚。而僚在后世出现"僚属"那样属下的意味,也正与其辅助正职管理职事有关。

二、友

在矢令方彝中,"友"和"僚"并提:

(明公)迺命曰:今我惟命汝二人亢眔矢爽左右于乃寮以(与)乃友事。

孙诒让《籀颅述林》卷七《毛公鼎释文》中,于"卿事寮、太史寮"下注云:"卿事寮、太史寮,犹《酒诰》云大史友、内史友。"郭沫若谓:"乃寮与乃友为对文,寮如卿事寮大史寮,友如大史友内史友。"①李学勤认为"爽"读为尚,左右义为辅助,僚训为官,义为正、长。周公是要求太(按:即引文中的亢)和令两人辅助他们的官长,和同官的其他人(友)一起尽职。友即《礼记·曲礼》和《仪礼·士冠礼》中的"僚友"②。

作为"僚友"解的"友",还见于下引其他铭文中:

1. 惟三月丁卯,师旂众仆不从王征于方雷,<u>使厥友引</u>以告于伯懋父。(师旂鼎,《集成》2809,昭穆时期)
2. 惟九月既望乙丑,在□次。王姐姜使<u>内史友员</u>赐戒玄衣朱襮

---

① 郭沫若:《两周金文辞大系图录考释》(二),北京:科学出版社,2002年10月,第9—10页。作者在《令彝令簋与其他诸器物之综合研究》一文中,对这句话的解释大体与此一致,但增加"矢令乃史官,'乃友'当系对之而言,则亢师殆属于卿事寮矣"这句话。见《殷周青铜器铭文研究》,第52页。

② 李学勤:《卿事寮、太史寮》,收入《缀古集》,上海:上海古籍出版社,1998年10月,第32页。

襟。(**ᡠ**方鼎，《集成》2789，穆王)

3. 惟八月初吉庚辰，君命宰茀赐帅季姬田又臣①于空桑，厥师夫曰丁，以(与)厥友二十又五家。(季姬方尊②，穆王)

4. 王呼内史驹册命师全父，……用司乃父官友。(师全父鼎，《集成》2813，恭王)

5. 井伯、伯邑父、定伯、亮伯、伯俗父迺觐，使厉誓，迺令三有司司土邑人逋、司马颐人邦、司工隋、矩内史友寺刍帅履裘卫厉田四田。(五祀卫鼎，《集成》2832，恭王)

6. 王若曰：殷，命汝更乃祖考友，司东鄙五邑。(殷簋，《集录》487，恭王左右)

7. 王令君夫曰：遗求乃友。(君夫簋盖，《集成》4178，西周中期)

8. 敬明乃心，率以乃友干吾王身。(师询簋，《集成》4342，夷王)

9. 大以厥友守，王飨醴，王呼善夫驷召大以厥友入攼。(大鼎，《集成》2807，厉王)

10. 王令尹氏友史赹典善夫克田人。(善夫克盨，《集成》4465，宣王)

11. (王)令小臣成友逆旅□，内史无大史旗曰……(𨟭比盨，《集成》4466，宣王)

12. 王曰：𤼈，敬明乃心，用辟我一人，善效乃友内辟，勿使虢虐从狱。(𤼈盨，《集成》4469，西周晚期)

13. 遣小子𩵦以其友作鲁男王姬将彝。(遣小子𩵦簋，《集成》3848，西周晚期)

师旂鼎中的"友"，唐兰解释说："友是助理，西周初期如卿事寮和太史寮都有友，作册夨令方彝说'夹左右于乃寮以(与)乃友事'，寮就是僚。

---

① "田又臣"原释为"卑臣"二字。李学勤改释为"甸臣"，读作"佃臣"，谓指从事农业的臣。见李学勤：《季姬方尊研究》，《中国史研究》2003年第4期。此从陈剑释，其观点可参看董珊博士后出站报告《战国题铭与工官制度研究——附论新见铜器和楚简》附录一的《季姬方尊补释》一节。

② 蔡运章、张应桥：《季姬方尊铭文及其重要价值》，《文物》2003年第9期。

《礼记·曲礼》说'僚友称其弟也',僚和友都是助理官事的,但友的职位应略低于僚,常见的有太史友、内史友等。"①杨树达亦认为师旂鼎中的弘(按:应是引)是师旂的僚属②。季姬方尊的"厥师夫曰丁,以(与)厥友二十又五家"这句话,李学勤认为"厥师"的师训为长,"夫"字疑应是"一夫"合文,这里是说王后赏赐弔季姬的畋臣之长一人,其名为"丁"。"以"训为与,这里意思是领率,"友"的意思是僚属③。询簋"率以乃友干吾王身",陈梦家认为"干吾"即捍御,师询为王爪牙,即虎臣之长,故有捍御王身之责④。并认为大鼎"大以厥友守"、"大以厥友入玫"即以其僚友虎臣之属守宫,捍御王身⑤。善夫克盨中的"史赻",陈梦家认为是尹氏的僚友⑥。塱盨"善效乃友内辟",杨树达认为"效"当读为教,内与入同,辟与辟同,此命塱善教其僚属使入而事君也⑦。

上引诸家多将"友"训为"僚属",这应该是正确的。师全父鼎说"用司乃父官友",是说王命令师全父掌管其父所掌管的僚属,或是说掌管其父亲的"官友",而以后者可能性较大。"官友"连用,犹如矢令方彝的"乃僚与乃友",《尔雅·释诂》释僚为"官也"。季姬方尊中的"友"是"师"的属下,师询簋中师询率以捍御周王的"友"也应是其属下,塱盨和殷簋中的"友"也是一样。这些都说明,上引西周金文中的"友"是指僚属、下属。矢令方彝"命汝二人亢眾矢爽左右于乃寮以(与)乃友事"的"左右",可能不当解释为"辅助",而当作"掌管、指挥"讲。《左传》僖公26年说"凡师,能左右之曰以",杜预注:"左右,谓进退在己。"杨伯峻说:"能左右者,欲左则左,欲右则右,指挥客军如己军也。"⑧可见"左右"有指挥、掌管的含义。铭文的意思是周公命令亢和令掌管好自己同署的官员和属吏的事务。

从上引西周金文可以看出,拥有僚属的职官有主要负责军事的师(师旂鼎、师全父)、管理臣奴的师(季姬方尊)、掌管周王禁卫部队的长官(师询簋、大鼎)、尹氏(善夫克盨)、内史(宾方鼎、五祀卫鼎)、小臣(䣄比盨)

---

① 唐兰:《西周青铜器铭文分代史征》,北京:中华书局,1986年12月,第316页,注3。
② 杨树达:《积微居金文说》(增订本),北京:中华书局,1997年12月,第162页。
③ 李学勤:《季姬方尊研究》,《中国史研究》2003年第4期。
④ 陈梦家:《西周铜器断代》,北京:中华书局,2004年4月,第309页。
⑤ 同上,第257页。
⑥ 同上,第265页。
⑦ 杨树达:《积微居金文说》(增订本),北京:中华书局,1997年12月,第123页。
⑧ 杨伯峻:《春秋左传注》(修订本),北京:中华书局,1990年5月,第442页。

等，较多类别的职官都拥有僚属。僚友组织的存在反映了西周职官组织已经有了一定程度的科层化和政事的日益繁复。一些政府部门（如矢令所在的部门）至少具备了正职、副职和一般属吏的三级科层体系。

三、"友"的来源

与矢令方彝为同人所作的矢令簋（《集成》4300、4301），讲到所作簋的用途时说：

> 用作丁公宝簋，用尊史于皇宗，用飨王逆复，用饲察人、妇子，后人永宝。

《说文》："饲，饱也。"用饲僚人，是说用以饱食同僚，反映了当时官员之间的交往。除了同僚之间，西周金文还反映了官员作器以宴飨卿士、师尹等官长：

> 1. 伯大师小子伯公父作簋……我用召卿事、辟王。用召诸考诸兄，用祈眉寿多福无疆，其子子孙孙永宝用享。（伯公父簋，《集成》4628）
> 2. 克拜稽首敢对天子丕显鲁休扬，用作旅盨，惟用献于师尹、朋友、婚媾。（善夫克盨，《集成》4465）

善夫克盨中，宴飨的对象除了师尹外，还有朋友和婚媾，西周其他金文中也常常提到作器以招待"友"、"多友"或"朋友"等，如：

> 1. 卫肇作厥文考己仲宝䌷鼎，用祷寿，匄永福，乃用飨王出入使人眔多朋友，子孙永宝。（卫簋，《集成》2733）
> 2. 趞曹拜稽首，敢对扬天子休，用作宝鼎，用享朋友。（七年趞曹鼎，《集成》2783）
> 3. 惟十又一月初吉甲申，王在华，王赐命鹿，用作宝彝，命其用以多友簋食。（命簋，《集成》4112）
> 4. 用作朕皇考武乖几王尊簋，用好宗庙享夙夕，好朋友与百诸婚媾，用祈纯禄永命，鲁寿子孙。（乖伯簋，《集成》4331）
> 5. 辛作宝，其无疆厥家雍德娱（?），用䜌厥剌多友，多友赞，

辛万年惟人。（辛鼎，《集成》2660）

6. 毛公旅鼎，亦惟簋，我用飤厚，眔我友飼，其用友，亦引惟孝，肆毋又弗顺，是用寿考。（毛公旅鼎，《集成》2724）

7. 万諆作兹晨，用享酒尹人饮，用歔侃多友，其则此歔祼，用宁室人，后人万年宝用，作念于多友。（万諆觯，《集成》6515）①

8. 兽作朕考宝尊鼎，其万年永宝用，朝夕飤厥多朋友。（兽鼎，《集成》2655）

9. 麦赐赤金，用作鼎，用从井侯征事，用飤多诸友。（麦方鼎，《集成》2706）

10. 室叔作丰姞鼓旅簋，丰姞鼓用风夜享孝于歔公，于室叔朋友。（室叔簋，《三代》8·51·1）

11. 杜伯作宝簋，其用享孝于皇申（神）祖考，于好朋友，用祷寿，匄永命，其万年永宝用。（杜伯簋，《集成》4452）

12. 伯康作宝簋，用飤朋友，用餕王父王母。（伯康簋，《集成》4160）

13. 叔㚢作宝尊簋，眔中氏万年，用侃喜百生、朋友眔子妇，子子孙孙永宝，用风夜享孝于宗室。（叔㚢簋，《集成》4137）

14. 㝨叔多父作朕皇考季氏宝盘……利于辟王、卿事、师尹、朋友，兄弟、诸子、婚媾，无不喜曰：㝨有父母，多父其孝子。（㝨叔多父盘②）

上引金文中，"朋友"、"多友"、"友"、"多朋友"以及"多诸友"等所表达的含义应该是一样的，相当于"朋友"。朱凤瀚说铭文或言"朋友"，或单言"友"，却不单称"朋"，说明"朋友"一词中重点在"友"，"友"是一种具体身份。"朋"在典籍中，有类、群、辈、党等义，"朋友"连言，实是"友辈"、"友类"之义③。这是有道理的。

上引铭文基本都是说器主作器以宴飨朋友，这种情况在《诗经》中也有记载：

---

① 释文参考陈梦家：《西周铜器断代》，北京：中华书局，2004年4月，第127页。
② 同上，第898页。
③ 朱凤瀚：《商周家族形态研究》（增订本），天津：天津古籍出版社，2004年7月，第296页。

西周王朝政府的官僚化进程

假乐君子，显显令德。宜民宜人，受禄于天。保右命之，自天申之。

……

之纲之纪，燕及朋友。百辟卿士，媚于天子。不解于位，民之攸塈。（《诗·大雅·假乐》）

毛传："朋友，群臣也。"郑笺："（成王）其燕饮常与群臣，非徒乐族人而已。"正义曰："此美王能官人，又言天子燕及，故知朋友是群臣。"诗中提到的"朋友"、"百辟"、"卿士"和"天子"四者连称，西周晚期㝬叔多父盘以"辟王、卿事、师尹、朋友"四者连称，两者相较，差别在"百辟"和"师尹"上。"百辟"，郑笺认为是畿内诸侯，孔颖达疏以为是畿外诸侯。该词又见于大盂鼎，陈梦家、马承源等先生认为是指百官①，将《尚书·酒诰》所言官制和大盂鼎的官制相比照，陈梦家等人的看法应该是正确的。叔多父盘的"师尹"，是指众官长②。因此，"百辟"和"师尹"的含义是一致的。这样，㝬叔多父盘中"朋友"的含义也应该与《假乐》的含义相当。《假乐》中的"朋友"是王的群臣③，叔多父盘的"朋友"则应该是指叔多父的僚属。万骐觯中的尹人、多友、室人、后人，陈梦家认为是指四种人：尹人是师尹之人；多友犹卫鼎之"多朋友"，即朋友僚友；室人犹家人，是宗室、公室之人，所谓兄弟诸子婚媾；后人指后嗣子孙。克盨曰"惟用献于师尹、朋友、婚媾"，叔多父盘曰"使利用辟王、卿事、师尹、朋友、兄弟、诸子、婚媾"，可相比较。令簋曰"用飨僚人、妇子、后人永宝"，妇子后人犹此器的室人后人④。这样的分析应该是很有道理的。

根据以上这些讨论，结合上文我们认为金文中的"友"基本是指僚属的看法，我们认为金文中的"朋友"、"多友"、"友"、"多朋友"以及"多诸友"等词，也是指僚属、僚友。师全父鼎和殷簋铭文说明子辈可以继续管理父辈或祖辈的"友"，季姬方尊说明"友"和其师长一起被赏赐，这些都说明官长和其僚属的关系是非常密切的。这和上引铜器铭文所反映的官长经常宴飨

---

① 陈梦家：《西周铜器断代》，北京：中华书局，2004年4月，第103页；马承源主编：《商周青铜器铭文选》（三），北京：文物出版社，1988年4月，第38页。
② 李学勤：《叔多父盘与＜洪范＞》，《华学》第5辑，广州：中山大学出版社，2001年。
③ 《诗经·大雅·抑》和《桑柔》中的"朋友"，传疏均解释作群臣。
④ 陈梦家：《西周铜器断代》，北京：中华书局，2004年4月，第127页。

其僚属的情况相一致。

西周时期这些指属吏的"友"、"朋友"是由那些人担任呢？下面我们对这一问题略作探讨。

《左传》桓公二年，晋师服说："吾闻国家之立也，本大而末小，是以能固。故天子建国，诸侯立家，卿置侧室，大夫有贰宗，士有隶子弟，庶人、工、商，各有分亲，皆有等衰。是以民服事其上，而下无觊觎。"类似的关于各阶层分亲的表达亦见载于《左传》襄公十四年，晋师旷说："天生民而立之君，使司牧之，勿使失性。有君而为之贰，使师保之，勿使过度。是故天子有公，诸侯有卿，卿置侧室，大夫有贰宗，士有朋友，庶人、工、商、皂、隶、牧、圉皆有亲昵，以相辅佐也。"杨伯峻认为："桓二年传云'士有隶子弟'，似此'朋友'即指'隶子弟'。以桓二年传'各有分亲'及此下文'皆有亲昵'推之，朋友一词，非今朋友之义。或其同宗，或其同出师门。"①钱宗范、朱凤瀚等根据"孝友"连称的"友"专指兄弟之间的道德准则的用法，认为"朋友"或"友"，本义是指同族的兄弟②。这些看法应该都是很有道理的，有助于我们理解僚友的来源。

师服和师旷对于各阶层分族所作的描述，意思虽然差不多，但两者的背景和侧重点不同。师服的这番话，是有感于晋封桓叔于曲沃而发的，认为晋身为甸侯实不应建国以弱本。强调的是不同阶层的宗族与分族之间所对应的等级差别，揭示的是天子、诸侯国、大夫之家、侧室、贰宗、隶子弟这样一个系列。师旷强调的是分族的政治功能，说明各不同阶层的宗族都设置有分族或亲属以相辅佐，揭示的是王、公、卿、大夫、士、朋友这样一个系列。将隶子弟改称朋友，估计是为了说明其辅佑的作用。《诗经》中王称群臣为朋友，可能也是含有群臣对王有辅佑的意思。

既然"朋友"一词，从亲属意义讲，是指同族的兄弟。我们推测，作为属吏、下属讲的"友"或"朋友"应该主要是由同族的兄弟担任的。也就是说，西周时期官长的属吏主要是由其同族的兄弟担任。

通过以上的论述，我们认为西周时期的"僚"和"友"的含义不同，"僚"的地位要高于"友"。"僚"是指担任副职、负责辅佐正职的官员，而

---

① 杨伯峻：《春秋左传注》（修订本），北京：中华书局，1990年5月，第1016－1017页。
② 钱宗范：《"朋友"考》，《中华文史论丛》第8辑，上海：上海古籍出版社，1978年；朱凤瀚：《商周家族形态研究》（增订本），天津：天津古籍出版社，2004年7月，第295－296页。

"友"是指一般的属吏,这类属吏在西周时期主要是由同族的兄弟充任。西周王朝政府的某些部门,可能已经形成了主官、副职和属吏的三层科层结构。僚友组织的广泛存在,是西周王朝政府官僚化进程的一个重要指标。

第三节　西周王朝政府行政中文书的运用

官僚制学说的理论奠基者马克斯·韦伯认为,严格遵循法律法规和充分利用文书档案,构成了官僚体制的基本性格:"确定的官员执法领域,它一般处于条文、也就是法律和行政法规的支配之下";并且,"近代官署的管理,是以书面文书("文件")为基础的;这些文书以其原始的形式保存下来。这样,就有了一批秘书和各种各样的文书。忙碌于'公共'办事场所中的官员们,再加上各类物质手段和文件,就构成了一个'官署'。"①

研究中国古代政治的学者,多认为中国古代政治具有早熟性。三代政治社会中已经初具官僚制度的早期发展模式,尽管他们与后代官僚制度差异明显,但商周政治体制中的若干制度因素,其实已开中国古代官僚制度的先声②。

西周政治制度中,初成体系的史官系统和文书的运用,应该是这种若干因素之一。顾立雅曾就书面文件的使用对西周行政作如下的评价:"它具有另一个特点,令其稳定性达到了很高水平:习惯于使用和保存书面记录。"③史官是西周政府书面文件的起草和保留者,在西周王朝政府的运作中承担着重要的作用。在古代贵族政治向官僚政治的演变过程中起着重要的功用④。

一、西周金文所体现的文书类型

在西周政府的运作中,文书已经被广泛的运用。据《尚书》,西周统治者的书面文件已经有了誓、诰、命三种不同的形式。在《尚书》中,"誓"是军事行动前申明纪律,约戒所属人员的讲话,如《牧誓》;"诰"指发布政命,

---

① 转引自阎步克:《史官主书主法之责与官僚政治之演生》,载《乐师与史官——传统政治文化与政治制度论集》,北京:三联书店,2000年7月,33-34页。
② 吴宗国主编:《中国古代官僚政治制度研究》,绪论,北京:北京大学出版社,2004年11月。
③ Herrlee G. Creel, The Origins of Statecraft in China. Volume one: The Western Chou Empire. The University of Chicago Press, 1970. p123. 原文作:" But it had another characteristic that made for stability to a high degree: an addiction to the use and preservation of written records."
④ 阎步克:《史官主书主法之责与官僚政治之演生》,载《乐师与史官——传统政治文化与政治制度论集》,北京:三联书店,2000年,33-34页。

如《大诰》、《康诰》；"命"指册命文书，如《文侯之命》。这些类型的文书，在西周金文中亦有体现，除此之外，西周金文还记载了其它类型的文书形式。我们把西周的文书根据其内容和形式分为册命文书、法制文书和土田约剂三种类型：

册命文书

西周金文中最常见的文书形式就是册命文书。册命制度大致是在穆王晚期开始形成了比较固定的格式。陈汉平认为册命铭文的内容，主要分为以下五个部分：

1. 时间地点：册命金文第一部分记录举行册命过程之时间和空间，其正例为："惟王某年某月月相辰在干支，王在某。旦，王各于某。"

2. 册命礼仪：记录举行册命时册命者与受命者诸方位及册命仪式，其正例为："（王）即位，某右某入门，立中廷，北向，史某（或尹氏）受（授）王命书，王乎史某（或内史某、尹氏、作则尹，或王者亲命）册命某，王若曰（或作王曰，或作曰）。"

3. 册命内容：册命者先直呼受命者之名，叙述册命缘由及诰诫语，再叙册命之官职，最后记册命所赏赐之物品及勉语。

4. 受命礼仪：包括受命礼及觐礼，记受命者拜手稽首，受命册，佩以出，反入觐璋，敢对扬天子丕显休命。

5. 作器铭识：记受命者受命册以归，用作祖某妣某考某母某宝尊彝，铭刻嘏辞，用以为自己祈匄福禄眉寿，并祈愿世代子子孙孙永宝用。[1]

其中由史官所作，并由史官宣读的"命书"，即我们所要讨论的册命文书，文书的内容即上引第3部分的册命内容。册命文书至少一式两份，一份由王室史官保存，一份由受册命者带回，作为任官依据。对于这一类文书，王室应该有较为完备的保存和查阅制度。因为王对臣属的册命有重命、增命、改命等形式，重命指新王继位，对先王旧臣重新册命，或者本王既曾册命，而今复重新册命。增命指加官进禄之重命，改命指改变既往之册命。这些册命形式都要求在了解原有册命内容的基础上进行，反映了西周政府对册命文书有着一定的保管和查阅制度。

法制文书

陈公柔在《西周金文中的法制文书述例》一文中，以师旂鼎、兮甲盘和

---

[1] 陈汉平：《西周册命制度研究》，上海：学林出版社，1986年12月，27－28页。

儠匜为例，讨论了西周法制文书的情况①。其中师旂鼎和儠匜关涉判牍公文的程序：

师旂鼎（《集成》2809）：
惟三月丁卯，师旂众仆不从王征于方雷，使厥友引以告于伯懋父。在芳，伯懋父乃罚得瞏古三百孚，今弗克厥罚。懋父令曰：义播，虘，厥不从厥右征，今毋敓，其又内于师旂。引以告中史书，旂对厥贅于尊彝。

儠匜（《集成》10285）
惟三月既生霸甲申，王在莽上宫，伯扬父乃成贅曰：牧牛，虞，乃可湛，汝敢以乃师讼。汝上廄先誓，今汝亦既又孚誓，專趄、啬、觋、儠、俞、亦兹五夫。亦既孚乃誓。汝亦既从辞从誓，弋可。我义鞭汝千，黥剭汝，今我赦汝，义鞭汝千，黥剭汝，今大赦汝，鞭汝五百，罚汝三百孚。伯扬父乃或使牧牛誓曰：自今余敢扰乃小大事，乃师或以汝告，则致乃鞭千，黥剭。牧牛则誓，乃以告史兄、史習于会。牧牛辞誓成罚金，儠用作旅盉。

两铭文中的"贅"字，李学勤指出是一个法律用词，应读为谳，意义接近于判决②。两器铭文记载主审官在定谳之后，均告知史官，史官所起的作用，应该是记录判决情况，形成判牍公文。陈公柔认为西周时期特别是西周中晚期以后，讯讼判词已相当成熟。从反复纠讼，至定谳判决，中间甚多折冲。判词写定成文，亦能曲尽描述，锻炼成文③。判词曲尽成文、要言不烦的特征，反映了公文写作的成熟。

土田约剂

大致在西周中期以后，西周金文关于贵族之间涉及土田事件的记载逐渐丰富起来。这些事件包括土田的交换、争讼、转让等。这些铭文都是土田的获益

---

① 陈公柔：《西周金文中的法制文书述例》，原载《容庚先生百年诞辰纪念文集》（古文字研究专号），广东人民出版社，1998年。收入陈公柔：《先秦两汉考古学论丛》，北京：文物出版社，2005年5月，131页。

② 李学勤：《岐山董家村训匜考释》，原载《古文字研究》第一辑。收入李学勤：《新出青铜器研究》，北京：文物出版社，1990年6月，110页。

③ 陈公柔：《西周金文中的法制文书述例》，收入陈公柔：《先秦两汉考古学论集》，北京：文物出版社，2005年5月，144页。

者所作，铭文内容详细记载新获土田的四至，并有史官作书或图记录。关于这些铭文的性质，学者多称之契约、约剂，可以视作是文书中的一种。

目前所见的西周金文中，涉及土地交换的主要有1975年岐山董家村出土的裘卫器群、师永盂、大簋、佣生簋、散氏盘和吴虎鼎（《集录》364）等器。这些涉及土田交换的西周铜器铭文基本由以下三个部分组成：

1. 说明土田交换的原因。

对于其原因，李学勤曾归纳为三种：a. 赏赐，如师永盂、大簋和吴虎鼎；b. 交易，如卫盉、九年卫鼎、佣生簋（原称格伯簋）；c、赔偿，如散氏盘①。

2. 踏勘土田四界。

踏勘四界的活动在金文中有专门的术语"履"，踏勘的工作基本都有王朝政府的官员参加，以起公证的作用。

3. 史官或其它人员作土田转让的契券。

佣生簋铭文有"则析"一词，杨树达认为"析"意思是析券，"书券契而中分之，两人各执其一，故云析也。"散氏盘铭亦记田邑授受履勘田境之事，铭末云："厥左执缕，史正中农。"左谓左券，此又析券之确证也②。谓"析"为"析券"，很有道理。

裘卫盉（《集成》9456）铭末记载"爯赵、卫小子逆者其乡"，类似的说法也见于五祀卫鼎卫（《集成》2832）和九年卫鼎（《集成》2831），前者作"卫小子者其乡，舸"，后者作"卫小子逆者，其舸卫臣醺朏"。

唐兰将"乡"读为"飨"，将"舸"读作"媵"，认为"逆者其乡"的意思是说"迎接的人举行宴会"，"其乡舸"是说"举行宴会并送礼"③。陈公柔亦持这一看法④。李学勤将"者"读为"书"，"乡"读为"向"，认为"书其向"即写下疆界的方向⑤。白于蓝认为"舸"应读为"塍"，指表示田界之垺。⑥

---

① 李学勤：《西周金文中的土地转让》，收入李学勤：《新出青铜器研究》，北京：文物出版社，1990年6月，106－109页。

② 杨树达：《积微居金文说》（增订本），北京：中华书局，1997年12月，11页。

③ 唐兰：《陕西省岐山县董家村新出西周重要铜器铭辞的释文和注释》，《文物》1976年第5期。

④ 陈公柔：《西周金文中所载<约剂>的研究》，收入陈公柔：《先秦两汉考古学论集》，北京：文物出版社，2005年5月，108－121页。

⑤ 李学勤：《西周金文中的土地转让》，收入李学勤：《新出青铜器研究》，北京：文物出版社，1990年6月，106－109页。

⑥ 白于蓝：《师永盂新释》，《考古与文物》，2010年第5期。

西周王朝政府的官僚化进程

佣生簋铭末记有"书史螚武"，散氏盘铭末记载史官执左券，吴虎鼎铭末有"书尹"。从这些涉及土地转让的铭文的格式来看，李学勤将"者其乡"读为"书其向"应该是很有道理的。《说文》："书，著也，从聿者声。"免簋（《集成》4240）铭文即以"者"为"书"，说明"者"可以假借为"书"。裘卫盉中的"▨逆"和九年卫鼎中的"▨逆"应该是"卫小子"的名字，而且两者很有可能是同一人①。

既然"乡"应该读为"向"，五祀卫鼎和九年卫鼎铭文中的"䞈"则不应读作"媵"，解释作送礼。我们怀疑"䞈"很有可能读作"誊"，《说文》："誊，迻书也，从言朕声。""䞈"字亦从"朕"得声。"誊"在铭文中列于"书其向"之后，其含义应是指誊写记载土田四至的文书，作为副本。

《周礼》一书在说明太史、内史、小宰、司会、司书、职内等官员的职掌时，经常提到对文书副本的管理，文书的副本在《周礼》中称为"贰"：

《周礼·春官·大史》：
凡邦国都鄙及万民之有约剂者藏焉，以贰六官，六官之所登。若约剂乱，则辟法，不信者刑之。

《周礼·春官·内史》：
执国法及国令之贰，以考政事，以逆会计。……内史掌书王命，遂贰之。

《周礼·天官·小宰》：
掌邦之六典、八法、八则之贰，以逆邦国、都鄙、官府之治。执邦之九贡、九赋、九式之贰，以均财节邦用。

《周礼·天官·司会》：
司会掌邦之六典、八法、八则之贰，以逆邦国都鄙官府之治。……掌国之官府、郊野、县都之百物财用凡在书契版图者之贰，以逆群吏之治，而听其会计。

《周礼·天官·司书》：
凡税敛，掌事者受法焉。及事成，则入要贰焉。

《周礼·天官·职内》：

---

① "▨"和"▨"很有可能为同一个字的不同写法。

195

职内掌邦之赋入,辨其财用之物而执其总,以贰官府都鄙之财入之数,以逆邦国之赋用。凡受财者,受其贰令而书之。

这些经文中的"贰"均是指各类文书的副本。"大史"职掌条下,郑玄注云:"贰犹副也。""内史"条下的"遂贰之",郑玄注云:"副写藏之。"可见,文书作为处理经济事务和行政管理事务的重要依据,在正本形成的同时,要誊写出副本,以备收档和查阅。上文在讨论册命文书时,提到受册命者要"受命册以归",而同时王朝的政府则又保留有同样的"命册"以备稽考,说明当时的册命文书一式至少有两份。这样,我们把跟在"书其向"即作文书记载土田四至后面的"㦯"读作"誊",解释为誊写文书副本,应该是可以的。

杨树达谓倗生簋的"析"为"析券",散氏盘的"左"为"左券"。这种可分为两半的"券",应该即是林沄所考订的"书契"。林沄在考辨"书契"一词的本义时,结合出土实物资料,指出"书契"的形式是:"它一般是一式两份,一方面在两件简牍上都写上字,另一方面把两者并在一起,同时在一侧刻上一定数量的齿,然后由当事双方各执其一,作为便于验对的凭证。"①其形式可能并非如杨树达所言的"书券契而中分之",而是将两件同样内容的简牍并在一起,同时在一侧上刻上一定数量的齿,当事人各执其一,故称为"析"。

散氏盘铭末"执"后的一字,作下图之形:

(《金文编》卷三 0422 号)

关于此字的释读,自孙诒让释为"𦈛",读作要约之"要"后,研究者如郭沫若、杨树达等多从之,《金文编》亦录此字于"要"字下。1972 年,朱德熙、裘锡圭在《战国文字研究(六种)》一文中,在考释楚简"娄"字的基础上,对散氏盘此字的原有释读提出疑问,认为此字释作𦈛,是否可靠很难

---

① 林沄:《说书契》,《吉林师范大学学报》(人文社会科学版),2003 年第 1 期。

说①。上世纪七十年代后半期，河北平山县中山王器铭文的出土，使人们对"娄"字有了更进一步的认识②。在此基础上，更多的学者认为散氏盘的那个字应该改释为"缕"③。但由于《汗简》"要"字与《说文》古文完全相同，因此有的学者提出古文字中的"娄"和"要"是意义相近而读音存在较大差异的同形字，释娄还是释要，应视上下文来决定，散氏盘该字应是"缨"字④。但是将"要"和"娄"视作同形字的文字学证据不足，散氏盘的此字应释作"缕"。"缕"在盘铭中似可读作"镂"，"镂"在古书中多训为契刻之意。散氏盘的"厥左执缕，史正中农"应该是指由史正中农之左（佐）官负责契刻文书边侧的齿牙。

西周金文记载，周王赏赐土田给臣属时，往往是要记载土田的具体数量和位置，这种行为称作"典"，如善夫克盨（《集成》4465）"王令尹氏友史趛典善夫克田人"，所"典"的"田人"应该就是大克鼎（《集成》2836）铭文中王赏赐给克的"田人"。从六年琱生簋（《集成》4293）称"今余一名典"来看，"典"又可作名词，指记载田人的典册，"名典"是指在典册上签名。六年琱生簋铭文在"今余一名典"前说"余（召伯虎）告庆，余以邑讯有司，余典勿敢封。"两相对照，说明"名典"是"封典"的必要程序，只有在典册上签上有关人员的名字，典册才能生效。这种典册也应该是土田文书中的一种。

从上面对西周时期的各种文书的讨论可知，文书在西周时期运用得非常广泛，涉及政治、经济等各种事务。《周礼·天官·小宰》记小宰之职："以官之八成经邦治：……三曰听闾里以版图，四曰听称责以傅别，五曰听禄位以礼命，六曰听取予以书契，七曰听卖买以质剂，八曰听出入以要会。"反映了文书在政府运行机制中的作用。

文书在西周政府的运行中既已得到比较充分的运用，王朝的政令在传达的过程中，应主要以文书的形式进行，昭王时期的矢令方彝铭文（《集成》9901）反映了王朝政令的传达形式：

---

① 朱德熙、裘锡圭：《战国文字考释（六种）》，《考古学报》，1972年第2期。
② 参看张政烺：《中山王错壶及鼎铭考释》，《古文字研究》第一辑，中华书局，1979年。
③ 吴振武：《古玺文编校订》；戴家祥：《金文大字典》，3720页等。
④ 参看季旭生：《说"娄"、"要"》，《古文字研究》第26辑，2006年，中华书局，485-487页。

惟八月，辰在甲申，王令周公子明保尹三事四方，受卿事寮。丁亥，令矢告于周公宫。公令裙同卿事寮。惟十月月吉癸未，明公朝至于成周，裙令舍三事令眔卿事寮眔诸尹眔里君眔百工眔诸侯侯、田、男，舍四方令。

甲申之日，周王命周公"尹三事四方，受卿事寮"，丁亥之日，由矢将王命转告于周公。有的学者因而认为甲申日王在颁布命令时，周公并不在场，这应该是有道理的。三日之后，由作册矢所转告的王命应是以书面形式告于周公的。到十月癸未之日，周公到成周颁发命令，其命令由三事及于卿事寮、诸尹、里君、百工、诸侯和四方，层层传递。李学勤由此推测当时已有一种文书发布传送的制度①。这一推测应该是很有道理的。

周王的命令多由史官起草和颁布，到西周晚期，"善夫"一职也参与了王命的颁发，如善夫克曾为王舍命于成周②。这可能是由于近侍受宠的缘故。

二、琱生尊"有司眔注两屖"试解：兼论官员在文书中的作用

2006年11月，陕西省扶风县城关镇五郡西村发现一青铜器窖藏。据报道，窖藏共出土文物27件（组），其中青铜器计有鼎1、簋2、尊2、斗3、编钟5、矛12件。③ 在这批青铜器中，最引人注目的是两件青铜尊，其形制、铭文相同，器形独特，腹内有铭文113字。据尊铭可知，器主是琱生，铭文内容与传世的两件琱生簋铭文密切相关④。

琱生尊铭文公布后，即引发学术界的热烈讨论，内容涉及文字释读、人物关系、器物年代等方面⑤。本书主要讨论琱生尊铭文中"有司眔 A 两 B"（两字原篆见下图）这句话的含义。为讨论方便，我们先将相关铭文释写如下：

惟五年九月初吉，召姜以琱生贱五帮，壶两，以君氏命曰：余老

---

① 李学勤：《令方尊、方彝新释》，《古文字研究》第16辑，221页。
② 小克鼎（《集成》2796-2802）。
③ 宝鸡市考古队：《陕西扶风县新发现一批西周青铜器》，《考古与文物》2007年第4期，第5页，图六：2。
④ 刘宏斌：《吉金现世、三秦增辉——扶风五郡西村青铜器发现保护亲历记》，《文博》2007年第1期。
⑤ 参看金冬雪：《琱生三器铭文集释》，吉林大学硕士学位论文，2009年4月，指导教师：吴良宝教授。

之，我仆庸土田多束，弋（式）许，毋使散亡。余宕其叁，汝宕其
贰。其兄公，其弟乃。余黾（?）大璋，报妇氏帛束、璜一。有司眔
A 两 B。琱生对扬朕宗君休，用作召公尊簋。

A

B

铭文中的"A"字，徐义华、刘桓释为"盥"，徐义华认为是盥洗或盥祭
的意思①，刘桓认为是指盥器②。李学勤将该字隶定为从"益"从"収"，释
作"赐"③。陈昭容作类似隶定，认为是给予的意思④。

铭文中的"B"字，研究者对其释读亦多分歧，主要有释"辟"和释
"屖"两种观点。林沄分析说："这个字，陈昭容和李学勤释辟，以为指玉璧。
但是这个字上面写法和'辟'不同，它上面是从'尸'的。金文中的'辟'
不是从'尸'的。所以这个字应该是'屖'。……袁金平释'屖'，以为宰字
异文。陈英杰、辛怡华释'屖'，辛怡华以为'闲雅的'。徐义华释'辟'，
训开，两辟指双方一同开视剂约或典法之书，'辟法'、'辟藏'。既然不是辟，
而是屖，屖犀同为心母脂部，可读为墀。《说文》'墀，涂地也。'又可指阶。
考古发现周代建筑，阶上往往涂有白灰面。所以'涂地'和'阶'两意义是
有渊源的。'两墀'可能表示事情发生的地点。"⑤ 林先生对"B"的字形辨析
是正确的，我们认为当以释"屖"为是。

对于"A"字，我们认为即"![]"（《金文编》附录下116号）的简体，
根据裘锡圭对甲骨文"注"字的释读，"A"当释为"注"⑥。

通过以上对 A、B 两字的分析，我们认为上引铭文的最后一句当释为"有

---

① 徐义华：《新出土五年琱生尊与琱生器铭试析》，《中国史研究》，2007 年第 2 期。
② 刘桓：《关于 < 五年琱生尊 > 的释读问题》，《考古与文物》，2008 年第 3 期。
③ 李学勤：《琱生诸器铭文联读研究》，《文物》，2007 年第 8 期。
④ 陈昭容、内田纯子、林宛蓉、刘彦彬：《新出青铜器琱生尊及传世琱生簋对读——西周时期大
宅门土地纠纷协调事件始末》，《古今论衡》，2007 年第 16 期，31－52 页。
⑤ 林沄：《琱生三器新释》，复旦大学出土文献与古文字研究中心网站，2008 年 1 月 1 日；又
《琱生尊与琱生簋的联读》，《古文字研究》，第 27 辑，北京：中华书局，2008 年，208 页。
⑥ 裘锡圭：《殷墟甲骨文字考释（七篇）》，《湖北大学学报（哲学社会科学版）》，1990 年第 1
期。

司眔注两屖"。下面具体分析这句话的含义。

琱生器铭文的性质，经过学者的讨论，基本明朗。主要是记载召氏公族和其支族琱生家族之间在仆庸、土田归属上的纠纷及其解决过程。从下文引述的西周金文可以看出，西周贵族之间在发生土田等纠纷时，往往有王朝的有司参预平定纠纷并将平定结果用约剂等文书的形式记录下来。根据这一情况，我们认为"有司眔注两屖"的"屖"字，当读为"剂"，指约剂。"屖"古音属心母脂部，"剂"属从母脂部①。两者韵部相同，声母同为齿头音，读音非常相近，可以通读。《说文》："屖，屖迟也。"段玉裁注："《玉篇》曰'屖，今作栖。'然则屖迟即《陈风》之'栖迟'也。"② 可见，屖、栖、棲三字通用，而妻、齐音近相通，金文"齏"或作"䔲"（《金文编》340 页）。

"两屖"即"两剂"。《周礼·秋官·大司寇》云："以两造禁民讼，入束矢于朝，然后听之。以两剂禁民狱，入钧金，三日乃致于朝，然后听之。"郑注："剂，今券书也。使狱者各齎券书，既两券书。"③ 可见"剂"是指契约文书。《周礼》中所记载的"剂"，主要有约剂和质剂两种。《周礼·秋官·司约》云："掌邦国及万民之约剂"，又云"凡大约剂，书于宗彝；小约剂，书于丹图。"郑注："大约剂，邦国约也。书于宗庙之六彝，欲神监焉。小约剂，万民约也。"贾疏云："书于宗彝，谓刻铭重器，丹图则著于竹帛，皆所以征信也。"孙诒让正义云："大约剂，事重文繁，故铭勒彝器，藏于宗庙，若宗鼎盘盂诸重器，通谓之宗彝，欲其历久不磨灭也。……小约剂，事轻文约，则书于竹帛，取足检考而已，不必镂之金石也。"④ 至于"质剂"，《周礼·天官·小宰》云："七曰听卖买以质剂。"⑤《周礼·地官·司市》云："以质剂结信而止讼"⑥。《周礼·地官·质人》云："质人掌成市之货贿、人民、牛马、兵器、珍异，凡卖儥者质剂焉。大市以质，小市以剂。"⑦ 关于约剂和质剂的区别，陈公柔认为两者是性质不同的两种文书，质剂的作用是"结信而止讼"，而约剂的作用，乃在既讼之后，经过审理，作出处置，书以记实，以防

---

① 陈复华、何九盈：《古韵通晓》，北京：中国社会科学出版社，1987 年，192 页。
② 段玉裁：《说文解字注》，上海：上海古籍出版社，1988 年 2 月第 2 版，400 页。
③ 孙诒让：《周礼正义》，北京：中华书局，1987 年 12 月，2748－2750 页。
④ 同上，2847－2849 页。
⑤ 同上，167 页。
⑥ 同上，1057 页。
⑦ 同上，1076－1077 页。

日后反悔者①。

用契约等文书形式记载土田或仆庸劳力等财产的变动情况,以之作为财产占有权转移的凭证,这种现象在西周金文多有反映。如郭沫若指出"散氏盘铭乃书于宗彝之约剂。"② 李学勤在分析西周金文中土地转让的例子时指出,土地转让的契约,由双方分别执有。不仅如此,得到土地的一方还要把转让经过铸在青铜器上,如《周礼·司约》所说:"凡大约剂,书于宗彝",我们所看到的这些金文,事实上正是"书于宗彝"的约剂。③ 陈公柔对西周金文中所载的"约剂"作了系统分析,所举例子有格伯簋(《集成》4262-4265)、曶鼎(《集成》2838)、五祀卫鼎(《集成》2832)、散氏盘(《集成》10176)、鬲攸比鼎(《集成》2818)等④。这些铭文多涉及贵族之间因财物交换等原因产生的土田或人员(仆庸)等财产所有权的变动,铭文记载土田或人员发生变动的原因和确定归属权的经过。对于土田,基本上都详细记载其四至或所属的邑名,如格伯簋、五祀卫鼎、鬲攸比鼎等;对于人员,则详细记载其人名,如曶鼎。这些铭文具备一定的格式,表述上采用一定的术语,其性质属于契约文书。分析这些铭文的内容和结构,有助于我们加深对琱生尊铭文的理解。下面我们选取几篇有代表性的铭文加以说明。

格伯簋

惟正月初吉癸巳王在成周,格伯受⑤良马乘于倗生,厥贾三十田,则析。格伯履,殹妊彶似(?)厥从。格伯安彶甸殷,厥纫(绝)⑥雩谷杜木,原谷旅桑,涉东门。厥书史戠武,立重成巷。铸保

---

① 陈公柔:《西周金文中所载<约剂>的研究》,原载《第二届国际中国古文字学研讨会论文集》,香港中文大学,1993年10月,323-336页。收入氏著《先秦两汉考古学论丛》,北京:文物出版社,2005年5月,108-122页。
② 郭沫若:《释繄》,《金文丛考·金文余释》,北京:人民出版社,1954年,189页。
③ 李学勤:《西周金文中的土地转让》,原载《光明日报》1983年11月30日,收入李学勤:《新出青铜器研究》,北京:文物出版社,1990年6月,106-109页。
④ 陈公柔:《西周金文中所载<约剂>的研究》,收入氏著《先秦两汉考古学论丛》,北京:文物出版社,2005年5月,108-122页。
⑤ 此字从裘锡圭释,参看裘锡圭《释"受"》,载《容庚先生百年诞辰纪念文集(古文字研究专号)》,广州:广东人民出版社,1998年4月,148-155页。
⑥ 此字从朿丝从刀,施谢捷将甲骨文中相同字形的字释为"绝",(参看《释"索"》,载《古文字研究》第20辑,209页,中华书局,2000年)可从。此字也当是"绝"字,在铭文中可能读为"蘸"。《说文》:"蘸,朝会朿茅表位曰蘸。"指朝会上标示位次的朿茅。这里引申为标志,指田界上的树木标志。

簋，用典格伯田，其万年子子孙孙永宝用。

格伯簋记载格伯以乘马和倗生交换土田，铭文记载格伯获得土田的缘由、土田的田界以及参与事件的有司（书史）。铭文末尾说铸造此簋的目的是为了记录新获得的土田，说明此篇铭文的性质即是勒铭于宗彝的约剂。

  鬲攸比鼎
    惟三十又一年三月初吉，壬辰，王在周康宫䧰大室。鬲比以攸卫牧告于王曰，"汝受我田，牧弗能许鬲比。"王令省史南以即虢旅，迺使攸卫牧誓曰："我弗其付鬲比，其且（诅）射分田邑，则杀。"鬲攸卫牧则誓。比作朕皇祖丁公皇考叀公尊鼎。攸比其万年子子孙孙永宝用。

鼎铭记载鬲比和攸卫牧发生土田纠纷，攸卫牧不付予应给鬲比的土田，鬲比将之诉告于王。王命令虢旅处理此事，虢旅使攸卫牧发誓说要付予鬲比土田，且若破坏分田邑之事，则要被杀。铭文中虢旅使攸卫牧作的誓言，即虢旅对此项纠纷所作的判辞。鬲比作鼎记载此事的目的，主要是作为这一土田纠纷的处理凭证。这种凭证本身即具有约剂的性质。

  此外，在性质类似的西周铭文中，经常记载有史官等人员书写土田交换的文书。五祀卫簋铭末记载"卫小子书其向，匔。""书其向"即书写土田疆界的方向①。所书写的文本，即记录土田四至的文书。散氏盘铭末记载"厥受图矢王于豆新宫东廷，厥左执䌺，史正中农。""䌺"可能读为"镂"，"镂"在古书中多训为契刻，"执镂"可能是指"执契"。这些铭文均说明要用券书等形式的文书记载所涉纠纷的解决方案。

  这类铭文同时还有记载有诅誓之辞，说明破坏约剂要受到的惩罚。如鬲攸比鼎"攸卫牧誓曰：我弗其付鬲比，其且（诅）射分田邑，则杀。"散氏盘亦记载有誓词。倗生尊在铭文末尾也有类似的诅誓之辞，即"其又（有）敢乱兹命，曰女（汝）事召人，公则明亟（殛）。"句式与鬲攸比鼎类似，董珊将这句话解释作："若有人敢于坏乱（君氏的）这个命令，（就）把你（坏乱

---

① 李学勤：《西周金文中的土地转让》，原载《光明日报》1983年11月30日，收入李学勤：《新出青铜器研究》，北京：文物出版社，1990年6月，108页。

这命令）的事布告召氏族人，召公就大大地明显地惩罚（你）。"①

比照上引这些铭文，可以看出琱生尊铭文在内容和格式上均与之相近，也应该是属于约剂性质的铭文。琱生尊铭文记载召氏公族和琱生家族在土田附庸上存在纠纷，为了不使土田附庸散亡，君氏提出了两家关于有争议土田附庸的分配方案。这个方案应该是得到了召氏公族和琱生家族的同意，故而在铭文末尾记载说要是有人坏乱君氏的命令，就要受到召公的惩罚。

因此，将琱生尊铭文的"两犀"解释成"两剂"是符合这类性质铭文的特点的。明确了"两犀"的含义后，我们认为"注"应读为"铸"，裘锡圭在讨论"注"字时说，"注"、"铸"二字古通用。"铸器时的主要工作就是把熔化的金属注入器范，'铸'应该就是由'注'孳生的一个词。"②"铸两剂"是指铸造双方的约剂，因为这个约剂是铭勒于彝器上，因此说成"铸两剂"。格伯簋说"铸宝簋，用典格伯田"，情形与此类似，所铸造的宝簋，也是用于记载约剂。

铭文中的"眔"，在这里是动词，意思是参预。李学勤在讨论郘子姜首盘铭文"及"字的用法时说，盘铭"及郘公典"的"及"是参预的意思。并指出与"及"通训的"眔"字也可以这样用，举沫司徒疑簋、孟簋、卫盉、五祀卫鼎等铭文为例③。

通过以上的讨论，我们认为"有司眔注两犀"是说有司参预了铸造双方关于仆庸土田的约剂的事宜。有司即相关政府官员，上文所引具有约剂性质的铭文，如格伯簋、散氏盘、五祀卫鼎，均有"有司"在场，起调解两方贵族之间的纠纷、参预勘踏土田和协议要约的作用。格伯簋铭末记载有"书史"参预制作土田契约文书，散氏盘记载参预土田勘踏的除了有矢和散两方面的有司外，还有王朝的官员，在铭文中称为"正履矢舍散田"，裘锡圭认为"正"疑当作"正长"解。铭文记载的官职有司土、司马、司工和宰，他们可能是公家的官吏，前三者即所谓"三有司"。五祀卫鼎记三有司和内史友帅履裘卫

---

① 董珊：《侯马、温县盟书中"明殛视之"的句法分析》，《古文字研究》第 27 辑，北京：中华书局，2008 年，357－358 页。
② 裘锡圭：《殷墟甲骨文字考释（七篇）》，《湖北大学学报（哲学社会科学版）》，1990 年第 1 期。
③ 李学勤：《郘子姜首盘和"及"字的一种用法》，原载《中国文字研究》，第一辑，桂林：广西教育出版社，1999 年。收入李学勤：《重写学术史》，石家庄：河北教育出版社，2002 年 1 月，267－271 页。

所得厉田，情况与此相类①。散氏盘铭文末尾亦记载有史官，即"史正中农"，应该是参预书写有关土田契约文书的有司。记载贵族间土田转让的吴虎鼎铭文②，记录参预勘踏土田的四名官员，其官职为善夫、司工、内司土以及没有说明官职的"伯道"，伯道是策命吴虎时的右者，与散氏盘和五祀卫鼎的职官构成相对照，其官职很有可能是司马一类。吴虎鼎铭末记载的史官"书尹友守史"，其职能和格伯簋、散氏盘的史官一样，也应该是负责书写土田契约文书的有司。从这些铭文中"有司"的作用可以看出，将琱生尊铭文中的"有司眔注两屖"解释成有司参预了铸造双方关于仆庸土田的约剂，是符合这类铭文的性质的。

通过以上的分析，我们大致了解了文书在西周行政运作中的广泛运用和作用。在西周政府的日常行政中，官员已经习惯通过运用文书这种书面记录来解决民事纠纷、经济事务以及政治事务，发展出了册命文书、法律文书以及土田约剂等适合不同领域的文书种类。这种对文书的较为成熟的运用程度，体现了西周政府的官僚化达到了一定的高度。

第四节　西周政府官僚化原因的探讨

在以上几节中，我们从西周政府的部门组织结构和运行机制等方面入手，考察了西周政府在发展过程中呈现出来的特征，这些特征体现为西周政府部门的组织结构有了一定程度系统化和层级化，其日常的行政运作已经发展出并采用了一定的规则，如强调文书的运用等。③ 将西周政府组织的这些特征和官僚制的指征相比较，我们可以得出一个明确的认识，即西周政府组织在其发展过程中已经体现了一定程度的官僚化。这种官僚化的进程应该是和西周社会、经济、思想文化等方面的发展变化息息相关的。在这一节中，我们尝试分析促成西周政府组织发生官僚化演进的原因。

一、西周中期以来的社会变化

我们在分析西周政府组织的官僚化进程时指出，这种官僚化主要是从西周

---

① 裘锡圭：《西周铜器铭文中的"履"》，收入裘锡圭：《古文字论集》，北京：中华书局，1992年8月，367页。
② 穆晓军：《陕西长安县出土西周吴虎鼎》，《考古与文物》，1998年第3期。
③ 李峰认为西周政府已经发展出一些官僚化的规则，主要体现在政府的行政程序以及官员的选择和升迁方面。(参看李峰：《西周的政体：中国早期的官僚制度和国家》，12页。)

中期开始的,大致在穆王时代。而铜器铭文资料显示,也是从这个时期开始,西周社会发生了一些明显的变化,这主要体现在贵族阶层的壮大、分化以及社会阶层之间的流动上。

西周早期通过两次东征,奠定了稳定的统治基础,社会经济得到了一定的发展。贵族家族不断的发展壮大,并不断的分化出新的小宗家族。① 贵族阶层的壮大和分化,造成了西周社会新的景象,这首先表现为贵族阶层之间的流动上。

《左传》昭公 3 年和昭公 32 年,分别记载了叔向和史墨对当时社会阶层变化的观察:

> 叔向曰:"然。虽吾公室,今亦季世也。戎马不驾,卿无军行,公乘无人,卒列无长,庶民罢敝,而宫室滋侈。道殣相望,而女富溢尤。民闻公命,如逃寇仇。栾、郤、胥、原、狐、续、庆、伯,降在皂隶。政在家门,民无所依。(《左传》昭公 3 年)

> 史墨曰:"社稷无常奉,君臣无常位,自古以然。故《诗》曰:'高岸为谷,深谷为陵',三后之姓,于今为庶,王所知也。"(《左传》昭公 32 年)

叔向描述了晋国大族降在皂隶的现象,史墨将贵族的升降描述为"高岸为谷,深谷为陵"。这种现象在春秋战国社会颇为动荡的时期颇为常见,而在西周时期,情况虽然没有如此剧烈,但大贵族衰败,中小贵族兴起的社会现象已经出现。

朱凤瀚在考察井氏家族的情况时,根据禹鼎、大克鼎等铭文的记载,指出畿内井氏本家(井伯家)约在西周中期后半叶开始衰落,其亲族虽存,但已降为武公臣属,而其封土有相当一部分被瓜分,或被周王赐予其他贵族,余下一部分旧有封土(仍称"井邦")虽仍由亲族一支(即禹本家)治理,然在法权上已归属武公控制。西周晚期时虽然畿内井氏旧日元气已不存,然其诸小

---

① 关于西周贵族的分化情况,可参看朱凤瀚:《商周家族形态研究(增订本)》,天津:天津古籍出版社,2004 年 7 月,338-374 页;韩巍:《西周金文世族研究》,北京大学博士研究生学位论文,2007 年,指导教师:李零教授。

宗分支依然存在，分散畿内各地，仍有为王官而受到王之重用者。①

由井氏家族在西周时期的家族史可以看出，以井伯为代表的井氏大族在西周中期后开始衰败，或沦为其他贵族的家臣，而个别井氏的小宗则获得发展而地位上升。井氏家族内部不同分支的兴衰史，可以视作西周社会不同贵族阶层兴衰的缩影。衰败家族的成员，有的沦为其他家族的家臣，如禹成为武公家臣，五祀卫鼎（《集成》2832）记载邦君厉的有司有"井人偈屖"；有的可能降为庶人或降为皂隶。

西周贵族家族的衰败或发达，还体现在裘卫家族铜器铭文中。1975年在陕西岐山董家村发现的裘卫家族铜器窖藏所出土的青铜器铭文，记载了裘卫和矩伯之间的三次交易。李学勤指出，这些交易说明像矩伯这样的贵族，为了维持自己作威作福的富贵门面，只好拿出封地和物产，去交换装潢礼仪的手工业制品。长此以往，这家贵族必然是日益腹削。透过这些事件，不难看到周王朝贵族在走向衰落。裘卫是王朝的小官，但他利用所掌握的手工业产品为自己博取了土地。裘卫通过这样的途径，成为他那个家族中突出发迹的人。像这样身份不高的"庶姓"家族经济地位上升的现象，在当时不会是唯一的、个别的。②

贵族阶层的壮大以及各不同阶层之间的流动，对社会资源及政治权利的分配造成了新的压力和挑战，带来了新的社会矛盾。西周中期开始，关于贵族之间的矛盾和争讼的记载，时见于金文，最为常见的是关于土田的争端。如五祀卫鼎所记载的裘卫与邦君厉之间关于土田的争讼，散氏盘（《集成》10176）记载了矢和散两个大贵族由于争端而引起的田邑赔偿，鬲攸比鼎（《集成》2818）记载了鬲攸比和攸卫牧之间关于田邑的争讼，琱生尊和琱生簋诸器记载了西周大贵族召氏家族内部关于室人土田的分配争端。从这些偶然出土的青铜器铭文的记载我们可以想象，当时各种社会矛盾的激化程度以及社会、经济各领域的复杂化程度。

不断复杂化的社会、经济生活必然要求政府管理机构的相应复杂化，以调节不断出现的各种问题和矛盾。人口的增加以及社会阶层结构的调整也要求政府机构的系统化以实现对社会资料的调整和分配。这些因素造成了西周中期以

---

① 朱凤瀚：《商周家族形态研究（增订本）》，天津：天津古籍出版社，2004年7月，350－351页。
② 李学勤：《新出青铜器研究》，北京：文物出版社，1990年6月，103－104页。

来政府组织复杂化的压力和动因。而由于贵族阶层的分化而造成的大批中小贵族的涌现，则为西周政府组织提供了新鲜的人力资源。

二、由"德"和"礼"观念所演生的理性职官文化

官僚制是一种工具性的、理性的政治组织方式。在西周政府组织的官僚化进程中，我们认为西周文献和金文所反映的周人对"德"和"礼"的重视和强调而形成的理性职官文化，对这种官僚化进程起到了重要的推动作用。

许倬云在讨论西周的"天命观"时说：

> 周人以蕞尔小邦，人力、物力及文化水平都远逊商代，其能克商而建立新的政治权威，由于周人善于运用战略，能结合与国，一步一步的构成对商人的大包抄，终于在商人疲于外战时，一举得胜。这一意料不到的历史发展，刺激周人追寻历史性的解释，遂结合可能确曾有过的事实（如周人生活比较勤劳认真，殷人比较耽于逸乐），以及商人知识分子已萌生的若干新观念，合而发展为一套天命靡常唯德是亲的历史观及政治观。这一套哲学，安定了当时的政治秩序，引导了有周一代的政治行为，也开启了中国人道精神及道德主义的政治传统。①

周人"天命靡常、唯德是亲"的政治观，"将天命归结为人主自己的道德及人民表现的支持程度"②。为了固守天命，保持长久的统治，周初的政治家（如周公旦）在诰命中谆谆告诫自己的子孙和百官族姓，对他们提出了一系列的行为规范。傅斯年归纳说："凡求固守天命者，在敬，在明明德，在保人民，在慎刑，在勤治，在勿忘前人艰难，在有贤辅，在远憸人，在秉遗训，在察有司，毋康逸，毋酗于酒，事事托命于天，而无一事舍人事而言天，祈天永命，而以为惟德之用。"③ 这种将天命和民意相结合，并通过规范自身的政治品质和行为以固保天命的观念，无疑已经脱离了纯粹的王权神授的观念，显露出了理性的光辉。强调"德行"的理性的政治观念，在有周一代一直被强调，在西周官员的选拔制度、考绩制度以及官员的行为规范方面等方面均发挥着重

---

① 许倬云：《西周史》（增补本），北京：三联书店，2001年1月，109页。
② 同上，108页。
③ 傅斯年：《傅孟真先生集》，卷三，台北：台湾大学，1952年，92–99页。

要的影响，从而促进了西周政府的官僚化进程。

西周金文显示，在官员的选拔和诫勉上，"德"一直是一个重要的因素。我们将目前所见的与"德"有关的主要西周金文做了一番整理，见下表：

表五 西周金文中所见的"德"

铜器（出处）	年代	铭文
大盂鼎（《集成》2837）	西周早期	今我惟即井禀于文王正德，若文王命二三正，今余惟令汝盂召荣敬雝德经，敏朝夕入谏，享奔走，畏天威。
何尊（《集成》6014）	西周早期	呜呼！尔有惟小子亡哉，眡于公氏有庸于天徂命，助王龏德欲天，顺我不敏。
曆方鼎（《集成》2614）	西周早期	曆肇对元德，孝友惟井，作宝簋，其用夙夕肆享。
师俞鼎（《集成》2723）	西周早期	王如上侯，师俞从王□□，赐师俞金，俞则对扬厥德，其作厥文考宝鼎，子子孙孙宝用。
异仲鲜（《集成》6511）	西周中期	异仲作佣生饮壶，匄三寿，懿德，万年。
伯戜簋（《集成》4115）	西周中期	伯戜肇其作西宫宝，惟用妥神，裹虩前文人，秉德共屯。
班簋（《集成》4341）	西周中期	公告厥事于上，惟民亡徣才，彝昧天命，故亡，允哉，显！惟敬德亡卣违。
禹簋①	西周中期	朕文考其经遘姬遘伯之德言，其竞余一人。
师望鼎（《集成》2812）	西周中期	大师小子师望曰：丕显皇考宄穆穆克盟厥心，慎厥德，用辟于先王，昱纯无敌。望肇帅井皇考，虔夙夜出入王命，不敢不夸不肆
善鼎（《集成》2820）	西周中期	惟十又一月初吉辰在丁亥，王在宗周，王各大师宫。王曰：善，昔先王即令汝左足鼻侯，今余惟肇申先王令，令汝左足鼻侯监豳师戍，赐汝乃祖旂，用事。善敢拜稽首，对扬皇天子丕丕休，用作宗室宝尊。惟用妥福，虩前文人，秉德恭纯。

---

① 吴振武：《新见西周禹簋铭文释读》，《史学集刊》，2006年第2期。

续表

铜器（出处）	年代	铭文
师𩛥鼎（《集成》2830）	西周中期	王曰：师𩛥，汝克盡乃身，臣朕皇考穆穆王，用乃孔德玠纯，乃用心引正乃辟安德，虔余小子肇盅先王德○天子亦弗望公上父㦰德，𩛥蔑曆伯大师，不自作小子，凤夕尃由先祖剌德，用臣皇辟。伯亦克欵由先祖擎孙子，一㸋皇辟懿德，用保王身，𩛥敢鼇王，卑天子万年，范围伯大师武，臣保天子，用厥剌祖孚德，
幽公盨①	西周中晚期	监德○秊顯惟德○民好明德○懿德○好德婚媾○民惟克用兹德
番生簋（《集成》4326）	西周中晚期	丕顯皇祖考，穆穆克慎厥德，严在上，广启厥孙子于下，勋于大服。番生不敢弗帅井皇祖考丕丕元德，用申圝大令，粵王位，虔凤夜，尃求不暓德，用谏四方，揉远能迩。
㝬钟（《集成》251）	西周晚期	曰：古文王，初龡穌于政，上帝降懿德大粤，匍有四方，匈受万邦。
㝬钟（《集成》247）	西周晚期	㝬曰：丕顯高祖亚祖文考克明厥心，胥尹叙厥威仪，用辟先王，㝬不敢弗帅井祖考秉明德，恪凤夕，左尹氏。
大克鼎（《集成》2836）	西周晚期	克曰：穆穆朕文祖师华父，恩罍厥心，宇静于猷，盅慎厥德，肆克龏保厥辟龏王。
毛公鼎（《集成》2841）	西周晚期	王若曰：父厝，丕顯文武，皇天引厌厥德，配我有周，膺受大命，率裹不廷方○毋慎缄，告余先王若德
叔向父禹簋（《集成》4242）	西周晚期	叔向父禹曰：余小子，司朕皇考，肇帅井先文祖共明德，秉威仪，用申圝（恪）奠保我邦我家。
叔家父簋（《集成》4615）	西周晚期	叔家父作中姬匡，用成稻荆，用速先后诸兄，用旂眉寿无疆，慎德不亡。
逨编钟（《集录》106）	西周晚期	逨曰：丕顯朕皇考克舜明厥心，帅用厥先祖考政德，享辟先王。

---

① 李学勤：《论遬公盨及其重要意义》，《中国历史文物》，2002年第6期。

续表

铜器（出处）	年代	铭文
逨盘①	西周晚期	逨曰：丕显朕皇高祖单公，桓桓克明慎厥德，夹召文王、武王，达殷，膺受天鲁命，匍有四方，並宅厥堇疆土，用配上帝。○雩朕皇考龚叔，穆穆趩趩，龢询于政，明齍于德，享逨剌王。
42年逨鼎②	西周晚期	逨敢对扬天子丕显鲁休扬，用作将彝，用享孝于前文人，其严在上，趩在下，穆秉明德
作册封鬲③	西周晚期	作册封鬲井秉明德，虔夙夕，䢦周邦，保王身，諫辥四國。
单伯𩁹生钟（《集成》82）	西周晚期	单伯𩁹生曰：丕显皇祖剌考逑匹先王，庸勤天命，余小子肇帅井朕皇祖考懿德。
井人佞钟（《集成》109）	西周晚期	井人佞曰：显盄文祖皇考质（慎）㽙德，㽙屯用鲁，永终于吉。佞不敢弗帅用文祖皇考穆穆秉德。
梁其钟（《集成》187）	西周晚期	梁其曰：丕显皇祖考穆穆异克慎㽙德，农臣先王，㽙屯亡敃。梁其肇帅井皇祖考，秉明德，虔夙夕，辟天子。
虢叔旅钟（《集成》238）	西周晚期	虢叔旅曰：丕显皇考惠叔穆秉明德，御于㽙辟，㽙屯亡敃。旅敢肇帅井皇考威仪，□御于天子。

从上表可以看出，"德"这一观念在西周时期一直得到强调，是居于统治地位的西周贵族必须拥有的一项重要品质。西周恭王时期的师𩛥鼎铭文中，"德"字出现七次，年代与之相近或稍晚的豳公盨铭文，"德"字出现六次，足见"德"这一观念在西周意识形态中的重要作用。大盂鼎铭文显示，康王要型禀文王正德，番生簋、梁其钟、虢叔旅钟诸器强调这些王朝重臣要帅型（遵循效法）其祖考之明德，其他诸器的记载也表明，王朝官员要敬德、慎德、秉德恭纯等，这些记载说明"德"这种品质需要通过个人的自身修养和

---

① 杨家村联合考古队：《陕西眉县杨家村西周青铜器窖藏发掘报告》，《文物》2003年第6期。
② 同上。
③ 王冠英《作册封鬲铭文考释》，《中国历史文物》2002年第2期。

努力才能达到，并且是保持其贵族地位的重要因素。

西周道德观念中，拥有和秉持道德的人群似乎有一个扩展的变化过程。周初的道德观念，主张天命靡常、惟德是亲，强调是因为文王拥有懿德，所以才得到了天命。而其后诸王是秉承了文王的懿德，正如大盂鼎所说的"型禀文王正德"。"德"是先王能配上帝或昊天的理由，因而也是受命以"又我受民"的理由。①《尚书》中屡见王"用德"之类的记载，如《召诰》"王其德之用"，《多士》"予一人惟所用德"，裘锡圭指出，"用德"者是统治阶级，而且常常是最高统治者。② 大盂鼎记载像荣和盂这样的官员也只能是拥护"德经"，而何尊的记载说明，"何"的职责是助王"鼻德欲天"。到了西周中期，这种道德观念已经扩展到了整个贵族阶层，成为西周王朝任命官员和强调官员修养的重要内容。西周道德观的这种发展变化，对西周的贵族文化以及政治文化产生了深远的影响，使得官员的行为有了一定的准则和规范，而官员的选拔和晋升也有了血缘之外的标准可供参考。正如《左传》文公十八年，季文子所言，"先君周公制《周礼》曰：'则以观德，德以处事，事以度功，功以食民。'"

礼仪在西周贵族生活中占据着主要的部分，杨宽指出，"当西周、春秋时代，许多经济、政治、军事上的重要措施和制度，往往贯串在所举行的各种'礼'中。"③ 贵族在参与各种礼仪活动时，举止合仪，虔敬不惰是基本的要求。《左传》中多有贵族成员因在礼仪活动中行为不当而招致批评的记载：

1. 天王使召武公、内史过赐晋侯命。受玉惰。过归，告王曰："晋侯其无后乎。王赐之命而惰于受瑞，先自弃也已，其何继之有？礼，国之干也。敬，礼之舆也。不敬则礼不行，礼不行则上下昏，何以长世？"（僖公十一年）

2. 十三年春，晋侯使郤锜来乞师，将事不敬。孟献子曰："郤氏其亡乎！礼，身之干也。敬，身之基也。郤子无基。且先君之嗣卿也，受命以求师，将社稷是卫，而惰，弃君命也。不亡何为？"（成

---

① 侯外庐、赵纪彬、杜国庠：《中国思想通史》，第一卷，北京：人民出版社，1957年3月，92页。
② 裘锡圭：《中国出土文献十讲》，上海：复旦大学出版社，2004年1月，68页，
③ 杨宽：《西周史》，上海：上海人民出版社，1999年11月，693页。

公十三年)

3. 成子受脤于社，不敬。刘子曰："吾闻之，民受天地之中以生，所谓命也。是以有动作礼义威仪之则，以定命也。能者养之以福，不能者败以取祸。是故君子勤礼，小人尽力，勤礼莫如致敬，尽力莫如敦笃，敬在养神，笃在守业。国之大事，在祀与戎，祀有执膰，戎有受脤，神之大节也。今成子惰，弃其命矣，其不反乎？"（成公十三年）

类似的批评在《左传》中多有记载，从中我们可以得知，在春秋时期贵族的思想观念中，在各种礼仪中做到虔敬不惰是基本的要求，"敬，礼之舆也"、"勤礼莫如致敬"、"礼，身之干也。敬，身之基也"这类的表述都说明了"敬"的重要性。柞伯簋铭文记载获得赏金的条件是"敬又贤获"，以"敬"为首。

这种在礼仪活动中虔敬不惰的要求，也被吸收入西周的行政文化中，成为周王对贵族官员行为操守的一项基本要求。西周中期以降的册命铭文所记载的周王对官员的训诰内容中，屡见要求官员"敬夙夜"、"虔夙夕"、"毋彔①（惰）乃政"、"毋敢彔（惰）在乃服"之类的记载（参看表六）。从表六可以看出，在周王对官员的训诰内容中，与"敬夙夜"等词语并行的是"勿废朕命"。《左传》僖公五年记载，士蒍认为"守官废命不敬"。可见，"勿废朕命"也是要求官员虔敬其政事。

通过以上的讨论可知，西周中期以来，西周政府在"德"、"礼"等思想观念和行为规范的基础上，对出仕贵族成员的行为操守提出了一定的要求，这些要求包括我们在下文后要讨论的要求臣下对所管辖的事无不闻知，善于其所司之职事之外，还包括官员们要虔敬不惰于其职事。这些要求，有助于规范官员的职业操守和行为规范，使得整个职官体系朝着理性的、工具性的方向发展。

---

① "彔"字的释读参看陈剑：《金文"彔"字考释》，收入陈剑：《甲骨金文考释论集》，北京：线装书局，2007年4月。

表六　金文关于官员操守要求的记录

铜器	出处	年代	官员操守要求
师望鼎	《集成》2812	西周中期	望肇帅井皇考，虔夙夜出入王命，不敢不夸不翠
恒簋盖	《集成》4199	西周中期	夙夕勿废朕命
师酉簋	《集成》4288	西周中期	敬夙夜勿废朕令
亲簋	《中国历史文物》，2006，3	西周中期	汝乃敬夙夜，毋废朕命
逆钟	《集成》60-63	西周晚期	毋有不闻智，敬乃夙夜，用粤朕身，勿法朕命，毋象乃政，
梁其钟	《集成》187	西周晚期	梁其肇帅井皇祖考秉明德、虔夙夕辟天子
虢叔旅钟	《集成》238	西周晚期	旅敢肇帅井皇考威仪，虔御于天子
伯晨鼎	《集成》2816		用夙夜事，勿废朕命
善夫山鼎	《集成》2825	西周晚期	毋敢不善
毛公鼎	《集成》2841	西周晚期	汝毋敢妄宁，虔夙夜，助我一人雝我邑小大猷。○毋敢渴于酒，汝毋敢象在乃服，圈（恪）夙夕。敬念王畏不易。汝勿敢弗帅用先王作明井俗。汝毋以乃辟圅于艰。
叔向父禹簋	《集成》4242	西周晚期	肇帅井先文祖共明德，秉威仪
元年师旋簋	《集成》4279	西周晚期	敬夙夕，用事
师𩇕簋	《集成》4311	西周晚期	敬乃夙夜
番生簋盖	《集成》4326	西周晚期	虔夙夜
蔡簋	《集成》4340	西周晚期	敬夙夕，勿法朕令

三、常规军队规模的发展

费纳在《政府史》一书中指出，大规模的官僚组织和大规模常规军队看来似乎关系密切。在不存在官僚组织的时候，我们只能找到团伙式的军队；当我们发现首领和追随者这种组织形式的军队类型出现时，相应的也会发现低水平的官僚组织的存在；而当常规军出现时，既使其规模很小，也会伴随出现组织良好的官僚组织。① 费纳在《马背上的人：军事力量在政治中的作用》一书中详细分析了军事对政治组织的影响。② 中国在战国时代所推行的全民皆兵的新兵制，大大促进了"编户齐民"的形成，为郡县制度的形成奠定了社会基础。③ 这一现象即是军事对政治组织发挥深刻影响的极好说明。西周在军队组织，特别是常规军的组建方面，已经有了长足的进步，这种军队的组织技术为西周政府组织的官僚化发展提供了一定的促进作用。

林沄在讨论商代的兵制的论文中，认为《周礼》所反映的兵制是征集制，但它同时反映了在实行征集制的国家中必须存在的职业军人。这主要可以分为两大类：一是武装警察，如虎士等；一是军事性的管理、后勤人员，如司右、都司马等。林先生由此而论及西周职业军人的存在情况：

> 上溯西周金文，我们也可以看出以上两大类职业军人的存在。属于第一大类的有"虎臣"、"夷仆"之类。"夷仆"当由夷人充当，师酉簋举出"虎臣"所包括的五种夷以及"新"（郭沫若认为"新"是罪隶，可备一说），訇簋又在"虎臣"和"庸"的总称下，增举了几种夷，还包括了"降人服夷"。可以推测师虎簋提到的"左右戏（按：《说文》'戏，三军之偏也'）繁荆"，荆既是族称，则繁可能即繁阳之繁，也是以地名族。"左右戏"也是异族组成的特殊武装部队。统领这类军队的军官概称为"师"，多有世袭的证据，也应是职业军人。此外，令鼎提到"王射，有司及师氏、小子合射"，毛公鼎提到令毛公管理"参有司、小子，师氏、虎臣"，静簋提到"王命静司学宫，小子及服及小臣及夷仆学射"。这种和师氏、虎臣、夷仆并举的"小子"，很可能是贵胄子弟组成的特殊的武装队伍，以为王之

---

① S. E. Finer: The History of Government from the Earliest Times volume one Ancient Monarchies and Empires, 1997, p 63. 原文作: It seems as if big bureaucracies and big regular force go hand in hand; that when we find no bureaucracy we tend to find only the community in arms; that when we find the notables – and – followers type of army we also find a low level of bureaucratization; but that when we find regular standing armies, even relatively small ones, we find a bureaucracy that is also strong and well organized.

② S. E. Finer: The Man on Horseback: The Role of Military in Politics. Westview Press; London, England, 1988.

③ 参看杜正胜：《编户齐民：传统政治社会结构之形成》，台北：联经出版公司，1990 年，49 - 83 页。

西周王朝政府的官僚化进程

近卫。属于第二大类的,有管理各种日常军务的"师"、"司马",此外,如静簋铭记载王命静"司射学宫",豆闭簋铭中豆闭受命"司弓矢",都是专司某方面的日常军务。①

由以上对西周职业军人情况的概述可知,西周职业军人的组织情况已经相当的复杂,首先,从构成人员的来源看,包括来源于贵族子弟的"小子"和来源于夷族战俘的夷仆;其次,从组织结构来看,至少已经有了左右戏之分,而且日常军务的划分已经相当细致,并且有专门的官员负责。由此说明西周王朝所组建的常规军队已经有了一定的规模。这种职业化的军人和军官的存在,及其内部专门机构的分化设立,与西周王朝政府的官僚化进展是相辅相成的。

以上我们从三个方面讨论了激发西周王朝政府官僚化进程的主要原因,包括社会经济的发展而产生的社会阶层的变化和社会事务的复杂化,以"德"为核心的理性政治观念的形成和发展,以及一定规模的常规军队的存在。政府组织的官僚化发展的原因应该是多方面的、复杂的,是各种因素合力作用的结果。除了以上讨论的因素之外,在西周贵族生活中占重要地位的礼仪活动及其所形成的一些观念和制度,比如程式化、秩序化等,对西周政府组织的官僚化也应该起到了一定的推动和塑造的作用。

---

① 林沄:《商代军事管窥》,收入《林沄学术文集》,北京:中国大百科全书出版社,1998年12月,153—154页。

第五章

西周贵族官员的官宦生涯

以上各章主要从地域和组织结构的角度剖析西周王朝的政府组织。这些分析，基本上是从静态的角度，关注西周政府组织的制度建设。在这一章中，我们拟从人物的角度出发，考察在政府组织中最活跃的因素——贵族官员，考察西周政府官员官宦生涯的养成教育，官宦历程等内容。

第一节 官宦生涯的养成教育

在西周时代，能够进入王朝政府担任官员的主要是贵族阶级成员。我们这里讨论的所谓官宦生涯的养成教育，主要是指西周贵族成员进入仕途所应具备的一些基本素质和条件，包括基本知识和礼仪的教育，仕途资格的获取和培养等。

一、西周贵族子弟的教育

根据《周礼》、《礼记》等礼书的记载，周代的贵族子弟必须接受六艺：诗、书、礼、易、乐、春秋的教育，以培养允文允武的贵族修养和技能。西周时代的金文资料虽然没有详细的记载贵族子弟的学习内容，但明确记载，贵族子弟必须在大学里学习射礼之类的贵族礼仪。杨树达对静簋（《集成》4273）的精彩分析，可以为我们提供这方面的认识。静簋铭文中提到"学宫"一词，杨树达认为：

> 学宫者，所谓天子之大学曰辟雍者是也。何以明之，《周礼·春官·大司乐》云："凡有道者有德者使教焉，死则以为乐祖，祭于瞽宗。"司农注云："《明堂位》曰：'瞽宗，殷学也；泮宫，周学也。'以此观之，祭于学宫中。"按瞽宗泮宫皆大学也，司农称之学宫，是汉人尚称大学曰学宫，此一证也。

……

此铭与麦尊同记王在葊京，是其地同也。此云"王射大池"，彼云"王射大龚"，龚假为鸿，鸿为水鸟，彼文所射乃水中之鸿，然则彼文虽不云射于大池，实射于大池也。是其事同也。然彼文云"王格葊京彫祀，雩若翌日，在璧雝"，璧雝即辟雍，本大学之称。《王制》云："大学在郊，天子曰辟雍，诸侯曰頖宫"，是其说也。然则两铭彼云璧雝，此云学宫，名异而实同。杨升菴戴东原疑王制之说，谓辟雍非大学者，非也。此其证二也。《周礼·地官·师氏》云："以三德教国子"。郑注云："国子，公卿大夫之子弟。"又云："凡国之贵游子弟学焉。"郑注云："贵游子弟，王公之子弟。"铭文云以吴 、吕刚等射于大池，以者，与也，是吴 、吕刚，皆本铭所谓学宫小子，即《周礼》之国子与贵游子弟也。……其证三也。①

从以上所引杨树达对静簋和麦尊两器铭文的比较研究可以说明，大学在西周确实存在，是贵族子弟学习的地方，铭文反映学习的内容是射礼。关于西周贵族子弟教育的其他内容，杨宽在《西周史》中根据礼书有较为详细的讨论，读者可以参看。②

二、仕途资格的获取与培养

西周贵族成员获取仕途资格，培养入仕资历的方式主要有以下三种：一是世族世官制度；二是担任"小子"，在宫廷历练；三是长官的推荐。

（一）世族世官制

关于西周的世族世官制，学界已经作过充分的讨论，兹撮其要叙述如下：

1. 世族世官制始终是西周王朝政权机构建设的根本法则。世卿世禄、门第观念一直支配者整个西周王朝，成为西周用人制度、职官遴选的原则。

2. 家族世官制的具体官职与等级未必完全是世袭的。③

世族世官制度基本规定了西周政府官员的选官资格，即政府中的官员基本都是由世族家族中选拔出来的。而从具体官职和等级未必完全世袭这一点，并

---

① 杨树达：《积微居金文说》（增订本），北京：中华书局，1997年12月，169－169页。
② 杨宽：《西周史》，上海：上海人民出版社，1999年11月，664－684页。
③ 以上关于世族世官制的归纳，主要依据朱凤瀚《商周家族形态研究》（增订本）一书关于世族世官制的分析，参看该书390－396页，699－670页。

结合下文所讨论的官员的考绩和擢升情况来看，世族血统和门第等级所提供的，似乎主要是官员担任某一类职务或某一等级的职务的资格。这种资格是否能完全转换成相应的职位和职务，在血统和门第之外，"功"和"德"等体现个人能力的因素应也是统治者在选官和任职时考虑的重要元素。

（二）从西周金文的"士"和"小子"论贵族子弟的仕前历练

士大夫政治是传统中国政治制度的主要特色，士大夫阶层在中国古代的政治、社会和文化中占据着重要的地位。对士大夫阶层的研究，一直是中国史学研究的重要课题，研究者做出了很多重要的成果。对这一社会阶层早期形态的探索，是这一课题的重要组成部分。在对士阶层早期形态的研究中，以往的研究多集中于春秋、战国时期，着重讨论士阶层演变为知识阶层的过程和特点；对西周时期的士的状况，缺乏细致的分析。近年来，相关的西周金文多有出现，为我们了解西周时期士的构成，以及士与西周政治制度的关系提供了鲜活的资料。

在对士的早期形态的探讨中，阎步克的概述颇具代表性。阎先生指出，"士"这一称谓是很复杂的，因社会分化而不断复杂化。"士"有如下诸义："为一切成年男子之称；为氏族正式男性成员之称；为统治部族成员之称；为封建贵族阶级之称；为受命居官的贵族官员之称；为贵族官员的最低等级之称。不难看到，'士'这一称谓的如上义涵繁衍，与社会群体分化的一种重要形式——身份性等级分层，显示了某种相关性。这种等级分层的过程，使得作为'男子之大号'的'士'这一称谓，繁衍出众多的不同义涵，它们在不同场合指称按等级高下排列的不同群体。"① 西周时期的"士"，应指称哪一个或哪些义涵，下面我们征引相关资料，做一分析。

西周金文中，称为"士"的，主要有以下铭文：

1. 叔矢鼎：咸祷，王呼殷厥士，觞（？）叔矢以裳、车马、贝卅朋。敢对王休，用作宝尊彝，其万年扬王光厥士。②（西周早期）

2. 柞伯鼎：惟八月辰在庚申，王大射在周。王令南宫率王多士，

---

① 阎步克：《士大夫政治演生史稿》，北京：北京大学出版社，1996年，第44—45页。
② 北京大学文博学院、山西省考古研究所：《天马——曲村遗址北赵晋侯墓地第六次发掘》，《文物》2001年第8期。铭文的释读参考陈斯鹏：《唐叔虞方鼎铭文新释》一文，载《古文字学论稿》，合肥：安徽大学出版社，2008年，第180—191页。

师䚄父率小臣,王遅赤金十反(版)。王曰:小子、小臣,敬又贤①获,则取。柞伯十再弓,无废矢。②(西周早期)

3. 貉子卣(《集成》5409):惟正月丁丑,王格于吕申,王宰于陕,咸宜。王令士道归貉子鹿三,貉子对扬王休,用作宝尊彝。(西周早期)

4. 士上卣(《集成》5421):惟王大龠于宗周,诞馆③蒡京年,在五月既望辛酉,王令士上眔史黄殷于成周,䞨百生豚,眔赏卣、鬯、贝。用作父癸宝尊彝。(西周早期)

5. 殷簋(《集录》487):惟王二月既生霸丁丑,王在周新宫,王格大室,即立。士戍右殷,立中廷,北向。王乎内史言命殷,赐市朱黄。王若曰:殷,命汝更乃祖考友,司东鄙五邑。殷拜稽首,敢对扬天子休,用作宝簋,其万年宝用,孙孙子子其永宝。(西周中期)

6. 士山盘④:惟王十又六年九月既生霸甲申,王在周新宫,王各大室,即立。士山入门,立中廷,北向。王乎作册尹册命山曰:"……。"山拜稽首,敢对扬天子子丕显休,用作文考釐中宝尊盘盉,山其万年永用。(西周中期)

7. 克钟(《集成》504):王在周康剌宫,王呼士㚸召克,王亲令克遹泾东至于京师,赐克甸车马。(西周晚期)

8. 牧簋(《集成》4343):惟王七年十又三月既生霸甲寅,王在周,在师汓父宫,各大室即立,公族组入右牧,立中廷,王呼内史吴册令。王若曰:牧,昔先王既令汝作司士,今余惟或宪改,令汝辟百寮。(西周晚期)

9. 师袁簋(《集成》4313,4314):师袁虔不豕(惰),⑤凤夜卹厥墙事,休既又工,折首执讯无諆,徒驭,殴俘士女、羊、牛,孚吉金。

---

① "贤"字考释参看陈剑:《柞伯簋补释》,《传统文化与现代化》1999年第1期。
② 李学勤:《柞伯鼎考释》,《文物》,1998年第11期。
③ 刘钊:《释金文中从夗的几个字》,收入刘钊:《古文字考释丛稿》,长沙:岳麓书社,2005年7月,第106—115页。
④ 朱凤瀚:《士山盘铭文初释》,《中国历史文物》,2002年第1期。
⑤ 陈剑:《金文"豕"字考释》,收入陈剑:《甲骨金文考释论集》,北京:线装书局,2007年4月,第243—272页。

以上所引诸器中的"士",对于其身份,研究者有不同的看法。牧簋中牧原来职司的"司士",《西周金文官制研究》一书认为"司士是诸士之长,职掌群臣百僚的考察、任免、刑赏诸事,以佐王之吏治,司士是当时的一种显要的职官。"①。李学勤认为司士有监察群臣政绩的职能②。叔矢鼎中的"士",李学勤认为:"'士'如《尚书·多士》的'士',孔颖达《正义》云:'士者,在官之总号',包括王朝卿大夫士在内,不能理解为只限士这一级。"③冯时对西周金文的"士"的身份做过一番讨论,认为:"西周金文所见之士或为王士,如柞伯簋之王多士;或为理官,如牧簋之司士,臣辰卣之士上、貉子卣之士道、克钟之士舀;或如师袁簋之'殴俘士女羊牛',指成年男子,尚不具有卿士之义。金文卿士皆作卿事,如作册令彝、毛公鼎之'卿事僚',番生簋之'司公族卿事太史僚',伯公父簋之'召卿事辟王',事与士分别明确。"冯先生认为,叔矢的身份属于王士,王士是周王同宗子弟受爵者,而宗小子却并非都为士。④

值得注意的是,柞伯簋铭文中,"多士"或改称"小子"。柞伯簋铭文中"多士"和"小臣"对称,前者由南宫率领,后者由师酋父率领,而后文周王改称这两组人为"小子、小臣"。可见,"小子"即是指称"多士"。这种"小子"的含义,有助于说明"士"的身份,值得探讨。

柞伯簋铭文以"小子"和"小臣"并称的情况,在静簋中亦有出现:

10. 惟六月初吉,王在莽京。丁卯,王令静司射学宫,小子眔服眔小臣眔夷仆学射。雩八月初吉庚寅,王以吴姊、吕㸚合齹芳师邦君射于大池,静学无敗,王赐静鞞瑝。静敢拜稽首,对扬天子丕显休,用作文母外姞尊簋,子子孙孙其万年用。(《集成》4273,西周中期)

铭文中"小子"与"小臣"、"服"、"夷仆"等表示身份或职官的称谓并列,类似的情况还出现在令鼎、毛公鼎和晋侯苏钟等铭文中:

---

① 张亚初、刘雨:《西周金文官制研究》,北京:中华书局,1986年5月,第38-39页。
② 李学勤:《四十三年佐鼎与牧簋》,《中国史研究》,2003年第2期。
③ 李学勤:《谈叔矢方鼎及其他》,《文物》2001年第10期。
④ 冯时:《叔矢考》,载上海博物馆编:《晋侯墓地出土青铜器国际学术研讨会论文集》,上海:上海书画出版社,2002年7月,第258-265页。

11. 令鼎（《集成》2803）：王大耤农于諆田。锡，王射，有司
眔师氏、小子合射。王归自諆田。王驭祭仲仆。令眔奋先马走。王
曰："令眔奋，乃克至，余其舍汝臣十家。"王至于康宫，虩（？），
令拜稽首曰：小子迺学，令对扬王休。

毛公鼎（《集成》2841）：王曰：……命汝摄司公族雩三有司、
小子、师氏、虎臣、雩朕亵事。

12. 晋侯苏钟：晋侯率厥亚旅、小子、或人先陷入。①

静簋、令簋和毛公鼎等铭文中的"小子"，《西周金文官制研究》一书认
为是作职官名称讲，认为：

> 西周铭文中的小子有的地位不低，……师望鼎之师望是"出入
> 王命"的官吏，他与大师关系密切。杨树达先生曾把此小子作为属
> 官来理解。此说大体上不误。这个小子与一般讲的职官之小子似乎有
> 有所不同，大师与师望是上下级的关系。职位是师。小子一职有的讲
> "有司及师氏、小子"（原注：令鼎），有的讲"三有司，小子、师
> 氏"（原注：毛公鼎），可见他们的地位在三有司即司徒司马司空之
> 下，与师氏（师）的地位大体相当。如果说小子师望是主文的话，
> 那么令鼎、毛公鼎中的小子似主武事。有的学者认为主武之小子可能
> 就是《周礼·夏官·司马》上所说的诸子、庶子，也就是《地官·
> 司徒》中的"余子"，"凡国之大事致民，大故致余子"，注云："余
> 子，卿大夫之子当守王宫者也。"（原注：参斯维至《两周金文所见
> 职官考》《中国文化汇刊》第七卷十二页及陈梦家《西周铜器断
> 代》）。其地位《周礼·夏官·司马》序官说是下大夫，这与铭文中
> 小子的身份大体相当，这种意见是可取的。裘卫器上的"颜小子"、
> "卫小子"，散盘上的"散人小子"，这些器上的小子可能是指颜、
> 卫、散这些诸侯大夫的属官或者庶子。他们的身份地位与常在王左右
> 的小子相比，就不能同日而语了。②

---

① 马承源：《晋侯苏编钟》，《上海博物馆集刊》第7期，1996年，第3页。
② 张亚初、刘雨：《西周金文官制研究》，北京：中华书局，1986年5月，第45-47页。

由以上引文看以看出,该书赞成斯维至的看法,认为令鼎、毛公鼎铭文中主武事的"小子",是《周礼》中的"余子",即"卿大夫之子当守王宫者"。晋侯苏钟晚出,其铭文中的"小子"与亚旅、彧人等并称,亦主武事,其性质应与令簋、毛公鼎等铭文中的"小子"相近。

西周金文和文献中的"小子",或指小宗宗子,如:

13. 丙戌,王诰宗小子于京室。(何尊,西周早期,《集成》6014)

14. 王弗忘厥旧宗小子。(盠驹尊,西周中期,《集成》6011)

15. 伯氏曰:不期,汝小子肇敏于戎工。(不期簋,西周晚期,《集成》4329)

16. [曶]使厥小子□以限讼于井叔。(曶鼎,西周中期,《集成》2838)

17. 大师小子师望曰。(师望鼎,西周中期,《集成》3682)

18. 文王诰教小子、有正。(《尚书·酒诰》)

19. 王曰:告尔殷多士……今尔惟时宅尔邑,继尔居,尔厥有干有年于兹洛,尔小子乃兴、从尔迁。(《尚书·多士》)

裘锡圭认为上引13、14的小子应解释为属于周王的小宗宗子,15的伯氏当是器主的宗子,器主当是小宗之长,所以被伯氏称为小子。16、17的小子应该分别是属于曶和太师的小宗之长。静簋、毛公鼎的小子疑是指周王朝贵族中没有专职的小宗之长①。朱凤瀚认为西周金文中的"某小子",如"卫小子"、"颜小子"、"散人小子"等不是官职名称,属于西周贵族家族成员的"小子",即该家族中的"小宗",他们以"某(原注:该家族之长或其族名)小子"为称,是相对于家族长(原注:多是其父或其长兄)称"子"②。由此可见,上引这些铭文中的"小子"是指西周贵族家庭中的"小宗"。

将"小子"理解成小宗宗子是从其宗法身份着眼,其身份即贵族子弟。对于周王周围的"小子"所充当的角色,林沄指出令鼎、毛公鼎和静簋等铭

---

① 裘锡圭:《关于商代的宗族组织与贵族和平民两个阶级的初步研究》,《古代文史研究新探》,南京:江苏古籍出版社,1992年6月,第307-308页。

② 朱凤瀚:《商周家族形态研究》(增订本),天津:天津古籍出版社,2004年7月,第312-313页。

文中和师氏、虎臣、夷仆并举的"小子"，很可能是贵胄子弟组成的特殊的武装队伍，以为王之近卫①。裘锡圭认为静簋、毛公鼎的小子疑是指周王朝贵族中没有专职的小宗之长，亦持类似看法。我们认为这些意见是很有道理的。因为"虎臣"、"夷仆"等都是王的警卫部队，与之并称的"小子"，其性质应该与之相近。晋侯苏钟铭文以"亚旅、小子、戜人"并称，其中"亚旅"一词在西周金文中又见于臣谏簋（《集成》4237），为官名，指众大夫，为作战人员。②"戜人"首见于班簋（《集成》4341），《说文》谓："戜，利也。"因此，戜人可能是指虎臣之类的锐兵而言。《尚书·牧誓》书序云："武王戎车三百两，虎贲三百人，与受战于牧野。"《吕氏春秋·古乐》则说："武王即位，以六师伐殷，六师未至，以锐兵克之与牧野。"可见，《古乐》所谓的"锐兵"当即《牧誓》的"虎贲"。晋侯苏钟与"亚旅"、"戜人"并称的"小子"，应也可能是贵胄子弟组成的特殊武装队伍。令鼎中被称为"小子"的令与奋两人，在王归自耤田的途中充当"先马走"，即是充当王之卫士。从宗法身份看，小子相对于族长"子"而言，指小宗宗子。上引这些铭文中，称为"小子"的武装力量，应该即是由这些身为小宗宗子的贵族子弟组成的。

通过以上的讨论可知，西周金文中的"小子"，多是指贵胄子弟组成的武装部队。柞伯簋铭文中，参加射礼的"多士"或称"小子"。这些"士"或"小子"，和《周礼》一书中屡次提到的"士庶子"相当。关于"士庶子"的身份，孙诒让总结说：

> 盖周时凡贵族子弟，无论嫡庶，并谓之国子，师氏所教、保民所养、诸子所掌者是也。国子之中，嫡者谓之门子，小宗伯所掌者是也。其以才艺选择为宿卫及给侍御守圉者，谓之士庶子，则无嫡庶之分。其备宿卫者，亦不必王宫内诸吏之子也。凡士庶子或出于王族，其在侯国谓之公族，或出于异姓卿大夫士子弟。综校全经，士庶子内备宿卫，外从巡守，且岁时有飨，死伤有吊劳，职任既亲，恩礼犹备，其为贵游子弟，殆无疑议。经之凡言士庶子者，所谓士即上中下士，凡王族及群臣子弟既命而有爵者。其未命者，下士一等，则与庶

---

① 林沄：《商代兵制管窥》，《吉林大学社会科学学报》，1990年第5期。收入《林沄学术文集》，北京：中国大百科全书出版社，1998年12月，第154页。
② 李学勤：《元氏青铜器与西周的邢国》，《考古》1979年第1期。

人在官者等，以其世家贵胄殊异之，故不曰庶人而曰庶子。其他公邑及都家咸有贵族，侯国亦有公族世族，故亦有庶子。①

可见，《周礼》一书中的"士庶子"之"士"是指贵族子弟之宿卫王宫及给侍御守圉而既命有爵者，未命者则称庶子，这些贵游子弟或出王族、公族，或出于异姓贵族。

柞伯簋中与小臣并列而又可以称呼为"小子"的"多士"，即相当于上引《周礼》中的"士庶子"的"士"，自然不应理解成是诸王朝大臣，而应是指贵族子弟之宿卫王宫及给侍御守圉者。其中有爵命者称为士，无爵命者则称为小子。从柞伯簋来看，士也可统称为小子。士庶子或可通称为士，朱公牼钟（《集成》0149-0152）的"以宴大夫，以喜诸士"，朱公华钟（《集成》0245）作"以乐大夫，以宴士庶子"，"诸士"当即"士庶子"。情况与士可统称小子相类似。

上引西周金文中，士道、士上和士叴都随侍于周王左右，和"士庶子"之"士"的身份一样，是指贵族子弟之宿卫王宫及给侍御守圉者。而士山则是受王命出使，士成为册命礼中的右者，从其所作事务来看，都与狱讼之事无关。因此，不能将"士"理解成是理官，而应是指一种身份，即服事王室的贵族子弟而有爵命者。士上卣铭文末尾缀有族氏铭文"臣辰册夨"，其中的"臣"和"册"，我们认为是标示该族氏曾经或正拥有的职官，分别指"小臣"和"作册"②。充当小臣或作册之职的家族，在西周多为与周王族异姓的家族，因此，士上很有可能是属于异姓贵族。

被称为"小子"的贵族子弟入王室承当宿卫王宫或随侍时王，其中部分获得爵命而有职事者称为士，成为有命有职的官员，如士道、士上、士叴、士成等。这种培养官员的方式，其性质和秦汉时期的郎吏制度颇为相似。

严耕望在讨论秦汉郎吏制度时，对"士"这一称谓的演变过程做过如下总结：

> 古代封建时期，贵族之最低级曰"士"，以讲习射御为事，入卫国君，外从征伐；庶民不得参与也。至春秋战国，封建制度逐渐崩

---

① 孙诒让：《周礼正义》，北京：中华书局，1987年12月，第231-232页。
② 何景成：《商周青铜器族氏铭文研究》，济南：齐鲁书社，2009年，第46-70页。

溃,农民军队应时兴起,士庶之分遂而渐淆。而"士"之称亦转属读书人。方是时,贵族壁垒虽弛,而君主集权转甚,仍不得无亲信之近卫,乃择大臣子弟入奉宿卫、侍左右、出充车骑、从征伐;以其近居殿阁郎庑,故蒙"郎"称。其性质、其地位与出身,盖犹古代之士也。①

对于郎与古代封建时期士的关系,严先生谓:

  公、卿、大夫、士,虽为古代官僚之称,亦为贵族之阶级。而两《汉书》中常以公、卿、大夫、郎吏连言;秦及汉初又有中大夫令、郎中令分掌大夫、郎中,则郎中比古之士甚显。《史记·卫绾传》,绾以戏车为郎,尝对景帝自称车士;尤为明征。又其冠饰亦承战国武士之遗,亦其证。②

可见,郎吏制度应是肇始于西周时期的士庶子制度。

西周金文中被称为"小子"的在王室承当宿卫等职的贵族子弟,被授命为士,担任王朝职务的途径,应该有一定的考核方式。从静簋、令鼎和柞伯鼎等铜器铭文来看,射礼是其中一项重要的方式。射礼是古代选士的一个重要方式,《礼记·射义》谓:"诸侯岁献贡士于天子,天子试之于射宫。"又谓:"天子将祭,必先习射于泽。泽者,所以择士也。"随侍周王左右,守卫王宫的贵族子弟,其被铨选为有职有爵的"士",考核射艺是其中的一个重要指标。

通过以上对西周金文中"士"和"小子"的讨论,我们认为西周金文中作为王室武装力量的"小子",应该是由贵族子弟组成。其中受爵命者,称为士。他们的身份性质与《周礼》的"士庶子"相当。这种从宿卫王室的贵族子弟,通过一定的考核而被授以爵命成为有职有爵之士的官员选拔制度,与秦汉时期的郎吏制度颇为相似。可见,贵游子弟充当宿卫宫廷之"小子",随侍周王,是一种重要的仕前培训,以获取入仕资历。这种官员培养方式,是西周政治制度的一个重要方面,对古代中国的官僚制度产生了较为深远的影响。

---

① 严耕望:《严耕望史学论文选集》,北京:中华书局,2006年12月,第283-285页。
② 同上。

（三）官长的推荐

师毁鼎（《集成》2830）铭文记载师毁说"休伯大师肩𠭯毁臣皇辟"，裘锡圭在分析这句话的含义时指出，毁所以能事皇辟，是由于伯大师的推荐。铭文记周王对毁的赏赐，有"大师金膺、攸勒"，大概师毁承接了伯大师的职务，至少是一部分职务①。从职官名称以及铭文所反映的伯大师和师毁的关系来看，在隶属关系上，伯大师当是师毁的官长。伯大师对师毁的推荐，说明西周时期存在长官向王朝政府举荐臣属的情况。

这种官长举荐臣属的现象，也见于黄季鼎（《集成》2781）中，其铭文作：

> 惟五月既生霸庚午，伯俗父右黄季。王赐赤雠市、玄衣、黹纯、銮旗。曰：用左右俗父司寇（？）。

杨树达在讨论此鼎时（其称作庚季鼎）认为：

> 按此铭与他器异者，伯俗父右庚季见于王，而王则命庚季以左右俗父，俗父即伯俗父也。余疑伯俗父与庚季若非长属，必父子也。《仪礼·士冠礼》曰："乃易服，服玄冠玄端爵韠，奠挚见于君，遂以挚见于卿大夫。"是士之子有见君之礼也。《左传》昭公四年曰："仲与公御莱书观于公，公与之环，使牛入示之。入，不示；出，命佩之。牛谓叔孙：'见仲而何？'叔孙曰：'何为？'曰：'不见，既自见矣，公与之环而佩之矣。'遂逐之，奔齐。"按竖牛请叔孙见仲壬于君者，必卿大夫有见子之礼。故请之也。叔孙之逐仲壬者，以信竖牛之谗，怒仲壬不由己之介见公而自往见之也。此皆足证朝臣可介其子见君者也。子即当见君，而父有禄于朝，率之往见，固事理之宜也。《论语·宪问篇》记公叔文子之臣大夫僎与文子同升请公，大夫僎本公叔文子之臣，而文子荐之于卫君，使仕于公朝，与己同列，当其初荐而尚未升之时，必当见僎于卫君可知也，此长见其属之

---

① 裘锡圭：《说"范围"伯大师武》，收入裘锡圭：《古文字论集》，北京：中华书局，1992 年 8 月，357 页。

说也。①

杨树达认为伯俗父与黄季（其称"庚季"）的关系如果不是长属就是父子，是很有道理的。在西周时期，贵族家族成员之间的等级尊卑关系进一步被强化。效尊铭文说明，父子关系在西周贵族家族中已经不仅是严格的等级化，而且已政治化，类同于主臣关系②。从这个角度来看，伯俗父和黄季的关系可以笼统的看作是长属关系，周王命黄季辅佐伯俗父，即是担任伯俗父的副职，分管伯俗父的一部分职务。黄季本身亦为王朝政府的官员。伯俗父佑黄季见于王，可以视作是长官举荐臣属的一个例子。

与黄季鼎类似的情况，还见于穆王时期的狱盉和簋③：

狱盉：

惟四月初吉丁亥，王各于师再父宫。狱曰：朕光尹周师右告狱于王，王（赐）狱佩弋巿丝亢，金车金镳（镳），曰用凤夕事。狱拜稽首，对扬王休，用作朕文祖戊公盘盉，孙孙子子其万年永宝用，兹王休其日引勿替。

狱簋：

惟十又一月既望丁亥，王各于康大室。狱曰：朕光尹周师右告狱于王。王或赐（赐）弋佩巿殺（朱）亢，曰，用事。狱拜稽首，扬王休，用作朕文考甲公宝尊簋，其日凤夕用厥荃（馨）④享祀于厥百神。孙孙子子其万年永宝用，兹王休其日引亡替。

狱器记载，狱的上司周师两次"右告"狱于周王，而周王都赏赐狱以车服之物，并告诫说"用事"，狱亦对扬王休。这和同样是周师下属的守宫有着较大的区别：

---

① 杨树达：《积微居金文说》（增订本），北京：中华书局，1997年12月，240-241页。
② 朱凤瀚：《商周家族形态研究》（增订本），天津：天津古籍出版社，2004年7月，309-310页。
③ 吴镇烽《狱器铭文考释》，《考古与文物》2006年第6期，58-65页。
④ 此字从吴振武师释，参看吴振武：《试释西周狱簋铭文中的"馨"字》，《文物》，2006年第11期。

守宫盘（《集成》10168）

> 惟正月既生霸，乙未，王在周，周师光守宫，事（使）裸，周师丕赐守宫丝束、蘆鬯五、蘆幂二、马匹、毳布三、专□三、金朋，守宫对扬周师鳌，用作祖乙尊，其耻子子孙孙永宝用勿迷。

守宫为周师的臣属，因服事周师而受周师的赏赐，守宫因而作器纪念并感谢周师。对比可以看出，狱的受赏于周王，应该是由于周师"右告"于周王。此"右告"该是指周师为介引荐下属于周王，使仕于王朝。这和杨树达所举《论语·宪问篇》中公叔文子举荐其臣属大夫僎于卫君，使之仕于公朝类似。

第二节　官宦历程

对官员的官宦历程的讨论，主要涉及官员在任官中所要达到的要求，这体现为王朝对官员的考绩，和根据考绩所进行的黜陟制度上，还包括官员退出职场的告老制度。

一、考绩

《尚书·尧典》记载："三载考绩，三考，黜陟幽明，庶绩咸熙"。《周礼·太宰》记太宰之职："岁终，则令百官府各正其治，受其会，听其政事，而诏王废置。三岁，则大计群吏之治，而诛赏之。"战国时期的管子、商君、韩非子、荀子等所著之书，亦非常重视对考绩制度的设计和讨论。较为完善的考绩制度的形成，是贵族制向官僚制过渡的条件之一。《周礼·大宰》所描述的制度化的考绩方式，应该不是西周政治制度的写照。但从下面的讨论中，我们认为西周的王朝政府建立有一定的考绩方式。

《史记·鲁周公世家》记载：

> 鲁公伯禽之初受封之鲁，三年而后报政周公。周公曰："何迟也？"伯禽曰："变其俗，革其礼，丧三年然后除之，故迟。"太公亦封于齐，五月而后报政周公。周公曰："何疾也？"曰："吾简其君臣礼，从其俗为也。"及后闻伯禽报政迟，乃叹曰："呜呼，鲁后世其

北面事齐矣！夫政不简不易，民不有近；平易近民，民必归之。"①

周公当时为王朝的摄政大臣，"鲁"、"齐"的受封者伯禽和姜太公均报政于周公，即汇报施政情况。"报政"应该是西周政府考察臣属施政情况的一种方式。

谏簋（《集成》4285-1）铭文记载：

惟五年三月初吉庚寅，王在周师录宫，旦，王各大室，即②立，司马共右谏入门立中廷，王呼内史敖册命谏曰：先王即（既）命汝，摄司王宥，汝某否又闻，毋敢不善。今余或申③命汝，赐汝攸勒。谏拜稽首，敢对扬天子丕显休，用作朕文考惠伯尊簋，谏其万年子子孙孙永宝用。

铭文中的"汝某否又闻"，考释诸家有不同看法，其中以杨树达之说最为精当，兹迻录如下：

郭沫若读女某否又昏为女靡鄙又昏，吴闓生释昏为勤劳，谓某不有昏即靡不有劳也。余按二君皆读某为靡，意皆以某为否定词，是也。余按金文通以母为毋，本铭母敢不善，即其例也。此某字亦当读与母同。《说文·三篇上·言部》载谋字或作䛆，又或作𧭈，此某与母音同之证。铭文于此句不言母而言某者，以下文已有母字，变文以避复也。又某声古与无声互通，《诗·小雅·小旻》云："民虽靡膴"，《释文》引《韩诗》"膴"作"腜"。《大雅·绵》云："周原膴膴"，"膴膴"《韩诗》作"腜腜"，此其证也。否与不同。昏当读

---

① 《史记》，1524页。
② 原篆写成"𣪘"，当系形近误写。
③ 盖铭此字作""，器铭该字则作""，论者多释作"嗣"（郭沫若《大系》，252页，陈梦家《断代》189页）。从盖铭来看，此字下从"田"，似应释作"申"。张福海在考察西周金文"嗣"和"嗣"的区别时，在文末提到此器，认为："(此字)一般读作嗣，似可通。这是嗣字不读为嗣的一个反例。按册命金文中屡见'申乃命'之语，此嗣字也可能是申字之形误。'申命'之语见于《尧典》。"（《北京大学中国古文献研究中心集刊》（第四辑），344页）认为此字可能是申字之形误的看法应该更有道理。

为闻,《说文·耳部》记闻或作䎽,可证也。女某否又𦈠,即女无不有闻也。①

"无不有闻"是西周统治者对臣属为官的要求之一。裘锡圭在讨论毛公鼎"无惟正闻,引其惟王智"这句话的含义时指出,这两个小句是以"闻"与"智"为对文,"正"与"王"为对文的。"智"、"知"古同字,"闻"应即闻知之"闻","正"应即正长之"正"。周代统治者要求臣下对所管辖的事无不闻知,逆钟的"毋又不闻智(知)",蔡簋的"毋敢有不闻",谏簋的"无不有闻"即其例证。毛公鼎那句话是说"庶出入吏于外,敷命敷政,埶小大楚赋"等事,连正长都不知道,王还能知道吗②。宰兽簋(《集录》490)铭文记载,王亦要求宰兽管理康宫王家要"外内毋敢无闻智"。从这些分析可以看出,要求臣下对所管辖的事无不闻知是西周统治者对官吏的基本要求之一。

西周统治者对官吏的基本要求,除了上面讨论的这一项外,最通常的要求就是要求臣下"虔夙夕,勿废朕命"③。此外,还有一项要求是"善于政",除了见载于谏簋外,还见于虎簋盖和善夫山鼎:

虎簋盖(《集录》491,穆王时期)
王乎内史曰:册命虎。曰:𩰿,乃祖考史先王司虎臣,今命汝曰:更乃祖考足师戏司走马驭人眔五邑走马驭人,<u>汝毋敢不善于乃政</u>。

善夫山鼎(《集成》2825,宣王时期)
王曰:山,令汝官司饮献人于㠱,用作宪司贾,<u>毋敢不善</u>。

谏簋和善夫山鼎的"毋敢不善",应该是指虎簋盖所说的"毋敢不善于乃政"。《周礼·天官·小宰》记载小宰之职:"以听官府之六计,弊群吏之治。一曰廉善,二曰廉能,三曰廉敬,四曰廉正,五曰廉法,六曰廉辨。"郑玄注

---

① 杨树达:《积微居金文说》(增订本),北京:中华书局,1997年12月,121页。
② 裘锡圭:《说金文"引"字的虚词用法》,收入裘锡圭:《古文字论集》,北京:中华书局,1992年8月,359-363页。
③ 见大克鼎(2836)、大盂鼎(2837)、师西簋(4288)、师虎簋(4316)等。

云:"善,善其事,有辞誉也。"孙诒让谓"善于其所司之职事,有辞令名誉也。"①铭文"善于乃政"之"善"的含义应同此,是指周王要求臣下善于其所司之职事。

通过上面的讨论,可以知道谏簋铭文所说的"无不又闻"和"毋敢不善"是西周统治者对其所册封官员的两项为官要求。从谏簋铭文可以看出,"谏"在先王时已经被册命担任王官,负责管理王宥。"无不又闻"和"毋敢不善"列在"先王既命汝"之后,在"今余或申命汝"之前,应是新王在重新册命"谏"时,对"谏"在此前任官表现的一个评价。认为"谏"做到了对其所管辖的事无不闻知,也没有不善于其所司之职事。这种评价,可以视作是一种对官员的考绩。

西周统治者对官员的考绩,还体现在作册魃卣和静簋上:

作册魃卣(《集成》5432,西周中期)
惟公大史见服于宗周年,在二月既望乙亥,公大史咸见服于辟王,辨于多正。雩四月既生霸庚午,王遣公大史,公大史在丰,赏作册魃马,扬公休,用作日己尊旅彝。

卣铭记载公大史"见服于宗周"和"见服于辟王",董珊先生指出,"见服"可理解为来宗周朝见并述职,② 而述职即是考绩的一种表现形式。

静簋(《集成》4273):
惟六月初吉,王在莽京。丁卯,王令静司射学宫,小子眔服眔小臣眔夷仆学射。雩八月初吉庚寅,王以吴㚏、吕㓪鄂𢆶芳师邦君射于大池。静学无斁,王赐静鞞䩨。静敢拜稽首,对扬天子丕显休,用作文母外姞尊簋,子子孙孙其万年用。

"静学无斁"的"学",论者多认为应读作"教",杨树达谓古人言语施受不分,教与学本为一辞。并谓"盖王于六月令静司射事,历月余,至八月,

---

① 孙诒让:《周礼正义》,北京:中华书局,1987年12月,177-178页。
② 董珊:《谈士山盘铭文的"服"字义》,《故宫博物院院刊》,2004年第1期。

231

会射于大池。会射者，所以考验静司射之效能也。"①认为静簋八月的会射是为了考验静的司射效能，应该是很正确的。这种考验，应也可以视作是周王对臣下的一种考绩方式。因为在考验中，静没有出现什么差错，因此王对静进行了赏赐。体现了统治者对臣属工作的肯定。

从目前所刊布的西周金文来看，近年公布的闻尊铭文，最能体现西周官员的考绩一事。闻尊是乐从堂所收藏的一件西周青铜器，张光裕在第五届国际中国古文字学研讨会上，撰文公布了这一器物的器形和铭文②，该器年代为西周中期，铭文作：

> 隹（惟）十月初吉，辰才（在）庚午，师多父令（命）闻于周，曰："余学（效）事，女（汝）毋（无）不善；覍朕采达（?）田、外臣仆，女（汝）毋（无）又（有）一不闻"。蔑曆（历），易（锡）马乘，盠冟（幎）二。闻拜稽首，扬对朕皇尹休，用乍（作）朕文考宝宗彝，孙孙子子其万年永宝。

铭文中的"学"字，张光裕认为读为"教"；"覍"字，张先生没有考释，认为揆诸文义，似有协助之义。董珊在《读闻尊铭》一文中认为"覍"字从"户"声读为"扈"，训为助。"采"指"管理"一类的意思。"外"读为"艺"、"枲"或"设"，训为"治"，是"治理"或"设置"一类的意思。"学"读为"效"，意思是"考效"，"效事"犹"考效事功"。铭文是说：师多父考核检查事功，闻无不善；闻佐助师多父食采达（?）田、治理（或设置）臣仆，闻没有一个过失（连一个过失也没有），即食采达田与治理（或设置）臣仆两事无一不善。前后两小句所述都是已经发生的事情，即论其功状；两小句都是用双重否定表强烈肯定语气，因为闻的工作很完善，所以闻受到赏赐，又作器纪功。③

董珊对闻尊铭文的阐释，进一步疏通了铭文的含义，读"学"为"考效"之"效"，更符合铭文内涵。不过，"效事"之事可能当解释成"职事"。《经义述闻》卷三"政立事牧夫准人"条下，王引之指出："《说文》曰'事，职

---

① 杨树达：《积微居金文说》（增订本），北京：中华书局，1997年12月，168-170页。
② 张光裕：《新见乐从堂闻尊铭文试释》，收入张光裕，黄德宽：《古文字学论稿》，合肥：安徽大学出版社，2008年4月，5-10页。
③ 董珊：《读闻尊铭》，发布于复旦大学出土文献与古文字研究中心网站，2008年4月26日。

也。'故官之职谓之事。《甘誓》曰'乃召六卿，王曰，嗟，六事之人。'《康诰》曰'外事'，《酒诰》曰'矧惟尔事，服休服采'，《立政》曰'宅乃事，宅乃牧，宅乃准'，又曰'乃可立兹常事司牧人'是也。为长谓之正，任事谓之事。"西周册命金文所载册书末尾一般都有"用事"一词①，其中的"事"即"职事"。铭文中的"效事"即考核闻的职事。

对于铭文中第二个"闻"字的句读，我们有不同的看法。上引张光裕、董珊两位先生的文章，对于铭文中"女毋又一不闻蔑历"这句话，均在"闻"前读断，认为"闻蔑历"一句，"闻"是器主名。对于"女毋又一不"的理解，张先生认为是强调"闻"执行任务时不可有任何差池。董先生认为"不"读为"否"，"汝毋有一否"与前"汝毋不善"反对为言，意思相同，"不（否）"的否定对象就是前面的"善"，犹言毋有一不善、毋有过失。我们认为应在"闻"字后读断，"汝无有一不闻"为一句，"蔑历"为一句。闻尊铭文中"闻"字共三见，第一形从两虫且不从耳，第二形不从虫，第三形从一虫。对于从两虫或一虫的字形，董珊先生认为《说文》两虫读昆，一虫读虺，并与"闻"音近，声皆为喉音，韵为微文对转，解释成加注声符比较好。第一形之所以不从"耳"，可能是加了两虫（昆）为声符的缘故。我们认为第一形和第三形的"闻"字，在字形上均带有"虫"形，而第二形的"闻"字不从"虫"，可能是一种有意识的区别，②即提示第二形的"闻"字不作为人名使用。闻尊铭文中"汝无不善"和"汝无有一不闻"的说法与谏簋铭文"汝某否又闻，毋敢不善"的说法相一致。上文已经分析，周代统治者要求臣下对所管辖的事无不闻知，要求臣下善于其所司之政事。"无不有闻"和"无不善"是西周统治者对臣属为官的两项主要要求。若读为"汝毋有一否"，则与"汝毋不善"语意重复。

以"蔑历"单独为句，在西周金文中亦有其例。如西周中期的䅇卣（《集成》5411）：

䅇从师雝父戍于由𠂤，蔑历，赐贝三十孚，䅇拜稽首，对扬师雝父休，用作文考日乙宝尊彝，其子子孙孙永宝。

---

① 如利鼎（《集成》2804）、善鼎（《集成》2820）等。
② 《说文》"蚊"字或体或从昏从两虫（昆），或从民从两虫（昆），从古文字中"昏"、"闻"多通用的情况来看，闻尊铭文中第一形从两虫、第三形从一虫的"闻"字，似应该释为"蚊"。

这说明，将闻尊铭文中的"蔑历"一词单独为句是可以的。

讨论完闻尊的铭文后，我们认为该铭文是记载西周官员考绩制度的一篇典型铭文，铭文记载了闻的上司师多父对闻的考绩。师多父认为闻善于其所担任的职事，对于其所负责的协助师多父食采和治理臣仆之事无一不闻知。因为对闻任职的表现很满意，所以赏赐给闻物品，体现了长官对下属工作的肯定。

在以上所分析的反映考绩制度的西周铭文中，谏簋和静簋体现了周王对朝廷官员的考绩，闻尊则体现了西周贵族对其家臣的考绩。两者对官员的考绩标准，则存在一致性。这两个层面的考绩制度的存在，说明了西周时期对官员的考绩是普遍存在的。

通过以上的讨论，我们认为西周时期已经存在对官员的考绩。至于这种考绩方式，在当时是否已经形成了一项制度，现有的资料还很难进行说明。西周金文多见周王对臣属的嘉赏，这种嘉赏部分当是出于对臣属考绩的满意。由于西周金文的性质多是作器者为自伐其功而作，基本是报喜不报忧，几乎不见有官员因考绩失利而被黜的记载。但依情理，考绩后，"黜幽"与"陟明"的结果应该是同时存在的。

二、擢升

西周官员的擢升，主要体现在命服和官职这两个方面上。册命金文中的"增命"，主要体现了官员在命服方面的提升：

卫簋（《集成》4209－4212）

惟八月初吉丁亥，王格于康宫，荣伯右卫，即立。王曾令卫，赐赤市，攸勒。卫敢对扬天子丕显休，用作朕文祖考宝尊簋，卫其万年子子孙孙永宝用。

辅师𮬃簋（《集成》4286）

惟王九月既生霸甲寅，王在周康宫，各大室，即立，荣伯入右辅师𮬃，王呼作册尹册命𮬃，曰：更乃祖考嗣辅，榖赐汝载市、素黄、銮旂。今余曾乃令，赐汝玄衣黹纯、赤市朱黄、戈彤沙琱内、旂五日，用事。𮬃拜稽首，敢对扬王休令，用作宝尊簋，𮬃其万年子子孙孙永宝用事。

"曾命"即"增命",陈汉平谓"增命"即加官进禄之重命①。据《左传》记载,古代于卿大夫有"三命"、"再命"、"一命"之别,命多则尊贵,车服亦随之华丽②。卫簋和辅师𠭰簋铭文中赏赐命服的情况,即反映这一事实。增命时是否在官职上有所提升,铭文本身没有说明。估计这种擢升主要表现在车服等级规格的提升所反映的爵位的提高上。

官员在官职上的擢升,在辅师𠭰簋与师𠭰簋、虎簋与师虎簋、元年师兑簋与三年师兑簋这三组器物上有所揭示。

辅师𠭰簋与师𠭰簋的情况我们在第三章中已有讨论,认为应该肯定传统的说法,两器为同人在不同时期所作。关于师𠭰及其家族的官职,陈梦家认为其祖考皆世为司辅之官,其祖之旧官为"小辅眔鼓钟",其祖考之旧官为"司小辅"或"司辅"。𠭰历世两朝,三次受命。一命再命见于辅师𠭰簋,其职为司辅,三命见于师𠭰簋,其职为小辅及鼓钟,恢复了其祖的官职③。师𠭰的三次受命,所赐命服的服色均不相同,相应的职掌从司辅到司小辅及鼓钟,反映了职掌范围的扩大,这种扩大所体现的应该是官职上的擢升。类似的情况还体现在四十三年逨鼎所记载的"吴逨"身上。四十三年逨鼎中④,周王除了重申旧命,要"吴逨"继续辅佐荣兑管理四方林虞外,又增加了"吴逨""官司历人"的职掌。与之相应,周王赏赐于"吴逨"规格较高的车服。这种职掌范围的扩大和相应车服的追加,都说明了"吴逨"在仕途上的升迁。

与师𠭰和吴逨的擢升体现在职掌范围的扩大和职务的增加不同,"师虎"和"师兑"的擢升主要体现在由副职到正职转变。

虎簋和师虎簋铭文中,对虎的职司分别作如下册命:

虎簋盖(《集录》491)

王乎内史曰册命虎。曰:翻,乃祖考史先王司虎臣,今命汝曰:更乃祖考疋师戏司走马驭人眔五邑走马驭人,汝毋敢不善于乃政,赐汝載市幽黄、玄衣黹屯、鸾旗五日,用事。

师虎簋(《集成》4316)

王若曰:虎,载,先王既令乃祖考事嫡官司左右戏緐荆。今余惟

---

① 陈汉平:《西周册命制度研究》,上海:学林出版社,1986年12月,30页。
② 杨伯峻:《春秋左传注》(修订本),北京:中华书局,1990年5月,502-503页,800页。
③ 陈梦家:《西周铜器断代》,北京:中华书局,2004年4月,196页。
④ 杨家村联合考古队:《陕西眉县杨家村西周青铜器窖藏发掘报告》,《文物》2003年第6期。

帅井先王令，令汝更乃祖考𰯀官司左右𢦏荆，敬夙夜勿法朕命，赐汝赤舄，用事。

虎簋盖和师虎簋为同人所作，关于其年代，我们在第三章里作过讨论，认为虎簋盖是穆王时器，师虎簋是懿王时器。在虎簋盖铭文中，"虎"的职司是辅佐师戏管理走马驭人和五邑走马人。而在师虎簋铭文里，"虎"则赓续其祖考之职，主管左右戏𢦏荆。由辅佐别人到独立主持一个部门，反映了其为宦生涯的升迁轨迹。

元年师兑簋和三年师兑簋

　　元年师兑簋：
　　惟元年五月初吉甲寅，王在周，各康庙，即立，同中右师兑入门立中廷。王呼内史尹册命师兑疋师龢父司左右走马、五邑走马。赐汝乃祖市五黄、赤舄。
　　三年师兑簋：
　　惟三年二月初吉丁亥，王在周各大庙，即立，𬎦伯右师兑入门立中廷，王呼内史尹册命师兑：余既令汝疋师龢父司左右走马，今余惟申就乃命命汝摄司走马，赐汝矩鬯一卣，金车：㯱较（较）、朱虢、䩻靳、虎幂熏里、右厄、画𮥤、画𨌰、金甬，马四匹，攸勒。

关于两器年代的先后以及师兑职掌的变化，李学勤认为，三年师兑簋应排在元年师兑簋前面。三年铭说的，是周王对师兑的初次任命，是叫他辅助师龢父司左右走马。该时师龢父为正职，师兑为助手，职管王朝左右校趣马。到此王三年，师龢父已经提升，即命师兑为正职，管理王朝的趣马（左右校趣马）。再到元年铭，新王又命师兑任师龢父的助手，不过职务的层次已经提高，他们不仅管理左右校趣马，还同时管理五邑趣马①。师兑职掌的这种变化，反映了其擢升的轨迹。

通过上面的讨论，大致可以将西周官吏的擢升情况总结如下：
1. 体现爵位和身份的车服规格的提升，而官职可能不变。

---

① 李学勤：《论师兑簋的先后配置》，《夏商周年代学札记》，沈阳：辽宁大学出版社，1999年10月，162页。

2. 职掌范围的扩大和职务的增加。

3. 职位由辅佐他人的副职升迁为某一部门或方面的主管。在 2、3 这两种官职的擢升中,官员的车服规格应该都有相应的提升。

三、告老

所谓"告老"即指致仕,属于人事更新机制的部分。《左传》隐公三年记载石碏欲禁其子与州吁的交往而不可,于桓公立,"乃老"。杜预注:"老,致仕也。"西周金文明确记载官吏告老的见于叔父趞卣(《集成》5428,5429):

> 叔趞父曰:余老,不克御事,惟汝焂期敬辞乃身,毋尚为小子,余贶为汝兹小鬱彝,汝期用享乃辟軝侯,逆复出入事人。呜呼!焂敬哉,兹小彝妹吹见,余惟用諆偕汝。

叔趞父称"余老,不可御事",并谆谆告诫焂要恭敬其事。此"老"固不单是指年老的含义,应更侧重致仕的意味。叔趞父和焂可能是父子关系,故在交接职务后,作器相赠,并告诫为官之道。铭文所记录的虽是诸侯国官员的告老,但应也能反映西周王朝政府也存在类似情况。

西周晚期的五年琱生簋(《集成》4292)的"余老止"和五年琱生盨①的"余老之"中的"老"也都应解释作告老,是琱生因自己已经致仕,而土田附庸仍存在问题,无力维护,故请仍在朝为王官的宗伯召伯虎出面干预。

从上引例子可以看出,西周王朝政府的官吏存在致仕的现象。

---

① 刘宏斌:《吉金现世、三秦增辉——扶风五郡西村青铜器发现保护亲历记》,《文博》2007 年第 1 期。

结　语

西周的国家机构是诸侯制,其政治体制的本质是贵族政治,与其后的官僚政治存在着质的差别。职官制度中的世官制度,体现了王朝政治与宗族组织的密切关系。这种政治和血缘的混融,反映了西周职官制度的特质。

正如西周文化对传统中国文化的影响,西周职官制度对于传统中国的职官制度亦产生了深远的影响。中国传统职官制度的一些特质,如文书的充分运用,谏官制度等,在这一时期已经开始形成,春秋战国时期形成的地方行政制度,在这一时期也开始萌芽。

西周政治体制对西周王朝进行有效统治发挥了其积极的作用,对于维护西周王朝的政治稳定起了积极的作用。宗周、成周在政治功能上所承担的不同角色,为西周王朝有效统治王畿地区和诸侯邦国起了积极的作用。世官制度有效的维护了贵族家族对周王室的效忠。

大致在西周中后期开始,西周王朝政府出现了吏治问题。这一现象,在牧簋中已经肇其端倪,瞾盨和毛公鼎中更有充分说明。毛公鼎铭文记载,宣王将西周晚期政治动荡的原因归结为"零之庶出入事于外,尃命尃政,埶小大楚赋,无惟正闻,引其惟王智,迺惟是丧我国。"因此敕戒毛公要整顿吏治。这些情况说明,吏治颓败是西周王朝走向衰败的重要原因。

本书对西周政治体制的分析,对一些问题的论述尚未能深入探讨,如礼仪制度对西周政治的影响,西周王室的收入,西周的商业与王朝政府的收入问题等问题。另外,西周时期的家臣制度以及家臣制度与春秋战国时期的客卿制度之间的关系,本书则未作分析。以上这些问题,有些是因为资料所限不能深入探讨,更多的则是因为学识有限,这些不足,只有留待今后的努力。

附　表

附表一：西周时期周王的主要活动地点

一、周

年代	地点\宫名	事件	器物
恭王	王归自成周，应侯视工遗王于周\康		应侯视工钟
宣王	王在周\康剌宫		克钟
恭王	王在周辛宫，在射庐		师汤父鼎
恭王	王在周般宫	册命	七年趞曹鼎
恭王	恭王在周新宫，王射于射庐	射礼	十五年趞曹鼎
宣王	王各于周庙，有于图室	册命	无吏鼎
宣王	王在周康邵宫	册命	趩（遇）鼎
厉王	王在周师录宫，旦，王各大室	册命	师晨鼎
宣王	王在周康宫犀大室	争讼	瓒攸比鼎
厉王	王在周康穆公，旦，王格大室	册命	寰鼎
宣王	王在周康宫遟宫，旦，王格大师	册命	此鼎
宣王	王在周，格图室	册命	善夫山鼎
恭王	王在周驹宫	交换	九年卫鼎
懿王	王在周穆王大室	册命	曶鼎
穆王	唯王初汝□，遹自商次复还至于周	繢醴	穆公簋盖
懿王\恭王	王在周客新宫	王诞正师氏	师虘簋盖

239

续表

年代	地点\宫名	事件	器物
懿孝	王在周，昧丧，王各于大庙	册命	免簋
恭王	王在周各大室	册命	走簋
孝夷时期	王在周师量宫，旦，王各大室即位	册命	大师虘簋
穆王	王在周各大室	册命	二十七年卫鼎
恭懿	王在周康宫，各大室	册命	申簋盖
恭懿	王在周康宫新宫	册命	望簋
厉王	王在周，各康庙	册命	元年师兑簋
厉王	在周师录，旦，王各大室	册命	师俞簋盖
恭王	王在周师司马宫，各大室即立	册命	师簋盖
厉王	王在周师录宫，旦，王各大室	册命	谏簋
恭王	王在周康宫，各大室	册命	辅师簋
厉王	王在周康宫，旦，王各穆大室	册命	伊簋
夷厉	王在周康宫，旦，各大室	册命	扬簋
厉王	王在周邵宫	册命	鄂簋盖
宣王	王在周康宫屖宫，旦，王各大室	册命	此簋
	王在周康宫，旦，王各大室	册命	师簋
夷王	王在周各大庙	册命	三年师兑簋
厉王	王在周各于大室	册命	师䣄（釐）簋
孝王	王在周，在师汈父宫	册命	牧簋
厉王	王在周师录宫	册命	瘌（兴）盨
宣王	王在周康穆宫	赏赐	善夫克盨
懿孝	王在周	册命	免簋
康王	王初睿旁，唯还在周，辰在庚申，王饮西宫		高卣
穆王	王格于周庙	册命	盠方尊
孝王	王在周各大室	册命	趞鼎
穆王	王在周康寝	飨醴	师遽方彝
懿王	王在周成大室	册命	吴方彝盖

续表

年代	地点\宫名	事件	器物
懿孝	王在周	赏赐	免盘
恭王	王在周康宫	册命	走马休盘
厉王	王在周康穆宫	册命	寰(袁)盘
穆王	王在周各大室	册命	頛簋
宣王	王在周康宫夷宫	册命、赏赐土地	吴虎鼎
恭懿	王在周新宫	册命	殷簋
夷王	王在周师录宫	册命	宰兽簋
穆王	王在周新宫	册命	虎簋盖
中期	王在周执驹于滆廩	执驹礼	达盨盖
恭王	王在周新宫,王各大室	册命	士山盘
宣王	王在周康穆宫	册命	四十二年逑鼎
宣王	王在周康宫穆宫,旦,王各周庙	册命	四十三年逑鼎
晚期	王在周	蔑历	敔簋
昭穆	王在周		守宫盘
康王	王格周庙	献俘	小盂鼎
厉王	王在周康邵宫,旦,王各大室。官司成周贾	册命	颂鼎
成王	惟周公于征伐东夷、丰伯、博古,咸杀,公归禀于周庙。戊辰,饮秦饮,公赏盟贝百朋。	征伐	盟鼎
昭王	惟王既燎,厥伐东夷,在十又一月,公反自周,己卯,公在虑,保员丽辟,公赐保员金车,曰:用事。地(施)于宝簋,用卿(飨)公逆覆(复)事。		保员簋
宣王	唯三十又一年三月初吉,壬辰,王在周康宫犀大室。		瓒攸比鼎
昭王	惟八月辰在庚申,王大射在周。		柞伯簋

续表

年代	地点\宫名	事件	器物
成王	乙卯,王令保及殷东国五侯,延兄六品,蔑曆于保,赐宾贝,用作文父癸宗宝尊彝,遘于四方王大祀祓于周,在二月既望。		保卣
昭王	唯八月,辰在甲申,王令周公子明保尹三事四方,受卿事寮。丁亥,令矢告于周公宫。公令同卿事寮。唯十月月吉癸未,明公朝至于成周。		矢令方彝
穆王	唯八月初吉,王格于周庙,穆公又盉,立于中廷,北向。		盉方彝

二、宗周

年代	地点\宫名	事件	器物
厉王	王在宗周	令史颂償苏澜,友里君百姓,帅堣盩于成周	史颂鼎
厉王	王在宗周	王令微孌摄司九陂	微孌鼎
厉王	王在宗周	王令善夫克舍令于成周遹征八师之年	小克鼎
穆王	王在宗周,王各大师宫	册命	善鼎
厉王	王在宗周,旦,王格穆庙	册命	大克鼎
康王	王在宗周	册命	大盂鼎
	王祷于宗周		叔簋
	王在宗周	册命	趞簋
	王在宗周各于大庙	册命	同簋
穆王	在宗周	征伐	班簋
昭王	王大禴于宗周,衚篙芳京年		士上卣
昭王	侯见于宗周,无敌。造王簋芳京汜		麦方彝、方尊

续表

年代	地点\宫名	事件	器物
厉王	正月既生霸戊午，王步自宗周。二月既望癸卯，王入各成周……惟反归在成周，公族整师	征伐、册命	晋侯苏编钟
昭王	王在宗周，令师中眔静省南国，相埶廙。八月初吉庚午，至告于成周，月既望丁丑。王在成周大室令静曰……	征伐、赏赐	静方鼎
康王	成王大祷在宗周	祷祭	献侯鼎
昭王	唯公大史见服于宗周年…公大史在丰		作册魑卣
厉王	王对作宗周宝钟		㝬钟（宗周钟）
康王	匽侯初见事于宗周		匽侯旨鼎
成王	匽侯令堇饴太保于宗周		堇鼎
	在宗周，楷仲赏厥□奚逐毛两、马匹		方鼎
	唯王伐来鱼，延伐□黑，至燎于宗周		庸伯取簋
	唯公原于宗周，陆从公□□		公原簋
	公仲在宗周，赐琴贝五朋		琴器
恭王	隹（惟）正月初吉丁丑昧爽（爽），王才（在）宗周，各（格）大室。	册命	羚簋

三、成周

年代	地点\宫名	事件	器物
恭王	王归自成周，应侯视工遗王于周\康		应侯视工钟
西周早期	王在成周		小臣夌鼎
厉王	王在周康邵宫，旦，王各大室。宰司成周贾	册命	颂鼎
西周中期	王在成周	土地交换	格伯簋
厉王	王在成周	征伐	敔簋

续表

年代	地点\宫名	事件	器物
成王	唯王初迁宅于成周，复禀武王豊癨自天		何尊
厉王	王在成周司土虎宫	册命	十三年瘨（兴）壶
	王各于成周	册命	䍙壶盖
厉王	正月既生霸戊午，王步自宗周。二月既望癸卯，王入各成周……惟反归在成周，公族整师	征伐、册命	晋侯苏编钟
昭王	王在宗周，令师中眔静省南国，相埶廩。八月初吉庚午，至告于成周，月既望丁丑。王在成周大室令静曰……	征伐、赏赐	静方鼎
	王在成周司土虎宫	赏赐	鲜钟
	王在成周，诞武禀自	祼祭	德方鼎
	王来各于成周		厚趠方鼎
—	王在成周		伯冤父盨
宣王（彭）	王在成周		叔专父盨
穆王	王在成周		丰卣
昭王	明公朝至于成周		令方尊
成王	王在新邑，初饒		鸣士卿尊
	王祷于成周		圉鼎
	王初□于成周		司鼎
	密伯于成周休赐小臣金		小臣易鼎
	尹令史兽立工于成周		史兽鼎
厉王	王在宗周，令史颂省苏𤔲，友里君百姓，帅堣盩于成周		史颂鼎
厉王	王在宗周，王令善夫克舍令于成周，遹征八师之年		小克鼎

续表

年代	地点\宫名	事件	器物
厉王	颂,令汝官司成周贾二十家		颂鼎
昭王	鸿叔从王、员征楚荆,在成周,作宝簋		堆叔簋
昭王	王在芳京,令师田父殷成周年		小臣传簋
厉王	命汝司成周里人		麯簋
恭王	成周走亚		询簋
厉王	令汝官司成周贾		颂簋
厉王	虢仲以王南征,伐南淮夷,在成周		虢仲盨
昭王	唯明保殷成周年		作册申卣
穆王	汝以成周师氏戍于古次		录㲉卣
昭王	王大禴于宗周,祂簷芳京年,王令士上罙史黄殷成周		士上卣
穆王	伯迟父以成师即东,命伐南淮夷		竞卣
成王	王后屖克商,在成师		小臣单觯
周早	王初祷于成周,王令孟宁邓伯		孟爵
周中	作冢司徒于成周八师		曶壶盖
宣王	王令甲正司成周四方责		兮甲盘
成王	佳(惟)十又四月,王彤、大衶、萊,在成周。咸萊,王乎(呼)殷厥士		叔矢方鼎

四、芳京

年代	地点\宫名	事件	器物
	王在芳京□□	赏赐	寓鼎
	王在芳京	殷同	小臣传簋
	王在芳,各于大室	册命	弭叔师㝨簋
	王在芳京	射礼	静簋
	王在芳	争讼	召伯虎簋

续表

年代	地点\宫名	事件	器物
	王初莤旁,唯还在周,辰在庚申,王饮西宫		高卣
	侯见于宗周,无敄。迨王彰芳京彰沜		麦方彝、方尊
	王在芳京溼宫	赏赐	史懋壶
	王在芳上宫	争讼	儠匜
	王莤芳京	祷祭	伯唐父鼎
	王在芳京	禘于昭王	鲜簋
	王在芳京	打渔	井鼎
	王在芳京	赏赐	益帚方鼎
	王在芳京溼宫	赏赐	伯姜鼎
	穆王在芳京	飨醴	遹簋
	王在芳京	赏赐	静卣

五、丰

年代	地点\宫名	事件	器物
孝王	王在丰	赏赐	㽙鼎
	王禽旗于丰	交换	裘卫盉
	唯公大史见服于宗周年…公大史在丰		作册魃卣
	王在丰	六月丙寅,王在丰,命大保省南国,帅汉,殷南,命厉侯辟,用蛛走百人。	大保玉戈

246

六、厈

年代	地点＼宫名	事件	器物
	王在厈		作册析尊
	王卒执驹于厈		盠驹尊
	王在厈	赐采	遣卣
	王在厈		作册䙅卣
	在厈		作册䙅

七、奠

年代	地点＼宫名	事件	器物
	王在奠	册命	免卣、免尊
	王在奠	飨醴	三年㲋壶
	王在奠	赏赐	大簋

八、其他

年代	地点＼宫名	事件	器物
	王□于师秦宫，王各于享庙		师秦鼎
	王在寒次	王令大史贶䆉土	中方鼎
	王在康宫	册命	康鼎
	王至于康宫	王大耤农于諆田	令鼎
	王客于般宫	册命	利鼎
	王在康庙	册命	南宫柳鼎
	王在蠱辰宫	王飨醴	大鼎
	王各于大室	册命	师𡖊父鼎
	王在寝	赏赐	寝秋簋
	王在康宫大室		君夫簋盖
	王各于大室	册命	师毛父簋

续表

年代	地点\宫名	事件	器物
	王各于大室	册命	邵夗簋
	王在华宫	册命	何簋
	王在师司马宫大室	册命	殁簋盖
	王各于康宫	册命	楚簋
	王在康宫，各大室	册命	即簋
	王各于大室	册命	訇簋
	王各于大室	册命	弭伯师耤簋
	王在犀宫	册命	害簋
	王格于大室	册命	王臣簋
	王各于师戏大室	册命	豆闭簋
	王在淢廙。甲寅，王格庙	册命	元年师旋簋
	王在吴，各吴大庙	册命	师西簋
	王在蘁辰宫	赏赐	大簋盖
	王于伐楚伯，在炎	赏赐	作册夨令簋
	王在杜廙，各于大室	册命	师虎簋
	王在射日宫	册命	匋簋
	王在淢廙。旦，王各庙	册命	蔡簋
	王在永师田宫	田地	卌比盨
	穆王在下淢廙	飨醴	长囟盉
	王在姑	赏赐	禹簋
	王各于师角父宫	册命	狱盉
	王在上侯廙	祷祼	不栺方鼎
	王如上侯		师俞鼎
	王在衣	禘祭	剌鼎
	王在侯□		邓公簋
	王在大宫	赏赐	不寿簋
	王在华	赏赐	命簋

续表

年代	地点\宫名	事件	器物
	王在管次	赏赐	利簋
	王来兽自豆录,在㽙	飨酒	宰甫卣
	懿王在射庐		匡卣
	在成师		小臣单尊
	王在鲁,合即邦君、诸侯、正、有司大射	射礼	义盉盖

附表二：西周官员铜器出土地考察

一、周原地区（陕西凤翔、扶风、岐山、武功等地）

器铭	周王活动地点	出土地	资料出处
克钟	周康剌宫	扶风法门寺任村窖藏	204①
小克鼎	宗周	扶风法门寺任村窖藏	2796
大克鼎	宗周、穆庙	扶风法门寺任村窖藏	2836
善夫克盨	周康穆宫	扶风法门寺任村窖藏	4465
㽙方鼎	周庙（周公）	传凤翔出土	2739
此鼎	周康宫遲宫	岐山董家村	2821
善夫山鼎	周,图室	扶风、岐山	2825
九年卫鼎	周驹宫	岐山县董家村	2381
曶鼎	周穆王大室	传出自扶风	2838
毛公鼎		岐山	2841
癲簋		扶风庄白1号窖藏	4170-4177
梁其钟		扶风法门寺	187-192
公臣簋		岐山董家村1号窖藏	4184-4187
恒簋盖		扶风县强家村窖藏	4199、4200
师遽簋盖	周新宫	传岐山出土	4214
楚簋	康宫	武功县任村	4246-4249

---

① 不作说明的数字指《集成》的器物编号。

续表

器铭	周王活动地点	出土地	资料出处
即簋	康宫	扶风强家村窖藏	4250
瘨簋	大室	扶风	4255
27年卫簋	周、大室	岐山董家村1号窖藏	4256
师𤸫簋盖	周师司马宫	武功县北坡村	4283、4284
辅师簋	周康宫	长安县兆元村	4286
鄂簋盖	周邵宫	传出扶风	4296
仲大师小子休盘		扶风庄白二号窖藏	4397
瘨盨	周师录宫	扶风庄白一号窖藏	4462、4463
伯公父簋		扶风云塘村二号窖藏	4628
作册析尊	王在厈	扶风庄白一号窖藏	6002
裘卫盉	王禹旗于丰	岐山董家村一号窖藏	9456
13年瘨壶	成周司土淲宫	扶风庄白一号窖藏	9723、9724
3年瘨壶	郑	扶风庄白一号窖藏	9726
散氏盘		传出凤翔	10176
儠匜	荠上宫	岐山董家村窖藏	10285
善夫吉父盂		岐山县清化镇	10315
师汤父鼎		周原齐家东壕M1	考古，1999，4
师汤父鼎	周新宫		2780
师获鼎		岐山县京当乡	文物，1992，6
宰兽簋	周师录宫	扶风县段家乡	集录：490
此簋	周康宫夷宫	岐山董家村1号窖藏	4303

二、丰镐地区

器铭	周王活动地点	出土地	资料出处
孟簋		长安县张家坡	4162-4164
卫簋	康宫	长安县马王村窖藏	4209-4212
五年师㫐簋		长安县张家坡窖藏	4216-4218

续表

器铭	周王活动地点	出土地	资料出处
大师虘簋	周师量宫	传出西安	4251、4252
豆闭簋	师戏大室	传出西安	4276
元年师旋簋	王在减廙、格庙	长安县张家坡窖藏	4279-4282
长囟盉	穆王在下减廙	长安县普渡村墓葬	9455
师智父鼎		长安县沣西乡大原村M304	考古，1986，11
史惠鼎、簋		长安县沣西新旺村	文博，1985，3
伯唐父鼎		长安县张家坡M183	考古，1989，6
吴虎鼎	周康夷宫	长安县申店乡徐家寨	考古与文物，1998，3
大师小子夾簋		长安县丰镐遗址	考古与文物，1990，5
达盨	王在周执驹于啻廙	长安县张家坡井叔家族墓地M152	集录：506
义盉盖	王在鲁	长安沣西大原村M304	9453

二、陕西其他地区

器铭	周王活动地点	出土地	资料出处
应侯视工钟	周康宫	蓝田	107
微 鼎	宗周	商州	2790
南宫柳鼎	康庙	宝鸡虢镇	2805
大盂鼎	宗周	眉县礼邨	2837
小盂鼎	周庙	眉县	2839
逨叔师㝨簋	王在荅	蓝田县寺坡村	4253
逨伯师耤簋	大室	蓝田县刚川乡	4257
王臣簋	大室	澄城县	4268
盠驹尊	王执驹于斥	眉县李家村窖藏	6011
盠方尊	周庙	眉县李家村窖藏	6013

续表

器铭	周王活动地点	出土地	资料出处
何尊	成周、京室	宝鸡贾村	6014
永盂		蓝田县湖滨镇	10332
𣪕	周、大室	传出宝鸡	《中国历史文物》2006,3
虢季子白盘	周庙	宝鸡虢川	10173
逨编钟		眉县杨家村窖藏	文博,1987,2
逨鼎（42、43）	周康穆宫	眉县杨家村窖藏	文物,2003,6
仲枏父𣪕（师汤父有司）		永寿县	4154、4155
殷𣪕	周新宫	耀县	考古与文物,1986,4
史密𣪕		安康	集录：489
虎𣪕盖	周新宫	丹凤县	集录：491
询𣪕	王在射日宫	蓝田线寺坡村	4321

三、洛阳地区

器铭	周王活动地点	出土地	资料出处
御史競𣪕		洛阳市邙山墓葬	4134、4135
作册夨令𣪕	王伐于楚伯，在炎	洛阳邙山马坡	4300、4301
作册申卣		传出洛阳马坡	5400
士上卣		洛阳马坡	5421、5422
作册𩵦卣		洛阳附近	5432
鸣士卿𣪕	王在新邑	洛阳	5985
夨令方彝、尊		洛阳马坡	9901
召伯虎盨		洛阳东郊墓葬	集录：497
史酓敖尊		洛阳市北窑村墓葬	集录：634

四、其他

器铭	周王活动地点	出土地	资料出处
令鼎	宗周	山西芮城	2803
师道簋	王在康宫	内蒙古	李朝远：《师道簋铭文考释》，上海博物馆编《草原瑰宝：内蒙古文物考古精华》，16页，上海书画出版社，2000年。

附表三：含右者的册命金文的年代

王世	地点	佑者		被右者		册命史官		铜器
		职官	人名	人名	职官	书史	命史	
穆27	在周		南伯	裘卫	裘		内史	27年卫簋
穆30	周新宫		密叔	虎	更乃祖考夨师戏司走马驭人眔五邑走马驭人		内史	虎簋盖
穆24	在周	司工	遹	观	更乃祖服，作冢司马，汝乃諫讯有粦，取徽十寽。		作册尹	观簋
恭王	在周		荣伯	应侯视工				应侯视工钟
恭7	在周		井伯	趞曹				趞曹鼎
恭王		司马	井伯	师至父	用司乃父官友		内史驹	师至父鼎
恭王	康宫		荣伯	卫				卫簋
恭12	在周	司马	井伯	走	摄乃益		作册尹	走簋
恭王	在周		定伯	即	司琱宫人麎、虘，用事			即簋
恭王			荣伯	师糚			内史尹	师糚簋
恭王			井伯	豆闭	用篡乃祖考事，司俞邦君，司马、弓、矢。		内史	豆闭簋

续表

王世	地点	佑者		被右者		册命史官		铜器
		职官	人名	人名	职官	书史	命史	
恭王	在周	司马	井伯	师瘨	令汝官司邑人、师氏		内史吴	师瘨簋盖
恭王1	在吴	公族	□釐	师酉	司乃祖嫡官邑人，虎臣，西门夷、𦀚夷、秦夷、京夷、弁人夷		史墙	师酉簋
恭17	在射日宫		益公	询	嫡官司邑人，先虎臣后庸，西门夷，秦夷，京夷，𦀚夷，师笭，侧新，□华夷，弁豸夷，厩人，成周走亚，戍秦（？）人，降人，服夷。			询簋
恭20	周康宫		益公	走马休			作册尹	走马休盘
懿王	在芳		井叔	师察	用楚弻伯			师察簋
懿1	杜𪊨		井伯	师虎	更乃祖考嫡官司左右戱荆		内史吴	师虎簋
懿	周庙		穆公	盠	用司六师、叄有司司土、司马、司工。摄司六师𦎧八师埶。			盠方尊
懿王	周成大室	宰	朏	作册吴	司旆𦎧叔金		史戊	吴方彝
懿王	康宫		益公	师道			尹	师道簋
孝2			益公	王臣			内史𠭰	王臣簋
孝5	周师录宫	司马	共	谏	先王即命汝，摄司王宥…，今余或申命汝。		内史𠭰	谏簋
孝7	周师汙宫	公族	组	牧	昔先王既令汝作司士，今余唯或叚改，令汝辟百寮。		内史吴	牧簋

续表

王世	地点	佑者 职官	佑者 人名	被右者 人名	被右者 职官	册命史官 书史	册命史官 命史	铜器
孝4	周师录宫	司马	共	瘨			史敖	兴盨
孝2	在周		井叔	趩	更厥祖考服		内史	趩尊
孝13	在成周司土虣宫		遲父	瘨			作册尹	十三年瘨壶
孝6	周师录宫	司土	荣伯	宰兽	摄司康宫王家臣妾夏庸		内史尹中	宰兽簋
夷1	减廙		遲公	师旋	備于大左，官司丰還左右师氏。		作册尹克	元年师旋簋
夷1			荣	师询	余唯申就乃命，命汝更雝我邦小大猷，邦佑㵸辥。			师询簋
厉3		中大师		柞	司五邑甸人事			柞钟
厉	康庙		武公	南宫柳	司六师牧阳大友、司析夷佃史。		作册尹	南宫柳鼎
厉3	成周康邵宫	宰	引	颂	令汝官司成周贾二十家，监司新廥贾，用宫御。	尹氏	史虢生	颂鼎
厉	穆庙		申季	善夫克	昔余既令汝出入朕命，今余唯申就乃命。		尹氏	大克鼎
厉1	在周康庙		同中	师兑	疋师龢父司左右走马、五邑走马。		内史尹	元年师兑簋
厉27	周康宫		申季	伊	摄官司康宫王臣妾百工		命尹封	伊簋
厉2	周邵宫		毛伯	祝鄂	昔先王既命汝作邑摄五邑祝，今余唯申就乃命。		内史	鄂簋盖

255

续表

王世	地点	佑者		被右者		册命史官		铜器
		职官	人名	人名	职官	书史	命史	
厉28	周康穆宫	宰	覩	寰		史带	史减	寰盘
厉11	在周	宰	琱生	师嫠	在先王小学,汝敏可使,既令汝更乃祖考司,今余唯申就乃命,命汝司乃祖旧官小辅、鼓、钟,		尹氏	师嫠簋
宣	周庙	司徒	南仲	无惠	官司穆王遗(?)侧虎臣。		史翏	无惠鼎
宣19	周康邵宫	宰	讯	遇		史留	内史□	趞(遇)鼎
宣17	周康宫夷宫	司土	毛叔	此	旅邑人善夫		史翏	此鼎
宣37	在周		南宫乎	善夫山	令汝官司饮献人于,用作宪司贾。		史祷	善夫山鼎
厉33①	成周	司工	扬父	晋侯苏				晋侯苏钟
宣18	周康宫夷宫		伯道	吴虎		善夫丰生、司工雍毅		吴虎鼎
			伯俗父	黄季	用左右俗父司寇(?)			黄季鼎
懿孝	康宫		荣伯	康	死司王家			康鼎
	般宫		井伯	利		作命内史		利鼎
	周师录宫	司马	共	师晨	疋师俗司邑人唯小臣、善夫、守友、官犬眔奠人善夫官守友		作册尹	师晨鼎
			井伯	师毛父			内史	师毛父鼎

① 《夏商周断代工程:1996—2000年阶段成果报告》,22—23页,世界图书出版公司,2000年。

续表

王世	地点	佑者		被右者		册命史官		铜器
		职官	人名	人名	职官	书史	命史	
			康公	邰夗	嗣乃祖考作司土。			邰夗簋
厉	华宫		虢仲	何				何簋
	在周		井叔	免	疋周师司斵		作册尹	免簋
	周司马宫		井伯	𣪘	用大备于五邑守(?)埸		内史尹	𣪘簋盖
	康宫		中佣父	楚	司芳畕，官内师舟。		内史尹	楚簋
			穆公	㦰	令汝作司土，官司耤田			㦰簋
厉王	犀宫	宰	犀父	害	用篹乃祖考事。官司夷仆小射、底鱼。			害簋
	宗周		密叔	趞	命汝作𢆶次冢司马。嫡官仆射士，讯小大又隣，取徵五寽		内史	趞簋
	周康宫		益公		更乃祖考疋大祝官司丰人罙九戏祝		尹	申簋盖
恭懿	宗周		荣伯		差（左）右吴大父司场、林、虞、牧。自淲东至于河，厥逆至于玄水，世孙孙子子差右（左）吴大父，毋有闲，			同簋
恭王	周康宫新宫	宰	佣父	望	死司毕王家		史年	望簋
	周师录宫	司马	共	师俞	摄司保氏		作册内史	师俞簋盖
	周康宫		荣伯	辅师嫠	更乃祖考司辅我，		作册尹	辅师簋
	周康宫	司徒	单伯	扬	作司工，官司量田甸罙廩罙司刍罙司寇罙司工司		内史史斁	扬簋

续表

王世	地点	佑者		被右者		册命史官		铜器
		职官	人名	人名	职官	书史	命史	
	周康宫	司工	㵲伯	师颖	令汝作司士，官司淓啚。		内史遗	师颖簋①
	在周		醒伯	师兑	余既令汝疋师龢父司左右走马，今余唯申就乃命命汝摄司走马，		内史尹	三年师兑簋
厉②	成周		武公	敔			尹氏	敔簋
厉1	減廩	宰	曶	蔡	昔先王既令汝作宰，司王家。今余唯申就乃命，命汝眔叠摄疋各比司王家外内，毋敢又不闻，司百工，出入姜氏命，厥又见又即命，厥非先告蔡，毋敢疾又入告，汝毋弗善效姜氏人，勿事敢又疾止从狱。		史敎	蔡簋
	在奠		井叔	免	作司工		史懋	免簋
	成宫		井公	曶	更乃祖考作冢司土于成周八师		尹氏	曶壶盖
			備仲	呂服余	令汝更乃祖考事，疋備仲司六师服			呂服余盘
恭懿	周新宫	士	戎	殷	命汝更乃祖考友，司东鄙五邑		内史言	殷簋
宣42	周康穆宫	司工	散	吴逨	余肇建长父侯丁杨，余令汝奠长父。	尹氏	史減	42年逨鼎乙
宣43	周康穆宫	司马	寿	吴逨	昔余既命汝胥荣兑摄司四方吴林，用宫御。今余唯经乃先祖考有爵于周邦，申就乃命命汝官司历人。	史減	尹氏	43年逨鼎辛

① 商承祚疑此铭为伪作，见《集成》8·4312该器说明。
② 彭裕商《综合研究》。

续表

王世	地点	佑者		被右者		册命史官		铜器
		职官	人名	人名	职官	书史	命史	
宣王				逑	余唯经厥乃先祖考申就乃命命汝胥荣兑摄司四方吴林，用宫御。			逑盘

*注：各器物年代的推定，不作说明者主要根据王世民等先生著《西周青铜器分期断代研究》。

附表四：右者官职一览表

官职	右者	器物
司工	㵣伯	师虎（颖）簋
	遥	亲簋
	散	四十二年逑鼎乙
	扬父	晋侯苏编钟
司马	井伯	师全父鼎、走簋、师毛簋
	共	师晨鼎、师俞簋盖、谏簋、癫盨
	寿	四十三年逑鼎辛
司徒	毛叔	此鼎
	荣伯	宰兽簋
	南宫乎	善夫山鼎、南宫乎钟
公族	□釐	师西簋
	组	牧簋
宰	胐	吴方彝盖
	觐	寰盘、寰鼎
	讯	趩鼎
	引	颂鼎
	犀父	害簋、十三年兴壶，元年师旋簋的右者"遟公"可能与此为同一人

续表

官职	右者	器物
宰	佣父	望簋，楚簋有右者"仲佣父，可能为同一人
	琱生	师毂簋
	曶	蔡簋
中大师		柞钟
士	戍	殷簋

附表五：师类职官铜器铭文时代表

	彭裕商	李学勤	王世民
宵鼎	昭－穆		
令鼎	昭（？）		
旅（从车）鼎	昭		
小臣传簋	昭		
矢令方彝	昭	昭（4）	
静方鼎	昭	昭（4）	
殺（冬）簋	穆	穆（3）	
录殺卣	穆	穆（3）	
遹甗	穆		
簌鼎	穆		
师旂鼎	穆		
师眉簋	穆晚或共王		
稆（丮）卣	穆		
臤尊	穆		
师毛鼎	共	共（3）	
师遽方彝	共	穆（5）	
盠驹尊	懿	穆－（5）	

续表

	彭裕商	李学勤	王世民
师遽簋盖	孝－夷	穆晚－懿（5）	懿王前后
善鼎	夷		
大师虘簋	夷		孝王前后
永盂	夷	恭12（1）	共懿时期
师㝬父鼎	夷	穆（1）	
师晨鼎	夷	厉3（1）	
师毛父簋	夷－厉	穆（1）	共懿时期
豆闭簋	夷末	穆（1）	
师俞簋盖	夷	厉3（1）	
谏簋	夷	厉5（1）	孝王前后
四年瘭盨	夷	厉（1）	孝王前后
虎簋盖	夷	穆（1）	
偁匜	厉早或夷晚		
师望鼎	厉	懿（3）	
师㪔簋	厉		夷王前后
师瘨簋盖	厉	共（1）	
散氏盘	厉		
师同鼎	厉	夷王？（6）	
师汤父鼎	厉		
弭叔师㝬簋	厉		
弭伯师耤簋	厉		
师虎簋	厉	懿0（1）	懿王前后
辅师嫠簋	厉	共或略早	
询簋	厉	共17（1）	
牧簋	厉	懿7（1）	
三年瘭壶	厉	厉（1）	
宰兽簋	厉	夷6（1）	孝王前后

续表

	彭裕商	李学勤	王世民
师道簋	厉		
伯克壶	宣		厉王前后
伯公父	宣		
柞钟	宣		厉王前后
毛公鼎	宣	宣（1）	
朢盨	宣		
仲枏父鬲	宣		
大克鼎	宣	宣（1）	
元年师兑簋	宣	厉0（1）	厉王前后
三年师兑簋	宣	夷3（1）	厉王前后
师𬭚簋	宣（?）	师询后裔（1）	
师𩝹簋	宣		夷厉前后
师寰簋	宣/幽		
师𡪄簋	宣	厉11（1）	厉王前后
师询簋	宣	共0（1）	
瓒比盨	宣		
师克盨	宣		

李学勤：（1）《西周青铜器研究的坚实基础》，《文物》2000年第5期。

（2）《论录（从见）簋的年代》，《中国历史文物》，2006年第3期。

（3）《西周中期青铜器分期的重要标尺》。

（4）《静方鼎与周昭王历日》，《西周诸王年代研究》，351页。

（5）《穆公簋盖在青铜器分期上的意义》，《新出青铜器研究》。

（6）《师同鼎试探》，《新出青铜器研究》。

王世民、陈公柔、张长寿《关于夏商周断代工程中的西周青铜器分期断代研究》，《文物》1999年第6期。

各王世的师官

昭王时期：

1. 师田父

2. 师中

3. 师旅

穆王时期：

1. 师雍父

2. 师𫸩（穆——共）

3. 师遽（穆王晚年——懿）

4. 师戏（穆——共）

5. 师虎（穆——懿）

共王时期：

1. 师俗（共——厉？）

2. 师永（共——懿）

3. 师𡎴父（共——懿）

4. 豆闭（共——懿）

5. 师瘨（共——懿）

6. 辅师䂮（共王前后）

7. 师道（共——懿孝）

8. 师西（共王）

9. 师汤父

10. 师华父（共王）

懿孝夷时期：

1. 师望（懿孝）

2. 即（孝夷）

3. 大师虘（孝王）

4. 师晨（孝王）

5. 师毛父（懿）

6. 师俞（孝王）

7. 师旋（夷王）

8. 师寿（孝王）

9. 师兑（夷——厉）

10. 师𩛥父（夷——厉）

11. 师询（夷王）

12. 师𤽄（夷厉）

厉王时期：

1. 师丞（厉王）
2. 师同（厉王前期）
3. 弭叔师求、弭伯师耤（厉王）
4. 师𩰬（厉王前后）
5. 伯大师（伯克）（厉王前后）
6. 中大师（柞钟）（厉王前后）
7. 师袁（厉王前后）
9. 师克（厉王）

宣王时期：

1. 伯大师（伯公父）（宣王）

附表六：西周册命金文史官整理表

器物	史官		时代	出处
	受书	册命		
师西簋		史𪭢	恭王	4288－4291
望簋		史年	恭懿	4272
吴方彝盖		史戊	懿王前后	9898
免卣		史懋	懿孝	5418
蔡簋		史㪤	厉王	4340
㝬盨		史㪤	厉王	4462、4463
无叀鼎		史翏	宣王	2814
此鼎		史翏	宣王	2821
寰鼎	史带	史𬭚	宣王	2819
四十二年逑鼎	尹氏	史𬭚	宣王	文物.2003.6
四十三年逑鼎	史𬭚	尹氏	宣王	
善夫山鼎		史祷	宣王	2825
颂鼎	尹氏	史虢生	宣王	2827
大克鼎		尹氏	宣王	2836

续表

器物	史官 受书	史官 册命	时代	出处
楚簋		内史尹氏	恭王	4246-4249
弭伯师耤簋		内史尹氏	恭王左右	4257
殺簋盖		内史尹	恭懿时期	4243
宰兽簋		内史尹中	西周中期晚段	文物.1998.8
元年师兑簋		内史尹	厉王左右	4274、4275
三年师兑簋		内史尹	厉王左右	4318、4319
虎簋盖		内史	穆王	考与文.97.3
师至父鼎		内史驹	恭王左右	2813
师毛父簋		内史	恭王左右	4196
豆闭簋		内史	恭王左右	4276
殷簋		内史言	恭王左右	集录487
师瘨簋盖		内史吴	恭王	4283、4284
二十七年卫鼎		内史	恭王	4256
井侯簋		内史	恭懿时期	4241
师虎簋		内史吴	懿王	4316
免盘		作册内史	懿孝时期	10161
趩鼎		内史	孝王前后	6516
牧簋		内史吴	孝夷前后	4343
趞簋		内史	西周中期	4266
利鼎		作命内史	西周晚期前段	2804
扬簋		内史史敖	西周中期晚段	4294
王臣簋		内史敖	夷王左右	4268
谏簋		内史敖	厉王	4285
师俞簋盖		作册内史	厉王	4277
鄂簋盖		内史	宣王	4296
趙鼎	史留	内史□	宣王	2815

续表

器物	史官		时代	出处
	受书	册命		
親簋		作册尹	穆王	中国历史文物.2006.3
走马休盘		作册尹	恭王时期	10170
𦭞簋		作册尹	恭王	
士山盘		作册尹	恭王时期	中国历史文物.2002.1
走簋		作册尹	恭懿时期	4244
辅师簋		作册尹	懿王前后	4286
免簋		作册尹	懿孝时期	4240
元年师旋簋		作册尹克	夷王左右	4279-4282
南宫柳鼎		作册尹	厉王	2805
师晨鼎		作册尹	厉王	2817
十三年㝬壶		作册尹	厉王	9723,9724
师道簋①		尹	懿王	
盠方尊		命尹	穆王	6013
伊簋		命尹封	宣王	4287

附表七：西周职官姓氏表

一、姬姓

器物	职官	氏名	器物时代	出处
井侯簋		荣	康王	
大盂鼎		荣	康王	2837
小盂鼎		荣	康王	

---

① 李朝远：《师道簋铭文考释》，上海博物馆编《草原瑰宝：内蒙古文物考古精华》，16页，上海书画出版社，2000年。

续表

器物	职官	氏名	器物时代	出处
荣簋		荣	康王	
应侯视工钟	右者	荣伯	恭王	
卫簋	右者	荣伯	恭王	
弭伯师耤簋	右者	荣伯	恭王	
同簋	右者	荣伯	恭懿	
康鼎	右者	荣伯	懿孝	2786
辅师𨱑簋	右者	荣伯	西周中期	
宰兽簋	右者	荣伯	西周中期	集录490
敔簋		荣伯	厉王	
逨盘、43年逨鼎		荣兑	宣王	
班簋		虢城公	穆王	4341
师𩵦鼎	师	虢季	恭王	2830
师望	师	虢季	懿孝	
即簋		虢季	孝夷	
师丞钟	师	虢季	厉王	141
瘨鼎		虢叔	中期偏晚	2742
䤉攸比鼎		虢旅（虢叔旅）	厉王	2818
何簋	右者	虢仲	厉王	4202
虢仲盨		虢仲	厉王	
柞伯鼎①		虢仲	厉王	
大盂鼎		南公	康王	2837
二十七年卫鼎	右者	南伯	恭王	4256
无叀鼎	右者·司土	南仲	宣王	2814
驹父盨盖		南中邦父	宣王	②

---

① 朱凤瀚：《柞伯鼎与周公南征》，《中国历史文物》，2006年第5期。
② 吴大焱、罗英杰：《陕西武功县出土驹父盨盖》，《文物》1976年第5期。

续表

器物	职官	氏名	器物时代	出处
司马南叔匜	司马	南叔	西周晚期	10241
中觯、焂觥①		南宫	昭王	6514
南宫柳鼎		南宫柳	厉王	2805
善夫山鼎	右者·司土	南宫乎	宣王	2825
班簋		毛公	穆王	4341
孟簋		毛公	穆王	4162－4164
师汤父鼎	师汤父	毛叔	恭王	2780
鄂簋盖	右者	毛伯	宣王	4296
毛公鼎		毛公	宣王	2841
此鼎	右者·司土	毛叔	宣王	2821
親簋②	冢司马	親·井伯	穆王	
长囟盉		井伯	穆王	9455
七年趞曹鼎	右者	井伯	恭王	2783
师𡘇父鼎	右者·司马	井伯	恭王	2813
五祀卫鼎		井伯	恭王	2832
殳簋盖	右者	井伯	恭王	4243
走簋	右者·司马	井伯	恭王	4244
豆闭簋	右者	井伯	恭王	4276
师𤸫簋盖	右者·司马	親·井伯	恭王	4283、4284
师毛父簋	右者	井伯	西周中期	4196
师虎簋	右者	井伯	懿王	4316
利鼎	右者	井伯	西周晚期	2804
曶鼎		井叔	懿王	2838
弭叔师家簋	右者	井叔	懿王	4253
免簋	右者	井叔	懿孝时期	4240

① 孙庆伟：《从新出㲃簋看昭王南征与晋侯燮父》，《文物》2007年第1期。
② 《中国历史文物》，2006年第3期。

续表

器物	职官	氏名	器物时代	出处
康鼎		康·郑井	懿孝时期	2786
趩鼎	右者	井叔	孝王	6516
禹鼎		禹·井	厉王	2833
曶壶盖	右者	井公	西周晚期	9728
令鼎		祭仲	西周早期	2803
羚簋①		祭叔	恭王	
史䁗簋		毕公	西周早期	4030、4031
献簋		毕公	西周早期	4205
段簋		段·毕仲	西周早期	4208
趞簋	右者	密叔	西周中期	4266
盠驹尊		盠·单	昭王	6011
盠方彝		盠·单	穆王	6013
裘卫盉		单伯	恭王	9456
扬簋	司土·右者	单伯	中期晚段	4294
四十二年逑鼎		逑·单	宣王	《文物》2003，6
四十三年逑鼎		逑·单	宣王	
召伯虎簋		召伯虎·召	厉王	4292、4293
师𩰬簋	右者·宰	琱生·召	厉王	4324、4325
矢令方彝		周公	昭王	9901
羚簋②		丰仲	恭王	

---

① 朱凤瀚：《西周金文中的"取徽"与相关诸问题》陈昭容主编《古文字与古代史》第一辑。
② 朱凤瀚：《西周金文中的"取"与相关诸问题》。

二、非姬姓

（一）以日名为庙号者

器物	职官	庙号	器物时代	出处
中方鼎	师	父乙	昭王	2785
静方鼎	小臣	父丁	昭王	集录357
𢦏方鼎	师	文考乙公文妣日戊	穆王	2789
𢦏簋	师	文母日庚	穆王	4322
稻卣		文考日乙	穆王	5411
录卣		文考乙公	穆王	5419、5420
臤尊		父乙	穆王	6008
虎簋盖		文考日庚	穆王	集录491
狱簋①		文考甲公	穆王	
狱盉		文祖戊公	穆王	同上
师西鼎②	师	文考乙伯究姬	恭王	
师西簋	师	文考乙伯究姬	恭王	4288-4291
询簋	师	文祖乙伯同姬	恭王	4321
走马休盘		文考日丁	恭王	10170
师虎簋		朕剌考日庚	懿王	4316
师道簋③	师	文考辛公	懿王	
师询簋	师	烈祖乙伯同益姬	夷王	4342
大鼎		烈考己伯	厉王	2807
师晨鼎		文考辛公	厉王	2817
此鼎		皇考癸公	宣王	2821
史密簋	史	文考乙伯	西周晚期	集录489

---

① 吴镇烽：《狱器铭文考释》，《考古与文物》2006年第6期。
② 朱凤瀚《师西鼎与师西簋》，《中国历史文物》，2004年第1期。
③ 李朝远：《师道簋铭文考释》，上海博物馆编《草原瑰宝：内蒙古文物考古精华》，16页，上海书画出版社，2000年。

（二）其他

器物	职官	称谓	器物时代	出处
师趛鬲	师	文考圣公文母圣姬	西周中期	745
不娶簋盖		皇祖公伯孟姬	厉王	4329
趞鼎		皇考釐伯奠姬	宣王	2815
寏鼎	师	皇考奠伯奠姬	宣王	2819
伊簋		申季	宣王	4287

附表八：官职与职掌

器物	右者	人员	官职	职掌	命服	时代	出处
大盂鼎				召荣敬雝德经，敏朝夕入谏；召夹死司戎，敏谏罚讼	赐汝鬯一卣，冂（冕）、衣、市、舄，车马。赐厥祖南公旗	康王	2837
盠方尊	穆公	盠		用司六师，王行，叄有司：司土、司马、司工。王令盠曰：摄司六师眔八师埶。	赤市、幽黄，攸勒	穆王	6013
親簋	司工遽	親	冢司马	作冢司马，	赤市幽黄，金车，金勒，旂	穆王	
虎簋盖	密叔			疋师戏司走马駁人眔五邑走马駁人	戴市幽黄、玄衣㡀屯、䜌旂五日	穆王	集录491
师𦈢鼎		师𦈢	师		玄衮齵纯，赤市朱黄，銮旂，大师金雁，攸勒	恭王	2830
望簋	宰倗父	望		死司毕王家	赤雒市、銮	恭王	4272
七年趞曹鼎	井伯	趞曹			戴市冋黄、銮	恭王	2783

271

续表

器物	右者	人员	官职	职掌	命服	时代	出处
师瘨簋盖	司马井伯亲	师瘨	师	官司邑人师氏	金勒	恭王	4283
二十七年卫鼎	南伯	裘卫			载市朱黄鋚旂	恭王	4256
师酉簋	公族□釐	师酉	师	司乃祖嫡官邑人，虎臣，西门夷、㝬夷、秦夷、京夷、弁瓜夷	赤市朱黄中䌜，攸勒	恭王	4288
訇簋	益公	訇		嫡官司邑人，先虎臣后庸，西门夷，秦夷，京夷，㝬夷，师笭，侧新，□华夷，弁瓜夷，厫人，成周走亚，成秦（？）人，降人，服夷	玄衣黹纯载市冋黄，戈琱内厚柲彤沙，鋚旂，攸勒	恭王	4321
师毛父簋	井伯	师毛父	师		赤市		4196
殳簋盖	井伯	殳		五邑守	玄衣黹纯旂四日		4243
走簋	司马井伯	走		摄正益	赤市、朱黄、鋚旂		4244
豆闭簋	井伯	豆闭		司俞邦君司马、弓矢	戠衣䍐市鋚旂		4276
师至父鼎	司马井伯	师至父	师	司乃父官友	载市冋黄，玄衣黹纯，戈掉内，旂	西周中期	2813
黄季鼎	伯俗父	黄季		左右俗父司寇（？）	赤䍐市、玄衣、黹纯、鋚旂	西周中期	2781
康鼎	荣伯	康		死司王家	幽黄、攸勒	西周中期	2786
善鼎		善		左正㝬侯监燹师戍	乃祖旂	西周中期	2820

续表

器物	右者	人员	官职	职掌	命服	时代	出处
恒簋盖				更乔克司直啚	銮旗	西周中期	4199
即簋	定伯	即		司琱宫人虢、臅	赤市、朱黄、玄衣黹纯、銮旗	西周中期	4250
殷簋	士戍	殷		司东鄙五邑	市朱黄	西周中期	集录487
宰兽簋	司土荣伯	宰兽	宰	摄司康宫王家臣妾憂（附）庸	赤市幽黄般勒	西周中期	集录490
智簋		智		司奠囗（从马）马	载市、冋黄、鸾旂		①
士山盘		士山	士	于入荓侯，绐徵若、荆、方服眔大虘服、履服、六孳服。		恭王	②
羚簋	灌叔	羚		令邑於奠（郑），讯讼	䜌（鸾）	恭王	
申簋盖	益公	申		疋大祝官司丰人眔九戏祝	赤市紊黄銮旗		4267
王臣簋	益公	王臣			朱黄䓎亲，玄衣黹纯，銮旗五日，戈琱内厚柲彤沙		4268
载簋	穆公	载	司土	官司耤田	敔衣赤雐市，銮旗		4255
趩簋	密叔	趩		作嚘师冢司马，嫡官仆射士，讯小大又隣，取徵五寽	赤市幽亢、銮旗		4266
辅师簋	荣伯	师𠭯	师	更乃祖考司辅	我赐汝䎽市、索黄、銮旗。今余曾乃令，赐汝玄衣黹纯、赤市朱黄、戈彤沙琱内、旗五日，	西周中期	4286

---

① 张光裕：《新见智簋铭文对金文研究的意义》，《文物》2000年第6期。
② 朱凤瀚：《士山盘铭文初释》，《中国历史文物》，2002年第1期。

续表

器物	右者	人员	官职	职掌	命服	时代	出处
吕服余盘	備仲			疋備仲司六師服	赤市幽黄攸勒，旂		10169
走马休盘	益公	走马休	走马		玄衣黹纯赤市朱黄，戈琱内彤沙厚柲、銮旂		10170
师道簋①	益公	师道			銮朱黄，玄衣黹纯，戈画臧、缫柲、彤沙，旂五日，䜌		
曶鼎				更乃祖考司卜事	赤雔市	懿王	2838
师虎簋	井伯	师虎	师	更乃祖考嫡官司左右戲荆	赤舄	懿王	4316
扬簋	司徒单伯	扬	司工	官司量田甸眔司廥眔司苑眔司寇眔司工司	赤雔市、銮旂	西周中期晚段	4294
牧簋	公族組	牧	司士·辟百寮	昔先王既令汝作司士，今余唯或叚改，令汝辟百寮，	矩鬯一卣，金车：䖑较（较）、画轐、朱虢、䩅靳、虎冟熏里、旂、余马四匹	西周中期晚段	4343
吴方彝盖	宰朏	吴	作册	司胥眔叔金	矩鬯一卣，玄衮衣赤舄，金车：䖑䪓较（较），朱虢靳，虎冟熏里，䖑较（较）画轐，金甬，马四匹，攸勒。	西周中期晚段	9898
同簋	荣伯	同		差（左）右吴大父司场、林、虞、牧			4270

---

① 李朝远：《师道簋铭文考释》，上海博物馆编《草原瑰宝：内蒙古文物考古精华》，16页，上海书画出版社，2000年。

续表

器物	右者	人员	官职	职掌	命服	时代	出处
师𩵦簋	荣	师𩵦	师	命汝助雝我邦小大猷，邦佑濩辞。敬明乃心，率以乃友干吾王身，欲汝弗以乃辟圅于艰	矩鬯一卣，圭瓒，夷讯三百人	夷王	4342
柞钟	中大师	柞		司五邑甸人事	载朱黄䋣	厉王	133
微䜌鼎		微䜌		摄司九陂		西周晚期	2790
利鼎	井伯	利			赤㠯市、銮旂	西周晚期	2804
邰夗簋	康公	邰夗	司土	司土	戠衣赤㠯市	西周晚期	4197
齹簋		齹		司成周里人眔诸侯大亚，讯讼罚		西周晚期	4215
免簋	井叔	免		疋周师司䵼	赤㠯市	西周晚期	4240
免簠		免	司土	司奠还眔吴眔牧	戠衣，銮	西周中期晚段	4626
趩鼎	井叔	趩		更厥祖考服	戠衣，载市冋黄、旂	西周中期晚段	6516
十三年𤼄壶	遲父	𤼄			画靳、邪幅、赤舄	西周中期晚段	9723
𢑸伯师耤簋	荣伯	师耤	师		玄衣黹纯，叔市金皇，赤舄，戈琱内彤沙、攸勒，銮旂五日	西周晚期	4257

275

续表

器物	右者	人员	官职	职掌	命服	时代	出处
弭叔师家簋		师	师家	用楚弭伯	赤舄、攸勒	西周晚期	4253
曶壶盖	井公	曶	冢司土	冢司土于成周八师	矩鬯一卣，玄裘衣赤巿幽黄赤舄攸勒銮旗	西周晚期	9728
害簋	宰犀父	害		官司夷仆、小射、底鱼	秬朱黄玄衣赭纯旗攸勒，赐戈琱内彤沙	西周晚期	4258
元年师旋簋	遟公	师旋	师	備于大左，官司丰還左右师氏	赤巿、冋黄、丽般（鞶）	西周晚期	4279
师嫠簋	宰琱生	师嫠	师	司乃祖旧官小辅、鼓、钟	叔巿金黄、赤舄、攸勒	西周晚期	4324
楚簋	中俌父	楚	楚	司芳胄，官内师舟	赤雔巿、銮旗	西周晚期	4246
师颖簋	司工液伯	师颖	师·司土	令汝作司土，官司汸阓	赤巿朱黄銮旗攸勒	西周晚期	4312
蔡簋	宰曶	蔡	宰	命汝眔曶摄定各比司王家外内，毋敢又不闻，司百工，出入姜氏命，厥又见又即命，厥非先告蔡，毋敢疾又入告，汝毋弗善效姜氏人，勿事敢又疾止从狱。	玄衮衣赤舄	西周晚期	4340
师克盨		师克	师	更乃祖考摄司左右虎臣	矩鬯一卣，赤巿五黄，赤舄，邢幅。驹车：秬较（较），朱虢，囧靳，虎冟熏里，画轉，画轙，金甬，朱旗，马四匹，攸勒，索钺	西周晚期	4467
何簋	虢仲				赤巿朱黄銮旗	厉王	4202

续表

器物	右者	人员	官职	职掌	命服	时代	出处
师晨鼎	司马共	师晨	师	疋师俗司邑人唯小臣、善夫、守友、官犬眔奠人善夫官守友	赤舄	厉王	2817
师俞簋盖	司马共	师俞	师	摄司保人	赤市朱黄、旂	厉王	4277
谏簋	司马共	谏		摄司王宥	攸勒	厉王	4285
瘐盨	司马共	瘐			鞶鞈，虢市，攸勒	厉王	4462
南宫柳鼎	武公	南宫柳		司六师牧、阳（场）、大□、司羲夷阳（场）佃史（事）	赤市幽黄攸勒	厉王	2805
元年师兑簋	同中	师兑	师	疋师龢父司左右走马、五邑走马	乃祖市五黄、赤舄	厉王	4274
三年师兑簋	𤾽伯	师兑	师	摄司走马	矩鬯一卣，金车：桒较（较）、朱虢、画靳、虎冟熏里、右厄、画轉、画轎、金甬，马四匹，攸勒	厉王	4318
无叀鼎	司徒南中	无叀		官司穆王遒（？）侧虎臣	玄衣黹纯，戈琱内厚柲彤沙，攸勒，鋚旂。	宣王	2814
趞鼎	宰讯	趞			玄衣黹纯，赤市、朱黄、鋚旂、攸勒	宣王	2815
寰鼎	宰觏	寰			玄衣黹纯，赤市朱黄、鋚旂、攸勒，戈琱内，厚柲彤沙。	宣王	2819
此鼎	司土毛叔	此		旅邑人善夫	玄衣黹纯，赤市朱黄、鋚旂	宣王	2821
善夫山鼎	南宫乎	善夫山	善夫	官司饮献人于𤔲，用作宪司贾	玄衣黹纯，赤市朱黄鋚旂	宣王	2825

续表

器物	右者	人员	官职	职掌	命服	时代	出处
颂鼎	宰引	颂	史	官司成周贾二十家，监司新㝨贾	玄衣黹纯、赤市朱黄、鑾旗、攸勒	宣王	2827
大克鼎	申季	克	善夫	出入朕命	叔市参同苹恖	宣王	2836
伊簋	申季	伊		摄官司康宫王臣妾百工	赤市幽黄、鑾旗、攸勒	宣王	4287
鄂簋盖	毛伯	鄂		命汝作邑摄五邑祝	赤市同㠱黄、鑾旗	宣王	4296
毛公鼎		毛公				宣王	2841
㝬戒鼎		㝬戒		用政六师，用校于比，用狱讼	簟弼、句膺、虎裘、豹裘	西周晚期	集录347
逨盘		吴逨	虞	疋荣兑，摄司四方吴菅，用宫御。	赤市幽黄、攸勒	宣王	
四十三年逨鼎	司马寿	吴逨	虞	昔余既命汝疋荣兑，摄司四方吴菅，用宫御，今余惟巠乃先祖考有爵于周邦，申就乃命，命汝官司历人，毋敢妄宁，虔夙夕惠雍我邦小大猷。	汝鼒鬯一卣、玄衮衣、赤舄、驹车：桒较、朱虢、䇂靳、虎幂熏裹、画轉、金甬、马四匹、攸勒。	宣王	

参考文献

工具书：

《集成》——中国社会科学院考古研究所编：《殷周金文集成》（修订增补本），北京：中华书局，2007年4月。

《集录》——刘雨、卢岩：《近出殷周金文集录》，北京：中华书局，2002年9月。

《新收》——钟柏生、陈昭容、黄铭崇、袁国华：《新收殷周青铜器铭文暨器影汇编》，台北：艺文印书馆，2006年4月。

《分期断代》——王世民、陈公柔、张长寿：《西周青铜器分期断代研究》，北京：文物出版社，1999年11月。

《断代工程》——夏商周断代工程领导小组：《夏商周断代工程：1996–2000年阶段成果报告》，北京：世界图书出版公司，2000年10月。

中文图书：

B

《保利藏金》编辑委员会：《保利藏金——保利艺术博物馆精品选》，广州：岭南美术出版社，1999年9月。

保利艺术博物馆编著：《保利藏金（续）》，广州：岭南美术出版社，2001年12月。

白川静：《金文通释》，（日本）白鹤美术馆，1964年。

白川静著、袁林译：《西周史略》，西安：三秦出版社，1992年5月。

北京大学中国古文献研究中心编：《北京大学中国古文献研究中心集刊》（四），北京：北京大学出版社，2004年10月。

C

陈梦家：《西周铜器断代》，北京：中华书局，2004年4月。

陈奇猷：《吕氏春秋新校释》上海：上海古籍出版社，2002年4月。

陈槃：《春秋大事表列国爵姓及存灭表譔异》，台北：中研院史语所，1969年6月。

陈汉平：《西周册命制度研究》，上海：学林出版社，1986年12月。
陈公柔：《先秦两汉考古学论丛》，北京：文物出版社，2005年5月。
陈絜：《商周金文》，北京：文物出版社，2006年4月。
陈剑：《甲骨金文考释论集》，北京：线状书局，2007年4月。

F

方诗铭、王修龄：《古本竹书纪年辑证》（修订本），上海：上海古籍出版社，2005年10月。

G

广东炎黄文化研究会编：《容庚先生百年诞辰纪年文集》（古文字研究专号），广州：广东人民出版社，1998年4月。

顾颉刚、刘起釪：《尚书校释译论》，北京：中华书局，2005年4月。

部向平：《洛阳地区西周墓葬研究》，吉林大学硕士学位论文，2003，指导教师：王立新教授。

郭沫若：《两周金文辞大系图录考释》，北京：科学出版社，2002年10月。

郭沫若：《殷周青铜器铭文研究》，北京：科学出版社，2002年10月。

H

黄怀信、张懋镕、田旭东：《逸周书汇校集注》（修订本），上海：上海古籍出版社，2007年3月。

胡渭：《禹贡锥指》，上海：上海古籍出版社，1996年12月。

J

吉林大学古籍研究所编：《吉林大学古籍研究所建所十五周年纪念论文集》，长春：吉林大学出版社，1998年12月。

L

吕文郁：《周代的采邑制度》（增订版），北京：社会科学文献出版社，2006年3月。

李学勤：《新出青铜器研究》，北京：文物出版社，1990年6月。

李学勤：《缀古集》，上海：上海古籍出版社，1998年10月。

李学勤：《当代学者自选文库·李学勤卷》，合肥：安徽教育出版社，1999年5月。

李学勤：《夏商周年代学札记》，沈阳：辽宁大学出版社，1999年10月。

李学勤：《重写学术史》，石家庄：河北教育出版社，2002年1月。

李学勤：《李学勤文集》，上海：上海辞书出版社，2005年5月。

李学勤：《中国古代文明研究》，上海：华东师范大学出版社，2005年4月。

李学勤：《走出疑古时代》（修订本），沈阳：辽宁大学出版社，1997年12月。

李零：《李零自选集》，桂林：广西师范大学出版社，1998年2月。

李玄伯：《中国古代社会新研》，上海：开明书店，1949年3月。

李家浩：《著名中年语言学家自选集·李家浩卷》，合肥：安徽教育出版社，2002年12月。

李峰：《西周的政体：中国早期的官僚制度和国家》，吴敏娜等译，北京：三联书店，2010年8月。

林沄：《林沄学术文集》，北京：中国大百科全书出版社，1998年12月。

M

马承源主编：《商周青铜器铭文选》（三），北京：文物出版社，1988年4月。

马叙伦：《读金器刻辞》，北京：中华书局，1962年12月。

P

彭裕商：《西周青铜器年代综合研究》，成都：巴蜀书社，2003年2月。

Q

裘锡圭：《古代文史研究新探》，南京：江苏古籍出版社，1992年6月。

裘锡圭：《古文字论集》，北京：中华书局，1992年8月。

裘锡圭：《中国出土文献十讲》，上海：复旦大学出版社，2004年1月。

R

任伟：《西周封国考疑》，北京：社会科学文献出版社，2004年8月。

S

上海博物馆编：《晋侯墓地出土青铜器国际学术研讨会论文集》，上海：上海书画出版社，2002年7月。

孙诒让：《周礼正义》，北京：中华书局，1987年12月。

司马迁：《史记》，北京：中华书局．1982年11月。

四川联合大学历史系编：《徐中舒先生百年诞辰纪念文集》，成都：巴蜀书社，1998年10月。

S. N. 艾森斯塔得：《帝国的政治体系》，阎步克译，贵阳：贵州人民出版社，1992年2月。

沈长云：《上古史探研》，北京：中华书局，2002年12月。

T

台湾中研院史语所、台湾师范大学国文系编:《甲骨文发现一百周年学术研讨会论文集》,台北:文史哲出版社,1999 年 5 月。

唐兰:《西周青铜器铭文分代史征》,北京:中华书局,1986 年 12 月。

唐兰:《唐兰先生金文论集》,北京:紫禁城出版社,1995 年 10 月。

童书业:《春秋左传研究》,北京:中华书局,2006 年 8 月。

W

王国维:《观堂集林》,北京:中华书局,1959 年 6 月。

王世民、陈公柔、张长寿:《西周青铜器分期与断代研究》,北京:文物出版社,1999 年 11 月。

王健:《西周政治地理结构研究》,郑州:中州古籍出版社,2004 年 5 月。

吴宗国主编:《中国古代官僚政治制度研究》,北京:北京大学出版社,2004 年 11 月。

X

许倬云:《西周史》(增补本),北京:三联书店,2001 年 1 月。

夏商周断代工程领导小组:《夏商周断代工程:1996－2000 年阶段成果报告》,北京:世界图书出版公司,2000 年 10 月。

谢维扬:《中国早期国家》,杭州:浙江人民出版社,1995 年 12 月。

Y

阎步克:《士大夫政治演生史稿》,北京:北京大学出版社,1996 年 5 月。

阎步克:《乐师与史官——传统政治文化与政治制度论集》,北京:三联书店,2000 年 7 月

尹盛平主编:《西周微氏家族青铜器群研究》,北京:文物出版社,1992 年 6 月。

杨宽:《西周史》,上海:上海人民出版社,1999 年 11 月。

杨伯峻:《春秋左传注》(修订本),北京:中华书局,1990 年 5 月。

杨树达:《积微居金文说》(增订本),北京:中华书局,1997 年 12 月。

杨筠如:《尚书核诂》,西安:陕西人民出版社,2005 年 12 月。

严耕望:《严耕望史学论文选集》,北京:中华书局,2006 年 12 月。

Z

朱凤瀚:《古代中国青铜器》,天津:南开大学出版社,1995 年 6 月。

朱凤瀚:《商周家族形态研究》(增订本),天津:天津古籍出版社,2004 年 7 月。

马克垚:《中西封建社会比较研究》,上海:学林出版社,1997年12月。

周振鹤:《地方行政制度志》,上海:上海人民出版社,1998年10月。

周振鹤:《中国地方行政制度史》,上海:上海人民出版社,1998年10月。

周书灿:《西周王朝经营四土研究》,郑州:中州古籍出版社,2004年4月。

曾运乾:《尚书正读》,北京:中华书局,1964年5月。

张亚初、刘雨:《西周金文官制研究》,北京:中华书局,1986年5月。

张懋镕:《古文字与青铜器论集》,北京:科学出版社,2002年6月。

张永山主编:《胡厚宣先生纪年文集》,北京:科学出版社,1998年11月。

赵伯雄:《周代国家形态研究》,长沙:湖南教育出版社,1990年8月。

英文图书:

Edward L. Shaughnessy, Western Zhou History, The Cambridge History of Ancient China: From the Origins of Civilization to 221 B. C, Cambridge University Press, 1999.

Herrlee G. Creel. The Origins of Statecraft in China . Volume One . The Western Chou Empire. The University of Chicago Press. 1970.

Hsu, Cho‐yun and Katheryn Linduff, Western Chou Civilization, New Haven: Yale University Press, 1988.

S. E. Finer: The History of Government from the Earliest Times volume one Ancient Monarchies and Empires, 1997.

S. E. Finer: The Man on Horseback: The Role of Military in Politics. Westview Press; London, England, 1988.

后 记

本书是在本人的博士后出站报告的基础上修改完成的。

2005年从吉林大学博士毕业后,在导师吴振武先生的支持下,我来到了南开大学历史学博士后流动站从事为期两年的博士后科研工作,合作导师为朱凤瀚教授。朱先生是著名的历史学家,在先秦时期的历史学、考古学等研究领域均有很深的造诣,南开大学历史学院亦是蜚声中外的史学研究重镇。因此,在选择博士后研究课题的时候,我选择了研究西周的政治制度这一课题,拟在对西周时期相关铜器作细致的断代研究和铭文内容研究的基础上,讨论西周王朝政府的行政组织与运行机制,以期获得更多的史学训练。

在南开期间,朱先生在学业和生活上都给予我很大帮助,每次提交一些不成熟的想法,朱先生均会认真修改、耐心讲解,其情其景,永铭于心。在出站报告的撰写过程中,我多次与陈絜先生交流看法,陈先生提供了很好的意见,对我帮助良多,在此谨志谢忱。

从南开大学博士后流动站出站后,我回到了吉林大学古籍研究所,继续从事古文字学的教学和科研工作,并着手修改和完善出站报告。古籍所的前辈师友均很支持本人的这项研究计划,将其列入吉林大学基本科研业务费项目中,给予资助,保证了本项目的继续开展。

本项目的开展和本书稿的最终出版,吉林大学社科处均给予了很大的支持和帮助。在本项目的写作过程中,本人获得吉林大学国际交流处和人事处设立的"中国学人才海外研修项目"的资助,前往美国进行为期一年的访问研究,得以较为全面地查阅西方学界相关的研究成果,充实了本项目的相关内容。在此对以上各部门表示衷心的感谢。

时光匆匆,逝者如斯!从博士后出站到现在,已经5个年头。在此期间,对书稿的修改陆陆续续地进行着，如今虽说完成了定稿，但其中一定仍存在不少的疏误，对某些问题的分析可能尚不够透彻。遥想当年，因对商周历史的喜爱而选择了攻读古文字学，以试图多掌握一把了解这段历史的钥匙，综合利用多学科的知识，努力缀合已经切割为千百残片的历史画面。然而由于学识和能力的限制，总难以达到预期的效果，但既然心向往之，自当勉力为之。

何景成
2013 年 4 月